JN300182

韓国における
情報化と縁故主義の
変容

金 相美 著

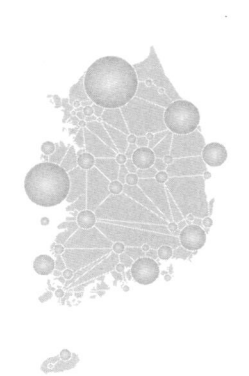

ミネルヴァ書房

韓国における情報化と縁故主義の変容

目　次

序　章　オンラインコミュニティからみる韓国社会……………………1
　　1　オンラインコミュニティは「縁故主義」を解体できるのか……1
　　2　韓国の縁故主義……3
　　3　研究仮説および分析方法……12
　　4　本書の構成……14

第1章　社会関係資本とは何か――縁故主義の理論的背景……………17
　　1　社会関係資本の概念……17
　　2　社会関係資本の要素および特徴……24
　　3　社会関係資本論に対する批判……31

第2章　縁故主義と近代化過程……………………………………………39
　　1　縁故主義と近代化……39
　　2　韓国の経済的近代化と縁故主義……42
　　3　学縁が創る学歴社会……47

第3章　縁故主義的行動の社会心理………………………………………67
　　1　韓国人にとって縁故主義的行動とは何か……67
　　2　縁故主義の属性……79
　　3　社会不安が縁故主義を強化する……88

第4章　縁故主義の日韓比較………………………………………………105
　　1　縁故は成功する上で如何に重要か……105
　　2　縁故とコネの実用性の日韓比較……113
　　3　縁故集団への参加の日韓比較……117

第5章　オンラインコミュニティと縁故主義との関係…………………129
　　1　日韓のオンラインコミュニティ利用状況の比較……129

　　　　　　　　　　　　　　　　　　　　　　　　　　　　　目　次

　　　2　大学生調査による時系列的日韓比較……*135*

第**6**章　オンラインコミュニティへの参加と社会関係資本……*149*
　　　1　オンラインコミュニティへの参加とソーシャル・ネットワーク
　　　　……*149*
　　　2　オンラインコミュニティへの参加の社会的帰結……*153*
　　　3　大学序列からみたオンラインコミュニティへの参加行動……*165*

第**7**章　オンラインコミュニティは縁故主義を強化するのか……*175*
　　　1　縁故強化仮説と情報縁補完仮説……*175*
　　　2　「縁故強化仮説」の検証……*178*
　　　3　「情報縁補完仮説」の検証……*182*

終　章　韓国のオンラインコミュニティの行方……*189*
　　　1　本書の結論……*189*
　　　2　成果の含意――インターネットの登場を取り巻く風景……*194*
　　　3　今後の展望……*197*

Appendix 1　調査Aの単純集計表　　*201*
Appendix 2　調査Bの単純集計表　　*207*
Appendix 3　調査Cの単純集計表　　*221*
参考文献　*223*
あとがき　*235*
索　引　*239*

iii

序　章
オンラインコミュニティからみる韓国社会

1　オンラインコミュニティは「縁故主義」を解体できるのか

　韓国は，IT革命が世界で最も早く進行している国の一つである。携帯電話，インターネットの普及率，利用総量においてアジアで最高レベルである。インターネット利用に関しては，政府主導型の「革命」が成功を収め，世界に類を見ないインフラ大国と言われており，全国民の3分の2を越える人口が「ネティズン」を自称している。インターネット利用の中でも，とりわけ，他文化圏とは異なった特徴としてオンラインコミュニティの発展が目覚しく，人間関係形成・維持のツールとして利用されている点があげられる。

　筆者は，こういった韓国におけるオンラインコミュニティの利用形態，利用現象を理解するための重要な分析概念として，韓国で最も有効な社会関係資本として活用されている「縁故主義」に着目したい。

　韓国におけるインターネットをとりまく文明論では，以下のように，オンラインコミュニティが韓国の社会問題ともいえる「縁故主義」を乗り越えるために，力を発揮できるといった楽観的価値観に基づく考察が散見される。

　　オンラインコミュニティは，既存の共同体＝コミュニティが持っていた限界を超えており，「縁故主義」の代わりに共通の関心事を持つ人々によって形成される集合体であることから，既存の共同体の特徴である近接性（地縁・血縁・学縁）の重要性を弱化させている（Kim, Won-Ho編，『国家戦略の大転換』2002）。

……生活空間が次第に'実体論的空間概念'から'関係論的空間概念'と転換されるにつれ，縁故性のような固有の特性とは無関係な仕事・趣向・事件などを中心とした新たな'部族の時代'へと変遷してきている……中略……インターネット大国と呼ばれている韓国社会において展開されているインターネットの進化プロセスを勘案した場合，今日まで韓国社会において長きにわたって人間関係の柱として作用してきた血縁・学縁・地縁のような「縁故主義」の比重が弱まってくるかわりに，より安価で早く，かつ容易な交流を助長する接続的関係が強化される時代の到来が予想される（Lee, Ju-Heon編，『MEGATREND KOREA』2006）。

　韓国におけるオンラインコミュニティは，人間関係や組織維持の伝統的な支配原理である「縁故主義」的な閉鎖的関係性を切り崩し，新たな開放的共同体の時代に向かっている，との楽観的予測がなされている。この予測によれば，サイバー上でネットワークによって結ばれた「水平的分散力」という利点が活かされ，近未来の情報化社会においては，韓国社会にはびこる「縁故主義」という特徴的な問題が徐々に解消されることが期待されている。このような楽観主義に基づくのであれば，韓国社会のネット世代は，近いうちにサイバー文化の本質とも言える，水平的で，個性的なネットワーキングによる人間関係の重要性を学習していくことになり，オフライン共同体の限界と制限を克服できるようなかたちで，韓国社会がバラ色の変貌を遂げることが予言されているわけである。しかし，はたしてこのような情報社会が持つ多岐にわたる長所——水平的分散力のような——といったものが，韓国社会を強力な文化的習慣の拘束から解放してくれるだろうか。

　これに対し，Kim, Yong-Hak [2003] は，韓国のオンラインコミュニティにおいて，学縁関係の同窓会サイトが非常に盛んであることに注目し，実生活における学閥の関係を分析し，興味深い結果を見出している。彼は，オンラインコミュニティが序列の高い大学の縁故，社会的に有力な縁故を管理・維持する一つのツールであることについて実証的データを用い明らかにしたうえで，

学縁という縁故を維持するためにオンラインコミュニティが有効に利用されていることを主張している。つまり，韓国におけるオンラインコミュニティ参加行動は，縁故主義的関係といった習慣の反映であること，さらにはオンラインコミュニティはそれらを再生産しているツールであることが示唆されているのである。

韓国においてはオンラインコミュニティの影響力に対し，こういった二つの意見が存在しているが，いずれもオンラインコミュニティというメディアの影響力が存在し，既存の縁故主義に影響を与えていると見ている点では共通している。

本書では，オンラインコミュニティを用い「情報縁の拡大」が従来の「縁故主義」を弱めることができるという楽観的観測を「情報縁補完仮説」と定義する。一方，オンラインコミュニティを用い，「縁故関係の深化」が可能であるため，「縁故主義」が維持されさらには強化されるという悲観的観測を「縁故強化仮説」と定義する。このように韓国では縁故主義に関わる議論に関して社会的に望ましい或いは望ましくないという価値観が伴いつつ議論される傾向がある。本書の目的は，オンラインコミュニティの「情報縁の補完」及び「縁故関係の強化」という二つの機能に関して，オンラインコミュニティが韓国社会における「縁故主義」といかなる関係を持っているかを探っていくことである。さらに，本書は楽観説もしくは悲観説という概念をより中立的な意味で捉える立場で研究を進める。

2　韓国の縁故主義

（1）縁故主義に関する議論

これまで韓国における縁故主義は大きく分けて二つの流れによって説明されてきたと思われる。第1の捉え方は，近代化過程における政治・経済エリートと関係する縁故主義の姿に注目した議論である。第1の捉え方は，政治・経済エリートによって進められた近代化過程における，通婚による血縁拡大を通じ

た政経癒着，特定地域差別による地域主義としての地縁の発展，軍事クーデタを手段とした陸軍士官学校の学縁による集権を含んでいる。第2の捉え方は，一般市民側における縁故主義の出現に注目した議論である。この捉え方は，社会不安が公的領域への不信感を増幅させ，縁故関係といった私的領域への依存を強化したという捉え方である。

　もともと韓国における「縁故関係」は，韓国の伝統的人間関係の原理として親族・血族を重視する儒教精神の伝統と深く関係している。20世紀半ば，植民地支配から朝鮮戦争を経て，「漢江の奇跡」と呼ばれるほどに急激に進行した近代化プロセスは，こういった伝統的習慣をより強化させる動因であったという指摘がある（Song, Ho-Gun [2003]；Kim, Yong-Hak [2003]）。伝統的習慣の強化は，上記に述べた近代化を率いた政治・経済エリートにおいては，縁故関係をベースにしたさまざまな取引として現れた。韓国の近代化過程は，経済的豊かさは確保されつつあったものの，公的制度の整備といった面においては不完全であったため，人々は公的機関に期待をするより，代替ツールとしての私的つながりを重視し，さまざまな援助を与えあう社会構造が形成されるようになったと指摘され（Song, Ho-Gun [2002]），一般市民のレベルにおいては，縁故関係は，一般的効用として，親密な人間関係にもとづいた情緒的基盤と安定感を与える（Hofstede, 1983）と同時に，実際に社会生活を営むうえで支援を期待できる人々の集合として機能するようになる。

　本書においては，縁故関係が社会生活上の道具として強い目的志向性を帯びた人間関係——本書では，縁故主義的関係と定義している——に発展していく経緯について考察する予定である。

　韓国の代表的な縁故主義的関係は，実生活上において縁故関係と関わる集団に参加する形として現れる。Lee, Jong-Han [1994] による調査によれば，韓国人は，アメリカ人と比べ学縁・血縁・地縁関係の共同体への参加率が約55％で，アメリカの約6％を大きく上回っている(1)。

　本書では，第一の縁故主義の捉え方である近代化議論と政治・経済エリートによる縁故主義に関する議論，及び第二の捉え方である一般市民の縁故主義的

行動について，先行研究の成果を中心に考察を行う。

（2）縁故主義の定義

　ここで，本書における主要タームである「縁故」「縁故主義」などに関する定義を行う。「縁故」とは，日常的用語であり，血縁・地縁・学縁の三つの出身成分によって結ばれた関係性・所属感を意味し，「縁故関係」とは，縁故によってつながっている人間関係そのものを意味する。一方，「縁故主義」といったときは，「縁故をもとに形成された内集団を偏愛し，反対に外集団を差別する集団間固定観念，偏見及び縁故関係が社会生活上において役に立つという信念」を意味する。

　本論で「縁故主義的関係」と称する場合は，上記の「縁故主義」の観念が適用される関係であり，縁故集団に属することが社会生活上において役に立つという道具的目的によって結ばれる関係を示す（Lee, Hun-Gu [2002]）。すなわち，縁故主義的○○といった場合は，縁故関係の社会生活上における目的志向性も含まれた概念になる。この内容を整理すると以下のように要約できる。

縁故関係：血縁・地縁・学縁を基にしてつながっている人間関係そのもの。
縁故主義：縁故をもとに形成された内集団を偏愛し，反対に外集団を差別する集団間　固定観念，偏見，及び縁故関係が社会生活上において役に立つという信念。「縁故主義」は人々の認識レベルのものを示す。
縁故主義的関係：「縁故主義」の観念が存在する人間関係を示し，主に道具的動機をベースとして成り立つ縁故関係のことであり，「縁故関係」の部分集合である。

　「縁故関係」といった際の「関係」とは，「対人関係」を意味し，「ソーシャル・ネットワーク」「ネットワーク」「社会的関係」と言い替えることもできる。当該社会の成員が，社会生活を営むうえで縁故が重要であると評価する程度が高いほど「縁故主義」的社会と定義することができ，こういった評価を下して

いる個人に関しても同じ解釈をすることができる。実際，ある「縁故関係」が「縁故主義的関係」なのか，そうでないのかを弁別することは中身を具体的に検討しないと判断は難しいが，関係を形成・維持する動機が主に，社会生活に役立てるための道具的動機であると判断された場合，これを「縁故主義的関係」と判断することができよう。

オンラインコミュニティの「縁故主義」に対する悲観説及び楽観説においては，オンラインコミュニティの普及が「縁故主義の解体」もしくは「縁故主義の強化」の方向性に導くと提唱されていると前述した。この問題は，オンラインコミュニティの影響に関する研究であり，例えば，オンラインコミュニティへの参加が，人々の孤独感を強化するのか，もしくは弱化するのか，を検証する研究に置き換えて考えてもらうと分かりやすい。

「縁故関係」といった際の「縁故」には，代表例として血縁・地縁・学縁があり，それぞれの生成過程及び社会的機能が異なるため一つにまとめて論じることはできない。しかし，韓国において「縁故主義」を論じる際は，この「血縁・地縁・学縁」が取り上げられる場合が多く，日常生活における習慣的な言葉となっている。おそらくその理由は，三つの縁故それぞれの文脈は異なるものの，それらの持つ人間関係の特性や性格が，程度の差こそあれ類似しているからであろう。

本書においては，これら縁故の中から特に学縁に焦点を当て，仮説を設定しオンラインコミュニティの縁故主義への影響力を測定している。本書が血縁・地縁・学縁のうち，特に学縁を取り上げる理由の一つに，実証的検証のための調査による対象としての適切さが挙げられる。本書で行う検証では，社会生活を営む上で有効な社会関係資本としての縁故を持っている人とそうでない人の比較が必要である。血縁の場合，人間関係の強さ及び道具的活用性の側面から言えば，この三つの縁故の中でも最も強いと思われるが，社会関係資本として有効な血縁の持ち主（例えば，財閥，主要官職，社会的信望を受けている人物などを血縁として有している人）の範囲は狭く，質問紙調査によって明らかにすることは容易ではない。また，地縁の場合，この問題について用いた質問紙調査B

序章　オンラインコミュニティからみる韓国社会

(第5章の表5-1を参照) の対象がソウル居住者に限定されていたため，本論の問題意識を検証することに適していないという難点がある。他方，学縁の場合，偏差値という明確なインデックスによって序列化されていること，さらに，先行研究によって社会的に有力で評判がよいとされる大学が明らかであり，検証に適しているというテクニカルなメリットがある。こうした事情で，本論では「学縁」を中心に分析を進めていくことにしたい。さらに，韓国の現代社会において学縁が地位獲得・上昇にとって極めて重要な要素になっているからである。

(3) 社会関係資本という枠組みの必要性

本論は，韓国におけるオンラインコミュニティへの参加形態・参加現象を理解するための重要な分析概念として，韓国で最も有効な社会関係資本として活用されている「縁故関係」に着目している。社会関係資本という概念は，「縁故主義」及びオンラインコミュニティの機能の説明の際に重要な含意を提供してくれる。特に，社会関係資本論で議論されている結束ネットワーク型関係資本と橋渡しネットワーク型関係資本の概念は，ネットワークの性格によって形成される集団間の関係を説明する重要な概念となる。

欧米社会における「社会関係資本論」は，多くの人が信頼に足る互恵性あふれる共同体に所属することで（主に社会団体を意味するが，Putnam [1993] の著書では知人・友人までも含んでいる）社会関係資本が豊富となり，その社会が総体として「豊かな社会」に向かう，という論理である。「社会関係資本論」は，それが誕生した欧米の社会状況が暗黙裡に前提とされており，水平的で個人主義的傾向が強く，この個人主義が行き過ぎてしまった欧米諸国の希薄な人間関係という病理を治療するための理論的武器として用いられている印象を受ける。このことは，かつてのCMC研究においても同様の傾向が見られる。

主に，欧米において培われてきたCMC (Computer-Mediated-Communication) 研究は，その後，オンラインコミュニティの登場によって「オンラインコミュニティ論」として展開をみせているが，コミュニティ・サイトで形成される共

同体の存在が，現実世界において消滅しつつある人間関係の再現＝復活としてみる傾向にあり，この成果に関する評価および解釈は，欧米の社会的環境に強く規定されている。したがって，これらの研究成果は韓国社会を分析する際に参考にはなるが，そのまま当てはまるものでは決してない。集団主義的傾向が強く，縁故集団のような強い紐帯によって社会が性格づけられている韓国の文化的風土に適用することは，出発点からして留保条件が必要となってくるのである。

例えば，社会関係資本論の楽観的展望をそのまま韓国社会に適用することは，ある意味で危険なものでもある。日本や欧米の学者からの目には，韓国の家族や人間関係の厚さは，一見すれば温かく信頼に満ちた共同体に映るかもしれない。しかし，それは，「圧縮近代」を通じて強化されてきた，位階的で集団主義的傾向の強い縁故共同体という性質と表裏一体のものであり，こうした縁故集団が強くなればなるほど，社会は分断され，排他的で閉鎖的になるアイロニカルな状況が存在するからである。本書においてはこのような社会関係資本論の問題点を指摘した上で，本書が採用している社会関係資本の視点を提示する。

（4）オンラインコミュニティにおける人間関係

現実世界における縁故関係はオンラインコミュニティへの参加によって維持され，一方，オンラインコミュニティへの参加によって形成された情報縁は現実世界における人間関係として拡大される（**図序-1**参照）。

それでは，ここで本論が題材としているオンラインコミュニティによって維持・形成される人間関係について，二つに大別して明確な概念整理をする。

内容は**表序-1**を参考にしてほしい。ここで取り上げた「縁故関係」と「情報縁的関係」はオンラインコミュニティによって維持・形成される人間関係の概念を説明するものであり，人間社会における人間関係がこの二つの概念の片方のみに必ず当てはまることを意味するものではない。

「縁故関係」は，本論ではオンラインコミュニティによって維持される人間関係を意味し，主に血縁・地縁・学縁からなる人間関係である。「縁故関係」

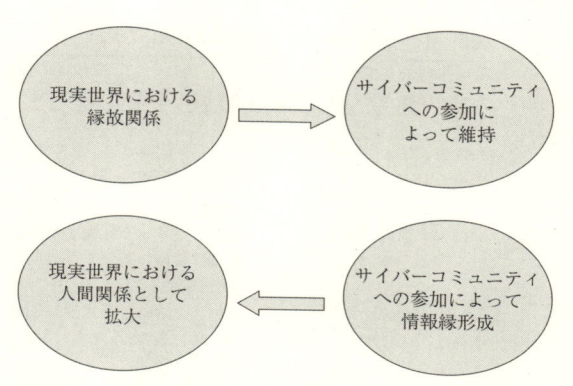

序章　オンラインコミュニティからみる韓国社会

図序−1　オンラインコミュニティ縁故関係と情報縁との関係
（出所）　筆者作成。

は，様々な形態による頻繁な対面コミュニケーションを通じて全面的関係を築く場合が多く，家族愛，愛郷心，愛校心などの形で重要な社会集団を支える機能を果たし，豊かな社会関係資本を有する社会を目指すための重要な要素になりうる。

また，縁故で結ばれた関係は，歴史をもって築かれた信頼をもととしているため，将来の行動に対する不確実性が低く，人々は縁故関係の中で安心して取引をすることができる。さらに，'冷たい'個人主義が膨大化されつつある今日の社会において，縁故関係は疎外されがちの個人を保護し，精神的・物的なサポートを与える機能を果たしうる。既述したとおり，縁故関係を成している血縁・地縁・学縁の三つの縁故は，韓国社会の人間関係の基本要素を定義する上では共に重要な要素をなしており，一緒に言及される場合が多い。しかし，三つの縁故は，それぞれの生成過程及び社会的意味からみて異なる次元のものである。韓国における「縁故主義」は，こうした社会的に活力をもたらしてくれる美徳となる可能性が存在するにもかかわらず，大部分において社会悪として捉えられていることが多い。韓国においてこの三つの縁故が一緒に取り上げられる場面は，主に「縁故主義」の否定的部分が強調されるときである。それは，表においても示した，縁故関係の目的志向性の強い性格と深く関係してい

表序-1　縁故主義的関係と情報縁的関係の比較

	縁故（主義的）関係	情報縁的関係
生　成	主に，血縁・地縁・学縁などによって生成	趣味・共通関心事によるネットワーク
形　態	家族・親戚 同郷人／故郷の友人・知人 先輩・後輩／学校の友人・知人	知人（知り合い）・友人 活用可能なとき，「コネ」＝「ヨンジュル」として発展
集団の性格	一次的集団の性格が強い 情緒的安心を提供・全面的関係 垂直的	最初は二次的集団として出発するが，一次的集団として発展する場合もある 利益関係に基づく部分的関係 水平的
形　態	宗親会・郷友会・同窓会等	クラブ活動，市民運動団体等
生成の特性	血縁・地縁の場合は，固定的・不変的性格のネットワークであり 集団間の関係は閉鎖的	生成可能な可変的・流動的性格のネットワーク 集団間の関係は比較的開放的
紐帯の強さ	強い絆	強い絆／弱い絆
社会生活上での活用可能性	大／小／中 活用可能性が高い縁故関係とそうでない関係を持っている集団があり，偏在性が存在	大／小／中 集団の性格によって活用性に差が存在する（例えば，一部の市民団体は大きな活用可能性を持つ）
オンラインコミュニティの機能	既に存在している対人関係及び集団がオンライン上に拡張する形で発展関係維持の機能	最初は匿名性をベースとし，情報交換・関心事の共有のために集合 オフ会を通じて対面関係に発展することもある 新しい人間関係形成・拡張の機能
社会関係資本	主に結束ネットワーク型関係資本の性格を強く帯びる	匿名性を基盤に出発した時は，橋渡しネットワーク型社会関係資本の性格が強いが，対面関係を重ねその頻度が高くなるにつれ，結束型として発展する可能性有

（出所）　筆者作成。

る。

　表序-1においては，縁故関係の「目的志向性」について指摘したが，これは経済的利得のみならず，権力獲得，あるいはトラブルの解決など現実的な効用を求めることである（Lee, Jong-Han, [1994]）。さらに，この目的志向性の強い縁故関係は上記において言及したように縁故主義的関係と言える。韓国の縁故集団の中身は「閉鎖性」の強い紐帯となる可能性が高く，こういった閉鎖的な関係を通じて生まれる利益は，どの種類の縁故集団に所属しているのかに

よって異なる。結果として，リソースを多く持っている縁故集団とそうでない集団のあいだに社会的不平等が引き起こされ，このことが縁故関係の否定的部分として強調されている。こうした縁故関係の「偏在性」及び「閉鎖性」，そして，その結果としての社会的不平等を認知した大多数の人々は，自分の可能な範囲内で職分や役割を充実させようと努め，影響力ある縁故集団と結託できる人間関係の発掘に傾注するようになるのである。

　一方，「情報縁的人間関係」は，血縁・地縁・学縁関係以外の人間関係を意味し，例えば，ボーリング連盟（Putnam, 2000），市民団体などがこれに属する。表序-1の情報縁的関係の特徴について説明した内容は，関係開始当初の性格であり，その後関係の内容が変わる可能性もある。情報縁的人間関係が形成されるオンラインコミュニティは，情報交換のための交流コミュニティであることが多いだろう。すなわち，最初の段階においては，匿名性をもとに，お互い必要な情報の交換・関心事の共有を中心にコミュニケーションが進むことになる。しかし，必要な情報を得たあとはそのオンラインコミュニティに安住せず脱会する場合も多く，「人間関係」として発展することは容易ではない。しかし，オフ会などの対面コミュニケーションが繰り返されたりすると，当初の弱い絆から強い絆へ変化する可能性が高くなる。

　もちろん，オンラインコミュニティで維持・形成される人間関係はこの二つのカテゴリのどちらかだけに必ず分類できるものではなく，複合的な性格を帯びたものであることも多いことは言うまでもない。例えば，会社の同僚同士でオンラインコミュニティでのコミュニケーションを行っている場合，血縁・地縁・学縁関係と同じように同じ職場という縁をもとに，時には血縁・地縁・学縁より身近で情緒的人間関係に発展することもある。あるいは逆に，会社の同僚であっても時にはオンラインコミュニティ上で利益関係に基づいた部分的コミュニケーションに留まる可能性ある。

3　研究仮説および分析方法

　以上，簡単に問題意識を述べてきたが，あらためて本書の研究仮説を図式化したものが**図序-2**である。本書の目論見は，既述したような韓国社会の「縁故主義」を考慮に入れ，オンラインコミュニティへの参加による縁故主義への影響を明らかにする点にある。具体的には，既述したオンラインコミュニティの普及と縁故主義の関係に関する「縁故強化仮説」と「情報縁補完仮説」が実証的に支持されるかどうかを検証することによって検討する。「縁故強化仮説」と「情報縁補完仮説」の検証の方法を図序-2に示す。

　「縁故強化仮説」が支持されるためには二つの仮説が成立する必要がある。その二つの仮説とは，①「名門大学出身者」が「非名門大学出身者」より学縁関係のオンラインコミュニティに積極的に参加していること，②オンラインコミュニティへの参加と学縁の道具的有効性への評価が正の関係性をもつことである。この二つの仮説を設定した理由は以下のとおりである。オンラインコミュニティが縁故主義を強化するかどうかという悲観的観測における重要なポイントは，縁故関係のオンラインコミュニティへの参加率が高い事実だけでは不十分であり，良い学縁を持っている「名門大学出身者」がそうでない「非名門大学出身者」より学縁関係のオンラインコミュニティを活用していて，なおかつ，オンラインコミュニティへの参加動機が道具的目的によるものであることが検証されなければならないということである。

　次に，「情報縁補完仮説」が支持されるためには二つの仮説が成立する必要がある。その二つの仮説とは，③情報縁の形成において「名門大学出身者」より「非名門大学出身者」が積極的であり，「名門大学出身者」か「非名門大学出身者」かという要素が情報縁の量を説明する重要な予測変数であること，④情報縁が多い人ほど縁故の道具的有効性を低く評価していることである。「情報縁補完仮説」は，サイバー上でネットワークによって結ばれた「水平的分散力」の利点を高く評価し，この力が縁故主義の解消力として働くことを期待し

序章　オンラインコミュニティからみる韓国社会

縁故強化仮説 支持条件	→	オンラインコミュニティが縁故関係を強化するツールとして機能	→	「名門大学出身者」が「非名門大学出身者」より学縁関係のサイバーコミュニティに積極的に参加している	①
			→	オンラインコミュニティへの参加と学縁の道具的有効性への評価が正の関係性を持つ	②
情報縁補完仮説 支持条件	→	オンラインコミュニティが現実世界において不足している関係資本の補足として機能	→	情報縁の形成において「名門大学出身者」より「非名門大学出身者」が積極的であり、「名門大学出身者」か「非名門大学出身者」かという要素が情報縁の量を説明する重要な予測変数である	③
			→	情報縁が多い人ほど縁故の道具的有効性を低く評価している	④

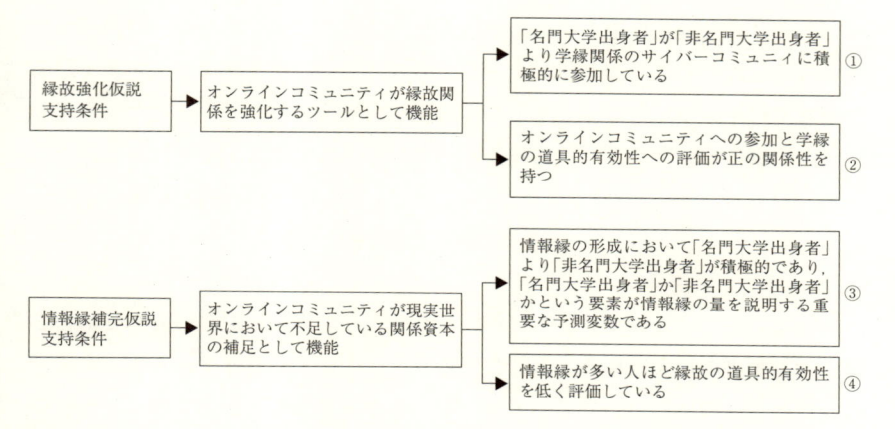

図序-2　オンラインコミュニティと縁故主義に関する「縁故強化仮説」及び「情報縁補完仮説」の検証のための仮説

ている。

　オンラインコミュニティが縁故主義を瓦解させられるかという楽観的観測における重要なポイントは，情報縁がオンラインコミュニティによって形成されているという事実だけでは「情報縁補完仮説」が支持されるには不十分である。もし，良いとされる学縁を持っていない「非名門大学出身者」が「名門大学出身者」より情報縁の形成により積極的であり，なおかつ，情報縁を沢山持っている人の方がそうでない人より縁故の重要性を低く評価していることが検証されたら，オンラインコミュニティは「情報縁補完仮説」の期待どおりの機能を果たしているということが言える。

　本書は，韓国におけるオンラインコミュニティは，現実世界における人間関係に潜在したコミュニケーションの在り方を反映しており，現実世界での人間関係の延長の部分に，その多くが使われる可能性は十分あると思われる。縁故主義の道具的有効性を考えるのであれば，人々の現実での利益のための戦略的判断，及びそれによって形成されている社会関係資本の差異が，オンラインコミュニティ利用形態に影響する可能性は十分あると考えられる。おそらく，こ

のことが「縁故強化仮説」の出発点にもなっているはずであろう。韓国社会を強い縁故主義社会であると想定するのであれば，オンラインコミュニティが優れた有用性を持つ社会関係資本として機能する縁故を持っている者とそうでない人との間においてはそれぞれ異なる利用形態を示すことが予想される。

4 本書の構成

　本書は以下の七つの章によって構成され，主な内容は下記のとおりである。第1章は本書の理論の枠となる社会関係資本について，第2章から第4章までは縁故主義に関する先行研究の考察，第5章から第7章においてはオンラインコミュニティの機能に焦点を当て考察を進めた。
　各章の内容の簡単な説明を以下に記す。
　第1章においては，本書の理論的背景となっている社会関係資本の概念を明確にする作業を行う。社会関係資本の定義は様々な学問において多様な意味合いをもって捉えられてきている。本章では，主に社会学における社会関係資本の概念の歴史的変遷を追いながら，その内容を考察する。その後，本書における社会関係資本が，どのような理論的枠組みであるのかについて明確な観点を提示する。さらに，社会関係資本の三つの構成要素のそれぞれについて先行研究を通じて検討を行った後，社会関係資本という概念に対する理論的批判とともに測定方法の問題点を指摘する。
　第2章においては，韓国における縁故主義に対する議論を，近代化過程におけるエリート層を対象にしたものと一般市民の縁故主義的行動に関わるものとの二つに大別する。前者は第2章，後者は第3章で詳しく議論する。第2章では，前者について，韓国の近代化過程における「縁故主義」の伸張とその背景を考慮にいれ，血縁・地縁がいかなる形で用いられたのかについて簡略に検討したのち，本書が題材としている学縁に関して，その生成過程及び学歴主義，能力主義に関わる問題について論じる。さらに，英国の学縁との比較を通じて韓国における学縁をとりまく議論について考察する。

第3章では，韓国における縁故主義に対して，一般市民の側でどのように縁故主義的行動が採用され，浸透するようになったのかについて，先行研究をもとに考察する。韓国における「縁故主義」にもとづく人間関係は，親密かつ感情的・情緒的な要素をもった家族主義的な性質を有していると同時に，社会生活を営むうえでの目的達成という道具的動機によって維持・強化される側面があり，第3章においては具体的に，韓国における縁故主義に対する態度と縁故主義的行動としての縁故集団への参加実態の調査結果をベースに，現実世界における縁故の重要性について述べる。

　第4章では，我々が行った2005年度に実施した調査の結果をもとに，日本を比較対象とし，縁故集団への参加度，成功の要因としての縁故に対する評価などの指標を用い，韓国における縁故主義の実態を明らかにする。さらに，第3章で紹介した1989年度の調査結果と2004年度の調査結果を比較し，縁故主義的行動の継時的変遷について分析を行う。

　第5章では，我々が行った調査結果をもとに，韓国におけるオンラインコミュニティへの参加行動の特徴を日本との比較によって明らかにする。韓国のオンラインコミュニティは関係志向性が強く，日本のオンラインコミュニティは情報交換志向性が強いことを示す。また，韓国のオンラインコミュニティは初期段階において，同窓会関連のオンラインコミュニティが盛んに利用されることによって普及した経緯をもっている。これに関連して，序論に取り上げたKim, Yong-Hakの大学序列によるオンラインコミュニティへの参加と縁故主義の強化に関する悲観説について批判的に考察する。

　第6章においては，第5章において記述したオンラインコミュニティの悲観説がオンラインコミュニティの縁故関係強化のための機能のみを強調していることについて批判した後，オンラインコミュニティの機能に関して考察する。オンラインコミュニティは，「関係重視型オンラインコミュニティ」と「情報交換型オンラインコミュニティ」に大別することができ，本章ではそれぞれの機能について検討を行う。

　第7章においては，序論において提示したオンラインコミュニティが縁故主

義に及ぼす影響に関する「縁故強化仮説」と「情報縁補完仮説」について，実証的分析結果に基づき検証を行う。

注
(1) Lee, Jong-Han [1994] は，1991年韓国と米国の中年男性が所属している集団の類型について実証的分析を行い，その結果をまとめた。調査対象は，30歳～49歳の既婚成人男性であり，小卒以上の学歴を持っている有職者であり，都市居住者に限定されていた。

第1章
社会関係資本とは何か
──縁故主義の理論的背景──

1　社会関係資本の概念

　本書では，韓国における縁故主義的関係が社会関係資本であるという前提から出発している。それでは，社会関係資本とは何か。縁故主義的関係はいかなる機能をもって社会関係資本として存在しているのだろうか。後に続く詳しい説明の前に社会関係資本というものについて簡単に説明すると，社会関係資本とは社会の中における人間関係の中で生産される，あるいは中に埋め込まれている資本のことである。

（1）社会関係資本の概念の歴史的変遷
　社会関係資本という概念は，社会学に由来している。古くは，社会学の理論家であり，アノミー現象と自殺の対策として集団生活を強調したデュルケームまでさかのぼることができよう。最近，社会関係資本が教育学，政治学，社会学，経済学の共通した関心事として位置づけられてきた要因には，この概念の認識利得の大きさと，その汎用性の高さがある[1]。しかしながら，社会関係資本の概念は，様々な分野に適用できる利点はあるものの，その概念自体は，抽象的であり（内閣府国民生活局，2003），定義も様々で，政治学・経済学・社会学などの各分野で少しずつ異なる意味で使われていると指摘されている（宮田[2005]，p.10）。

　社会関係資本という言葉を初めて使ったのは，表1-1で示すとおり，アメリカの教育学者Hanifan［1916］であるとされている。彼は，1916年に，学校の

表1-1 社会関係資本の定義の歴史的変遷

属 性	年次	概 要
初期の研究 ―「社会関係資本」という言葉の登場～先行的研究の深化と拡大		
地域社会	1916年	アメリカの教育学者ハニファン（L.J.Hanifan） 善意，仲間意識，相互の共感，社会的交流などを社会関係資本とし，学校へのコミュニティ関与が重要である理由を説明するために，その概念を用いた。
地域社会	1961年	アメリカのジャーナリスト・ジェイコブズ（Jane Jacobs） 都市計画の分野で，都市部の社会的ネットワーク（隣人関係等）などを社会関係資本と表現し，その重要性を説いた。（『アメリカ大都市の死と生（原題：The Death and Life of Great American Cities, 1961』）
地域・市民社会	1977年	アメリカの経済学者ラウリー（Glenn Loury） 人種間の収入格差を説明するために社会関係資本の概念を用いた。
個人・家庭・学校	1986年	フランスの社会学者ブルデュー（Pierre Bourdieu） 個人が権力や資源にアクセスするためのネットワークなどを社会関係資本とし，個人の社会関係資本が教育機会や雇用機会を規定するとして，社会階層を分化，固定化させる仕組みという観点から，その概念を用いた。
個人・家庭・学校	1988年 1990年	アメリカの社会学者コールマン（James S.Coleman） 社会関係資本とは個人に協調行動を起こさせる社会の構造や制度とし，合理的な個人が協調行動を起こすメカニズムを，信頼・互酬性の規範・社会的ネットワークで説明した。
国 家	1992年	アメリカの社会学者バート（Ronald S.Burt） 社会的構造によるソーシャル・ネットワークの質的面として，人的資源の成功のために機会を提供してくれるのが社会関係資本であると説明した。
パットナムの研究 ―「社会関係資本」への注目		
	1993年	アメリカの政治学者パットナム（Robert D.Putnam） ・*Making Democracy Work*（邦題：哲学する民主主義） 社会関係資本概念を用い，南北イタリアの地方政府の制度パフォーマンスの違いを説明した。社会関係資本とは，「信頼」「規範」「ネットワーク」といった社会制度の特徴であり，人々の協調行動を促すことにより，社会の効率を高めるものとした。
	2000年	・*Bowling Alone*（邦題：孤独なボウリング） アメリカにおける社会関係資本の減衰状況を包括的な州ベースのデータをもとに実証分析した。

第1章　社会関係資本とは何か

現在の状況 ―様々なセクターによる様々な研究の活発化―			
2000年以降		海外での取り組み	日本国内での調査研究動向
		国別状況 政策論への展開を前提に政府レベルで取り組みつつある国（イギリス，オーストラリア，ニュージーランドなど）や民間による研究主導のアメリカなど様々	学術レベルでの活発な研究・議論が中心となっている。－政治学，社会学，経済学など
		国際機関の状況 ・OECDでは加盟国間の社会関係資本国際比較を視野に入れた社会関係資本の測定手法・指標の開発のための働きかけを開始。 ・世界銀行では諸機関（政府，研究機関，NGO等）とが共同で貧困撲滅を目的とした社会関係資本形成のための事業を行っている。	国内機関の状況 ・JICA（国際協力機構）では政策／事業へのインプリケーションのレベルでの研究がなされている。

（出所）　内閣府国民生活局［2003］p5引用及びAn, U-Hwan［2005］p30を参照に作成。

運営が成功裏に行われるためにはコミュニティの関与が重要な役割を果たすと強調し，「隣人とのつながり」を持つことが，社会的支援を得られる重要なファクターであり，社会関係資本の蓄積につながると示した。また，1960年代に入ってJacobs［1961］は，アメリカの都市部における大規模な都市再開発が進む際に，「伝統的都市のコミュニティ」の重要性を強調し，建築学的・都市社会学的な視点から都市開発への問題を提起し，近代都市における「隣人とのつながり」の重要性を喚起した（内閣府国民生活局，2003）。このように，初期の社会関係資本研究の第一の流れは，「隣人とのつながり」を重視する立場であったが，決して社会関係資本の明確な定義がなされていたわけではなかった。

1970年代から80年代において，Loury［1977］とBourdieu［1986］は，個々人の属性によってその人の利用可能な社会関係資本に格差が生じている点に注目した。その相違が教育機会や雇用機会を規定することに繋がり，最終的に社会階層の分化・固定化を引き起こすことを示し，社会関係資本の逆機能に関する研究を展開した。特に，Bourdieu［1986］は，社会関係資本をサポート体制の意味として把握し，家族が所有するソーシャル・ネットワークという関係資本が個人の職業選択およびその後の成功に寄与することを示した。

社会関係資本に関する議論において最も重要な流れをつくったのはアメリカのPutnam［1993, 2000］によって行われたイタリアと米国を対象にした2つの研究である。Putnam［1993, 2000］はこの研究において，社会関係資本を，「社会的つながりとそこから生まれる規範・信念であり，共通の目的に向けて効果的に協調行動へと導く社会組織の特徴」である，と定義した。

　Putnam［1993, 2000］は，著書"*Making Democracy Work*"（邦題：『哲学する民主主義』1993）において，1970年代に実施された地方制度改革以降のイタリア20州の，20年間にわたる州政府の制度パフォーマンスを調査した。その結果，イタリア北部の州と南部の州の間において制度パフォーマンスに大きな差があることが示された。制度パフォーマンスの高い北部の州は，南部の州と比べ，優先投票の度合い，国民投票への参加，新聞購読率，結社数の4つの指標から合成し作成された「市民共同体指数（Civic Community Index）」において高い点数を示しており，このことが制度パフォーマンスの差を生み出す要因であることを示した。

　イタリア南部の州は，垂直的なネットワークが支配的で，社会的信頼が低く，無力感，疎外感が強く，制度の効率が悪く，腐敗が横行しているのに対し，イタリア北部の州は，水平的なネットワークが広がり，社会的信頼が高く連帯・参加・統合の価値観が根付き，結社への参加も高く，制度が効果的に実行されていることが示された。表1-1をみれば社会関係資本に関する研究は，研究対象が徐々に広がっていることが分かるだろう。初期における社会関係資本に関する研究は，主に家庭，地域社会を中心に論じられてきたが，1990年以降は国家的次元にまで領域が広がってきた傾向が見られる。

（2）社会関係資本に関する本書の視点

　これまでの社会関係資本研究をそのアプローチと測定方法の相違によって分類し図示すると**表1-2**のようになる。表1-2における初期の社会関係資本の研究は，主に表1-2の視点1と2にあたる社会関係資本の定義によって進められてきた傾向が強く，1990年以降（特に，Putnam［1993, 2000］以降）から現在に至

第1章 社会関係資本とは何か

表1-2 社会関係資本の視点

	視点1：利用可能資源説	視点2：ソーシャル・ネットワーク説	視点3：公共財説	本論の視点
内容	社会関係資本を社会的サポート関係において利用可能な資源として理解する立場：社会関係資本は，個人のパーソナリティ・能力等の人的資源，あるいは信頼感とソーシャル・ネットワークによって規定される	ソーシャル・ネットワークが提供する機会と利益の合計及び能力変数として強調される立場：主にソーシャル・ネットワーク研究における社会関係資本の捉え方であり，社会関係資本は，個々人が属している属性(Position)によって異なる私的財として機能する	有用な公共財としての社会関係資本：豊かな社会を達成するための公共財及び公的財産として社会関係資本を理解する立場である。社会関係資本が，社会及び国家の利益より，相互協調・公益を重視する互恵性に基づいた市民意識によって効果的に社会を維持することになる	社会生活を営む上で重要な関係資本として縁故主義的関係を取り上げ，社会経済的要因による偏在性に注目
社会関係資本の定義	ミクロレベル（主として個人間）とマクロレベル（主として社会）の現象	ミクロレベル（主として個人間）の現象	マクロレベル現象	マクロ・ミクロレベルの現象
	私的財	私的財	公共財と私有財の両方の性質を持つ	私的財
測定要素	構造的現象（階級・社会的コンテキスト）についてマクロ変数とミクロ変数の合成変数を作成して測定	ミクロ変数（個人の持つネットワーク）を測定	構造的現象（社会的ネットワーク）と文化的現象（信頼と互酬性の社会的規範）についてマクロ変数とミクロ変数の合成変数を作成して測定	構造的現象（社会的コンテキスト，特に学縁）についてミクロ変数を作成して測定
信頼	社会関係資本の帰結	社会関係資本の帰結	社会関係資本の不可欠な要素	結束ネットワーク型社会関係資本においては，社会関係資本の帰結。橋渡しネットワーク型社会関係資本においては，社会関係資本の原因
社会関係資本の生成面	階級などの社会的コンテキスト(Social Context)によって規定され，同時に生成される	社会関係資本の創発の過程にはふれていない	どのように創発されるかに関心がある	法・制度など公的領域への信頼の度合いと関係する
資源の活用	社会構造に埋め込まれた資源の活用をもっとも重視	社会構造に埋め込まれた資源の活用に言及している	具体的な資源の活用を測定していない	縁故関係というネットワーク資源の活用性について分類し比較している
効果・機能	個人（ミクロレベル）と社会（マクロレベル）の効果に関心がある	個人への効果が中心	社会（マクロレベル）の効果が中心	個人が利益増大の効果を求めることによる，社会への影響に関心がある

(出所) 宮田[2005, p26]を引用・参考に作成。

るまでの研究は，視点3の立場で展開されているように筆者には見受けられる。こういった研究動向の最も大きい転回点となったのが，特にPutnam［1993, 2000］の登場にあったという点は，すでに確認したとおりである。

表1-2の視点1は，主にBourdieu［1986］などの研究で用いられる社会関係資本の定義であり，社会関係資本を社会的サポート関係において利用可能な資源として理解する立場で，社会的コンテキストによる差が強調されるため，この際の社会関係資本は私的財として定義される（宮田，2005）。視点2は，ソーシャル・ネットワーク研究における社会関係資本の捉え方だと思ってもらえれば理解しやすいだろう。視点2は，視点1と同じく社会関係資本は私的財であるが，視点1の場合マクロレベルにおける社会構造の問題は個々人の属性によって規定されたのに対し，視点2では個々人の属性はさほど重要でないとされる点に，最も大きな違いがある。むしろ視点2においては，社会関係資本を個人間や組織間のネットワークに埋め込まれた資源と見なし，個人の目的達成・精神的健康に影響を及ぼすミクロレベルの効果に焦点がある。つまり，社会関係資本は誰でも活用できる公共財でなく，特定のネットワークを形成している人々が活用することで利益を得られるものと位置づけられている。つまり，個々人の差別的な利得を導くものと仮定する私的社会関係資本といえるものである（金光，2003）。特に，Lin［2001］の場合，個人の「ポジション」を分析レベルとしており，恵まれている「ポジション」のアクターほど，より質の高い社会関係資本にアクセスし，それを使用しやすいと示した（金光，2003）。

視点3における社会関係資本は，豊かな社会を達成するための公共財および公的財産として理解されており，視点1と2で触れていた個々人の属性および社会構造にはほとんど関心を払っておらず，個々人の社会関係資本の合計をその社会が持つ社会関係資本として把握しているという特徴を持つ（宮田，2005）。

Putnam［2000］は，これまでの社会関係資本に関する三つの視点を以下の三つの要素によって包括的に定義をしているが，主に視点3に近い位置づけをとっている。彼は，イタリアの事例から発見された社会関係資本の重要性が現代のアメリカ社会のみならず，その他の地域においても普遍的含意をもつと主

張し，アメリカのゲットーならびに第三世界の農村地域においても，社会関係資本の構築こそが大切であると説いている。このことは，社会関係資本が，市民社会や社会運動を活性化し，間接民主主義の限界を克服し，集合行動のジレンマを解くことができると同時に，社会関係資本によって社会メンバーが極端なエゴイズムに走らず相互協同へと転換できうるという信念に基づいている。

　金光（2003）は，視点2が，個人・集団・企業レベルで社会関係資本を捉え，個人・集団・企業が社会ネットワークを動員することで就職・昇進・移民・学歴・運動の成功など，私的にリターンを得るような社会関係資本を問題にしているのに対し（金光によれば，「資源動因的社会関係資本論」），視点3の場合，どちらかといえば，国家や地域的な共同体といった大集団に移すことによって，もっぱら社会関係資本の公共的な側面に力点を映していると言い「連帯的社会関係資本論」と命名している（金光，2003）。しかし，Putnam [1993, 2000]の研究は，個人の私的財産としての社会関係資本が，いかなるプロセスを持って公的財産として転移できるのかについては充分な説明がされておらず，いささか論理の飛躍が見られる。このことについては次節の「社会関係資本の批判」において詳しく議論したい。

　本論の視点は，視点2における社会関係資本の活用可能性及び個々人の差別的な利得を導くものと仮定する私的社会関係資本論の知見を参照しており，社会生活を営む上で重要な社会関係資本としての縁故主義的関係を私的財として設定している。Lin [2001] の社会関係資本論は，中国社会に見られる特殊な社会関係資本としてのGuanxi（漢字表記では「関係」）を取り上げ，この社会関係資本がピラミッド型の不平等な社会を前提として如何なる形で展開されているのか，に注目した研究である。彼の社会関係資本論の特徴は，ネットワーク上の「ロケーション」をもとに，価値のある資源の量から社会関係資本を測定しようする点である。彼は，元々のポジション「埋め込まれた資源（Embedded Resources）」が恵まれているかどうかが後の社会関係資本を決定してしまう条件になるとしている（金光，2003）。本稿では，Lin [2001] の提示する「埋め込まれた資源」として「学縁」をとりあげ，恵まれた条件を持つア

クターである「名門大学出身者」と，そうでないアクターである「非名門大学出身者」の両者において，オンラインコミュニティへの参加が如何なる機能を有しており，その相違はなにであるかに注目している。つまり，本稿の分析手法は，Lin [2001] が提示したこの私的・競争的社会関係資本論について貢献する研究であると言える。また，本論では，個人への質問紙調査からなるミクロ変数として，特に学縁という社会関係資本に注目し，「名門大学出身者」「非名門大学出身者」のソーシャル・ネットワークに対する認識の差においても分析を行った。さらに，学縁によるこういった相違を生み出す要因の一部は，マクロレベルにおける社会構造の問題から起因することが考えられる。そのような要因の一つとして，本論では，特に韓国の近代化過程に注目し，それが法・制度に代表される公的領域および家族に代表される私的領域への信頼に与えた影響について考察する。

2　社会関係資本の要素および特徴

ここでは，Putnam [1993, 2000] およびColemanを中心に展開されてきた社会関係資本を構成する三つの要素を用い，社会関係資本に関する理論的検討を行う。

（1）社会関係資本の要素
① 信頼（Trust）

信頼研究における心理学的アプローチを代表するRotter [1967] によれば，信頼とは，「他者が行っていることを当てにできるという一般化された期待」として定義することができる（山岸 [1998]，P58）。

社会関係資本における信頼の役割を特に強調したFrancis Fukuyama [1995] は，著書 *"Trust"* において，社会関係資本を「信頼が社会に広く行き渡っていることから生じる能力」と説明し，信頼のレベルが経済競争力や民主主義の度合いを条件付けるとした。それは，信頼こそが基本的に各種の「取引

コスト」を下げることに繋がるからである。例えば，信頼のおける間柄の商取引であれば，納期に間に合うだろうか，あるいは，品質は大丈夫だろうかといった不安について，事前に情報を集めるようなコストをかけなくとも済むし，何らかの不都合があっても十分な補償がなされるとの期待があるからである。このように「信頼」は，社会の効率性と大いに関係がありそうなことがわかる。

　信頼に社会関係資本の観点から本格的にアプローチしたのがPutnam［1993，2000］である。Putnam［2000］は，信頼について，市民共同体文化の重要な要素であり，「知っている人に対する厚い信頼（親密な社会的ネットワークの資産）」と，「知らない人に対する薄い信頼（地域における他のメンバーに対する一般的な信頼）」に区別している。そして，「薄い信頼」の方がより広い協調行動を促進することに繋がるため，社会関係資本の形成に役立つとしており，この信頼に基づき自発的な協力が生み出され，自発的な協力がまた信頼を育てるという好循環を引き起こすと述べる。Putnam［1993，2000］は，信頼を社会関係資本の本質的な構成要素の一つとして捉えると同時に，社会関係資本が信頼を生み出すとも考えていたといえる。Putnam［1993，2000］の関心は，規範化，統合，道徳的共同体の建設にある（Yun, Min-Jae［2004］）ため，その中で信頼の重要性は強調されるものの，いかなるプロセスをもって公共の利益をもたらす信頼が生まれるのかについては説明されていない。

　信頼について，より具体的な機能主義的観点をもって概念整理をしたのは山岸［1998］である。山岸によれば，信頼は，社会的ジレンマ状況における協調行動を促進し，相互利益を高める一方で，制度的領域のみに依拠した監視システムの必要性を低くすることで社会的コストを低減させる機能を持つという（山岸，1998）。彼は，「信頼の解き放ち理論」で，人々がなぜ他者一般に対して信頼を持つのかについて，「意識的に自己利益を追求するわけではないが，それでも自己利益をもたらす種類の心理特性を身につける」と示し，これらを「結果による選択」として定義している。つまり，これが人々において他者に対する信頼が生成される心理プロセスである。そして，他者一般への信頼を有利にする環境というのは，社会的不確実性と機会コストが高い環境であり，日

本社会のようにコミットメント関係が形成・維持される環境では,「信頼」は生まれにくく,代わりに「(コミットメント関係の中で)安心」があると主張する。

つまり,Putnam [1993, 2000] と山岸 [1998] の議論を総合的に考慮すると,Putnam [1993, 2000] における「厚い信頼」とは山岸のいうコミットメント関係で生まれる「安心」であり,一方,「薄い信頼」とは見知らぬ一般的他者への「信頼」を意味する。いずれにせよ,社会の効率性を上げるためには後者の重要性が強調されている点においては共通した視座が提示されている。

② 規範（Norm）

社会関係資本の二番目の形態は,規範である。例えば,高い学業成果を称える社会的規範が強化されることは,学校の教育機能を実行（パフォーマンス）しやすくするという事態が考えられるだろう。また,社会的規範が強化されると,規則に従わない人には抑制をかける効果がある。規範が効果的に実行されている場合,監視費用と契約移行費用を節約することができ,多様な投資と経済的取引の効果を高めることができる。

Putnam [1993, 2000] は様々な規範の中でも,「互恵性（Reciprocity）」の規範を特に重視している。互恵性とは相互依存的な利益交換であり,「均衡のとれた互恵性」（同等価値のものを同時に交換）と,「一般化された互恵性」（現時点では不均衡な交換でも将来均衡がとれるとの相互期待を基にした交換の持続的関係）とに分類される。そして一般化された互恵性は,短期的には相手の利益をはかる愛他主義,長期的には当事者全員の効用を高めるだろうという利己主義に基づいており,利己心と連帯の調和に役立つとされている。そして,Putnam [1993, 2000] は,先ほどイタリアの例を出したように,市民的互恵性意識が高い北部の州が,南部の州より効率的に地方自治の政治が運営されていると示した（Putnam [1993]）。ちなみに,規範の測定は,主に,互恵性に基づいた団体・組織への参加度,つまり,利益を求めない自発的集団への参加度によって測定されるのが普通である。

③ ネットワーク（Network）

本論文が最も注目している社会関係資本の要素は,ソーシャル・ネットワー

クである。Putnam［1993, 2000］が提唱する「ネットワーク」は，本論で用いられている「ソーシャル・ネットワーク」に対応し，様々な次元における対人関係を意味する。

　ネットワークには職場内の上司と部下の関係などの垂直的なネットワークと，合唱団や協同組合などの水平的なネットワークがある。Putnam［1993, 2000］は，イタリアの研究において，垂直的なネットワークがどんなに親密でも社会的信頼や協力を維持することはできないが，近隣集団やスポーツクラブといった積極的な市民参加による水平的ネットワークが親密になればなるほど，人びとは相互利益に向けて幅広く協力すると考えた。要するに，Putnumの調査においてイタリア北部の各州では「水平的ネットワーク」，南部の各州では「垂直的ネットワーク」が発達していたということである。そして，Putnam［1993, 2000］は，社会関係資本において家族や親族を超えた幅広い「弱い紐帯」の方がより重要であると強調しているが，「弱い紐帯」の中でも特に「直接顔を合わせるネットワーク」が核であるとした。「直接顔を合わせる」のに「弱い紐帯」とは奇妙に聞こえるかもしれないが，このことについては，次に説明する社会関係資本の性質による分類（「橋渡しネットワーク型関係資本」）においてより詳細な検討が加えられており，理解してもらえることと思う。

　図1-1は，内閣府国民生活局の報告書に掲載されたものであり，社会関係資本の3要素を図示したものである。図で示されているとおり，社会関係資本に関する研究では，社会関係資本の3要素の総合点が説明変数，地域資源・サービスの充実度といった制度的パフォーマンスが目的変数である場合が多い。この設定は，Putnam［1993, 2000］の研究における問題設定と類似している。Putnam［1993, 2000］の指摘によれば，社会関係資本の3要素としての信頼，規範，ネットワークはそれぞれ独立的に存在するものでなく，3要素が相互作用によってポジティブな効果を生み出すのである。

　第5章において詳細に考察するが，オンラインコミュニティへの参加と社会関係資本との関係に関する従来の研究は，オンラインコミュニティへの参加がソーシャル・ネットワークの収斂・拡大のいずれの方向に作用するのか，が主

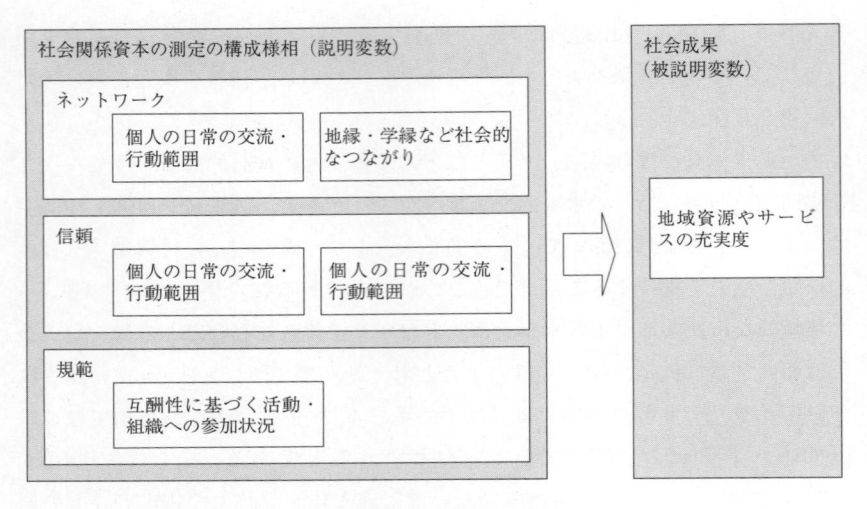

```
┌─────────────────────────────────────────────────┐  ┌──────────────────┐
│ 社会関係資本の測定の構成様相（説明変数）         │  │ 社会成果         │
│  ┌─────────────────────────────────────────┐   │  │（被説明変数）    │
│  │ ネットワーク                            │   │  │                  │
│  │  ┌──────────────┐ ┌──────────────────┐ │   │  │                  │
│  │  │個人の日常の交流│ │地縁・学縁など社会的│ │   │  │                  │
│  │  │・行動範囲    │ │なつながり        │ │   │  │                  │
│  │  └──────────────┘ └──────────────────┘ │   │  │                  │
│  └─────────────────────────────────────────┘   │  │ ┌──────────────┐ │
│  ┌─────────────────────────────────────────┐   │⇒ │ │地域資源やサー│ │
│  │ 信頼                                    │   │  │ │ビスの充実度  │ │
│  │  ┌──────────────┐ ┌──────────────┐     │   │  │ └──────────────┘ │
│  │  │個人の日常の交流│ │個人の日常の交流│     │   │  │                  │
│  │  │・行動範囲    │ │・行動範囲    │     │   │  │                  │
│  │  └──────────────┘ └──────────────┘     │   │  │                  │
│  └─────────────────────────────────────────┘   │  │                  │
│  ┌─────────────────────────────────────────┐   │  │                  │
│  │ 規範                                    │   │  │                  │
│  │  ┌──────────────┐                       │   │  │                  │
│  │  │互酬性に基づく活動│                     │   │  │                  │
│  │  │・組織への参加状況│                     │   │  │                  │
│  │  └──────────────┘                       │   │  │                  │
│  └─────────────────────────────────────────┘   │  │                  │
└─────────────────────────────────────────────────┘  └──────────────────┘
```

図1-1　社会関係資本の要素

(出所)　内閣府国民生活局［2003, p35］より引用。

な関心事であることが多い（Kraut et al., ［1988］; Nie & Erbring ［2000］; Quan-Haase & Wellman ［2002］など）。

（2）社会関係資本の性質

さらに，Putnam ［1993, 2000］はネットワークをその性質および形態によって四つの類型に分類している。本書で議論するオンラインコミュニティとネットワークの関係で最も重要であると思われる「結束ネットワーク型関係資本（Bonding）」と「橋渡しネットワーク型関係資本（Bridging）」について概念を整理し，本論との関わりについて考察する。

図1-2に示したように，社会関係資本にはその性質によって分類される「結束ネットワーク型関係資本」と「橋渡しネットワーク型関係資本」とがある。これらの二つの社会関係資本はその創出される構造や状況だけでなく，その効果も異なることが予想される（宮田［2005］: 24）。

「結束ネットワーク型関係資本」とは，組織の内部における人と人との同質

第1章 社会関係資本とは何か

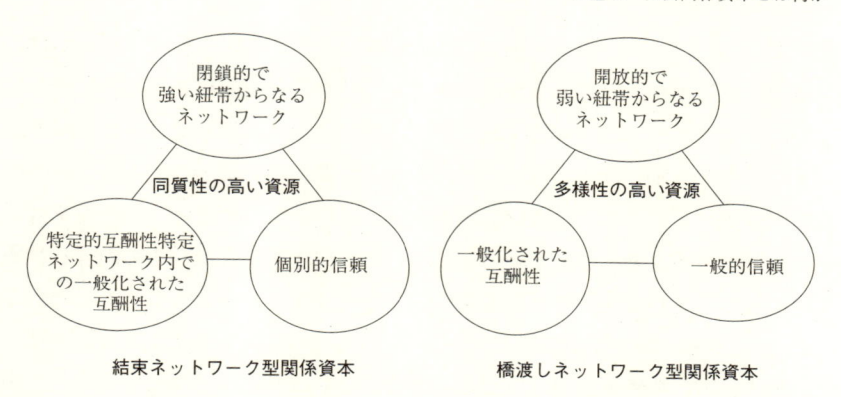

図1-2 二種類の社会関係資本:「結束ネットワーク型関係資本」と「橋渡しネットワーク型関係資本」
(出所) 宮田[2005, p24]より引用。

[左図] 閉鎖的で強い紐帯からなるネットワーク／同質性の高い資源／特定的互酬性特定ネットワーク内での一般化された互酬性／個別的信頼／結束ネットワーク型関係資本

[右図] 開放的で弱い紐帯からなるネットワーク／多様性の高い資源／一般化された互酬性／一般的信頼／橋渡しネットワーク型関係資本

的な結びつきであり，コミュニティ外部に対しては広がりを持たず閉鎖性を保ち，頻繁な相互作用を通して内部のみでの信頼や協力，結束を生むものである。例えば，家族内，民族内のメンバー間の関係を指し，本書でいう「縁故関係」は「結束ネットワーク型関係資本」の性質を有する。

「橋渡しネットワーク型関係資本」は，異なる組織間における異質な人や組織を結びつけるネットワークであり，コミュニティ外部へと広がる開放的な紐帯を持つ。例えば，友人の友人といった知人関係や，ボランティア団体，あるいは，オンラインコミュニティ上において初めて知り合った人々とのつながりなどが挙げられるだろう。

結束型・橋渡し型ネットワークについて，Portes & Landolt[1996]は，「結束ネットワーク型社会関係資本」は，同質性に基づく信頼の下，集団の内で道具的・情緒的サポートを繰り返し，規範の生成・維持を促進することができるが，閉鎖性の程度が高い場合は異質な他者・集団への寛容性・信頼が低下してしまうことを指摘している。金光[2003]は，このようなPortesらの社会関係資本論の特徴が世間的にはマイナスに評価される「否定的な」社会関係資本をも考慮している点であると評価した[4]。つまり，ある社会における社会関

資本が,「結束ネットワーク型社会関係資本」の性質を強く持ち,とりわけ,閉鎖的である場合,一方の「橋渡しネットワーク型社会関係資本」は生成しにくいことも考えられる。本書においては,韓国における縁故関係と情報縁をとりあげ,オンラインコミュニティへの参加との関係を考察しているが,社会関係資本理論においては,前者は「結束ネットワーク型関係資本」の性質を持ち,それに置き換えて考えることができる。一方,後者の場合は,その内容及び次元によって,異なる性質の社会関係資本として機能すると考えられる。ただし,Putnam [1993, 2000] が指摘しているように,この二つの社会関係資本は,社会関係資本の特徴を説明するために分類したものであり,両者は相対的に決定されるものである。つまり,上記において「縁故関係」がもし,外部との開放的で互恵性にあふれる相互作用を重視するのであれば,それは「橋渡しネットワーク型社会関係資本」にもなりうるということである。

この両者のネットワークとオンラインコミュニティとの関係について考えてみよう。宮田 [2005] は,オンラインコミュニティを含めた様々なCMCと社会関係資本との関係を考えたとき,まずメールについて言えば,携帯メールとの比較において,PCメールが弱い紐帯を含めた多様で広いネットワークと関連が深く,携帯メールは近くにいてサポートしてくれるような強い紐帯,すなわち結束ネットワーク型関係資本を強化する傾向が見られると示す。それに対して,オンライン・コミュニティにおいては,多様な資源が蓄積されるが,その資源の種類はコミュニティによってさまざまであり,強い紐帯を強化して同質性の高い資源を蓄積するという結束ネットワーク型関係資本を形成することもあれば,弱い紐帯を拡大した多様性の高い資源を保有する橋渡しネットワーク型関係資本を形成することもある。

韓国の場合,前者の結束ネットワーク型関係資本によって形成されるオンラインコミュニティが大半を占める(第4章参照)。結束ネットワーク型関係資本は元々の帰属集団内のネットワークで構成され,対面的で密なコミュニティである。本稿は,社会関係資本のうち,特に縁故関係と言う結束ネットワーク型関係資本に重点を置いた議論を中心に,私的財としての結束ネットワーク型関

係資本が如何なる歴史を持って形成され，どのような機能を持ち，さらに，オンラインコミュニティへの参加によってどのように維持・強化されているのかについて考察する。

一方，CMCの初期研究においては，面識のない人々との関係を示す「橋渡しネットワーク型関係資本」形成の可能性に関する議論が多くなされてきたと言えよう。例えば，韓国においては，「橋渡しネットワーク系」のオンラインコミュニティにおいて，オフ会が開かれるようになるとコミュニティの参加者間の紐帯が強まり，コミュニケーションも促進される傾向が報告されている (Seo, Ie-Jong [2002])。オンラインコミュニティへの参加形態および社会関係資本の活用に関しては後述する。

3 社会関係資本論に対する批判

(1) 社会関係資本の偏在性

Putnam [2000] は，*'Bowling Alone'* の中で，強力な結束ネットワーク型関係資本に内在する「排他性」の危険性を認めている (Putnam [2000] p.95)。社会関係資本が，社会全体に公平に蓄積されていれば理想的な社会が築けるのは確かである。ところが実際の社会では，社会関係資本の蓄積が偏在していることが予想される。組織やソーシャル・ネットワークへの参加率および信頼は，学歴や人種，性別，収入などのデモグラフィック変数による相違が存在しており，社会的階層によって社会関係資本の蓄積が異なる可能性は容易に予想できる。つまり，社会関係資本が存在するところにはますます集中し，ないところにはいつまでたっても蓄積されないことが考えられるのである。この結果，社会階層の固定化をもたらすことになる可能性がある。このことは，本書が前提としている「ゆがんだ近代化」を経た韓国社会でより顕在化している問題であり，「好ましい」とされる社会関係資本を持つ人と持たざる人の間における格差は，検討に値する問題であると思われる。

さらに，社会関係資本を論じる際には，個人が所属している組織の影響力及

び個人の社会的背景と深く関わっていることも考慮すべきであると考える。最近発表されたJang, Ha-Yong [2006] の「韓国の言論人における社会関係資本としてのネットワーク形成に関する研究」では，新聞社所属の幹部が持っているソーシャル・ネットワークを社会関係資本としてアプローチし，新聞社に勤める言論人の社会関係資本の形成と構造に及ぼす影響要因が分析されている。その結果，マスコミ各社のネットワークは，報道にとって重要な情報源の一つである政府機関と最も密度の高いネットワークを有しており，(1)所属新聞社の社会的背景および影響力といった組織的要因と(2)個人の属性という個人的要因が社会関係資本に影響していた。つまり，この研究においては，メディアとしての影響力の大きい新聞社ほど（研究においては，朝鮮日報と東亜日報），また，高いレベルの大学出身者ほど（研究では，ソウル大学と延世大学）最も多いネットワークを持っていることが判明した。[5]社会関係資本は，社会全体に公平に蓄積されるものであるというより，様々な要因によって偏在し蓄積され続けられる可能性があり，この点に関して，より深い検討が必要とされる。

（2）結束ネットワーク型関係資本の排他性

　社会関係資本は，社会的・民主的な目的だけではなく，反社会的・非民主的な目的に使われる恐れもあり，犯罪を減らすというより，その温床となる可能性もありえる。つまり主にFukuyama [1995] の議論において指摘されているとおり，家族主義が蔓延している韓国社会において，結束ネットワーク型関係資本が内向きで閉鎖的に機能した場合に生じる危険性のことである（Fukuyama [1995], pp.127-145）。[6]こうしたリスクを低下させるため，社会関係資本は，特定グループの利益のためのものとするのではなく，社会のすべての人間がアクセスできるような開放的ネットワークの重要性を強調しているわけである。しかし，そうした開放的なネットワークが，結束ネットワーク型関係資本の強固な信頼関係を乗り越える力を発揮できるとは想像しがたい。このことは，韓国の例を取り上げるとよりよく理解できる。

　Yun, Min-Jae [2004] は，「韓国社会における信頼関係は，同質感，『類は

友を呼ぶ』という原理に基づき，特殊化され戦略化された信頼であるというより，道徳的信頼である」と述べる。韓国においては，閉鎖的集団の性格が強い「ウリ（"我々"という意味の韓国語）」の概念を強調する社会的雰囲気が強く，集団への同質化ならびに同調を無言の圧力として行使しているため，このような状況下におかれた個人は，自立的な意思表明や主張は許容されず，非合理的で非論理的であっても集団の意見に従わなければいけないという。それゆえ，同質性に基づいた集団間の信頼は情緒的・非合理的な結束によって強化されるが，一般化された信頼として発展することは難しい。Choi, Sang-Jin［2000］は，日韓における「ウリ意識」を比較した研究において，韓国人は「ウリ」を日常的に体感し，「家族のように」感じられる対象を設定しており，情緒・感情的に強い信頼に基づいて行動しているため，一般化された信頼形成を妨げる特殊な信頼関係を醸成してしまう可能性が高いと主張する（Choi, Sang-Jin［2000］, P152-159)[7]。Fukuyama［1995］は，「家族文化圏においては，全ての社会生活は家族を基本単位として構成され，その中で個人のアイデンティティ・所属感・利害関係を追求することになり，したがって，家族の範囲を超えた個人や集団を信頼しにくくなる」と主張し，韓国においては，家族に対しては高い信頼が存在するが，社会への信頼は低いことを例として提示している。つまり，韓国をはじめとした家族文化圏における社会関係資本は，結束ネットワーク型関係資本の排他的側面を考慮する必要があると思われる。

　社会関係資本論における「橋渡しネットワーク型関係資本」は，創出可能だとはされているが，「互恵性」による自発的動機がいかなるプロセスをもって確保できるのかについてはいまだ理論化されていない。このことに関しては，社会関係資本が集団生活における人間のエゴイズムを回復できる処方箋として提示されたことを念頭に置き，その根源となる利他主義的な人間心理についての社会心理学的分野におけるさらなる研究が必要だと思われる。

　一方で，最近のオンラインコミュニティ論においては，人種・階層など社会的コンテキストを乗り越えた「橋渡しネットワーク型関係資本」の構築のための有効なツールとして，オンラインコミュニティが重要な役割を果たしている

という議論が期待されているのは事実である。しかしながら，オンラインコミュニティと社会関係資本の関係で言えば，縁故によって成り立つ「結束ネットワーク型関係資本」の維持・進化の方がより活発に行われており，オンラインコミュニティへの参加による「橋渡しネットワーク型関係資本」の形成がいかなる機能を果たしているのかについては今後とも詳細な議論を要する。[8]

（3）測定方法の問題点と限界

通常，社会関係資本に関する研究は，個人に対し質問紙調査を実施しその回答を総計として処理して測定する実証的手法を用いている。しかし，総体としての社会関係資本が，そうした個人の回答を単純に合計した数値として測定できるのか，という疑問が残る。

また，大多数の調査研究は，それ自体が社会関係資本を測定する目的のために調査が行なわれたのではなく，一般的な社会統計調査など，既存のデータを二次的に分析したものであり，データとして信憑性の問題が残される。[9]

さらに，「信頼」の測定についてはさまざまな問題が存在する。見知らぬ他者に対する信頼の測定には，たいていが「一般的に人は他人を信頼することができるのか」との質問が用いられている。しかし，この質問項目はあまりにも広い意味合いを持っており，さらに，国によってはその質問の意味が大きく異なる可能性もあり，社会・文化的要因に大きく作用される可能性がある。したがって，同じ「信頼」の概念を測定するにも，文化的背景を考慮した設問方法，測定方法を考える必要がある。

Putnam［1993, 2000］の研究におけるソーシャル・ネットワークの測定に対する批判も，ここにあわせて記しておく。例えば，Putnam［1993, 2000］は，現代のアメリカにおいて各種の団体への参加が減少していることを指摘し，先に説明した社会関係資本の三つの要素の一つであるソーシャル・ネットワークを測定し，アメリカ人のネットワークが縮小していることを指摘している。しかし，このことは彼がいうソーシャル・ネットワークの基本ファクターである「結束ネットワーク型関係資本」の減少を意味しているのであり，「橋渡し

ネットワーク型関係資本」の減少を意味するものではない。つまり，Putnam [1993, 2000] は，概念的に「結束ネットワーク型関係資本」と「橋渡しネットワーク型関係資本」を分けて考慮したうえで，特に後者の重要性を強調しているが，実際には社会関係資本の測定の際には両者を単に合算して把握してしまっているのである。しかも，後者の「橋渡しネットワーク型関係資本」の代表例として考えられるボランティア活動は，10年間で増加しているデータが提示されており，「アメリカ社会における社会関係資本の縮小」という問題について，論理的な齟齬をきたしている。また，Putnam [1993, 2000] も理論的な次元では，「橋渡しネットワーク型関係資本」の重要性を認知しているものの，「結束ネットワーク型関係資本」の特徴ともいえるFace to Face的なコミュニケーションの重要性についても依然として強調してしまう曖昧な態度をとってしまっているのである。すなわち，2種類の社会関係資本の機能および重要性の高低については，いまだ明確な結論を導き出せていないと思われる。

このように，多様な分析のレベルにおいて種々の測定手法がとられてきており，批判も多々ある中で，測定手法の確立は，社会関係資本論の発展にとって大きな課題となっている。

本書において上記の社会関係資本に対する批判をすべて乗り越えることはできない。本書は，韓国の例を取り上げ，社会関係資本が様々な要素によってどのように偏在しているのか，そして，結束ネットワーク型関係資本の排他性を念頭に置きながら議論を進めており，こういった性格を持つ社会関係資本とオンラインコミュニティとの関係を明らかにすることを目指す。

注
(1) 教育学においては，社会関係資本は，家族と学生の間の信頼，会話，地域社会・同僚・教師などの教育的資源が学生の学習に及ぼす影響の資源として把握される。社会学では，社会規範と動機との根源として，信頼・互恵性・規範，市民参加といった社会組織の特性を強調しながら社会関係資本にアプローチする。経済学では，合理的個人が効用の極大化のために社会関係に投資するという視座から社会関係資

本にアプローチする傾向が見られる（An, U-Hwan [2005]）。
(2) 親子間での学校教育についての活発な議論は，学生にとってより効果的に学業への達成を促すのみならず，無断欠席，非行のような脱規範的（non-normative）逸脱行動の可能性を低くする（Bourdieu [1977]：An, U-Hwan [2005] 韓国語版から引用）。
(3) 宮田 [2005] による社会関係資本の視点表の分類カテゴリーを採用し，本論の立場から見た各視点の特徴の説明を加筆，及び本論における社会関係資本の視点を追加した。
(4) Portesらは，否定的社会関係資本の「望ましくない」結果として，(1)外部者の排除（アメリカ大都市における韓国移民の食糧品点の経営などにみられる民族集団による職業の閉鎖性），(2)個人の自由の制限（PTAによる安全の確保の名も下での子どもの「監視」），(3)集団成員の過度の要求（中国，台湾に見られる拡大家族における過大な相互援助），(4)下方平準規範，などが挙げられている（金光 [2005]：253-254）。
(5) しかし，ネットワークを持つことが新聞記事の生産においてどういった点でどれほど役に立っているのかに関しては踏み込んでいない。
(6) Francis Fukuyama [1995] は，韓国の家族構造は，儒教の影響を強く受けており，日本より中国のそれにより類似していると指摘している。
(7) つまり，「ウリ」という集団に基づいた内集団での信頼は，外集団での信頼を減少させ，「ウリ」集団との相互作用が強化されるほど「ヨソ」集団への信頼は低下してしまう。
(8) ここまでの考察では，ネットワークとネットワークをまたがった人間関係についてはふれていない。ある一人が単一のネットワークのみにしか所属しないということは考えづらく，複数のネットワークに属する場合がほとんどであろう。その場合，あるネットワーク上での課題を他のネットワーク上で解決しようとする場合が考えられる。例えば，親族に尋ねられた質問の回答をオンラインコミュニティラインコミュニティ上に求める，というような行動はごく日常的に行われる。このネットワーク同士の接続作用は，コミュニティ上で得られると期待できる支援の量や質が，コミュニティ参加者がコミュニティ以外で持つ社会関係資本によって影響されることを意味する。このことは，有用な社会関係資本を持つ人物がネットワークの活用可能性を高めることになり，他のネットワーク参加者にとってネットワークに参加する魅力を高める要因にもなるであろう。社会関係資本同士の接続について，

Putnumは特にサイバースペースにおいて「今後進化していくのは全てを包括する「オンラインコミュニティンラインコミュニティ」でも，水も漏らさぬ「サイバーゲットー」のどちらでもなく，部分的にメンバーが重なり合う多重の「サイバークラブ」になるであろう」としている（Putnum, [2000]）。

(9) ただし，社会関係資本の分析を目的に独自に調査した社会関係資本・コミュニティ・ベンチマーク・サーベイ（Saguaro Seminar, 2001）は例外である（内閣府, 2003）。

第2章
縁故主義と近代化過程

1 縁故主義と近代化

　この章のおいては韓国における縁故主義がどのような歴史的経緯をもって論じられてきたのかについて考察する。韓国における縁故主義は大きく分けて二つの流れによって説明されてきた。第1の捉え方は，**図2-1**に見られるように近代化過程における政治・経済エリートと関わる縁故主義の姿に注目した議論である。これは，政治・経済エリートによって進行された近代化過程において，血縁による通婚を通じた政経癒着，特定地域差別による地域主義としての地縁の発展，軍事クーデタによる陸軍士官学校という学縁の集権化プロセスを含んでいる。第2の捉え方は，一般市民側における縁故主義の実現化に注目した議論がある。それは，続く社会不安が公的領域への不信感を増幅させ，縁故関係といった私的領域への依存を強化したという捉え方である。本章においてはこういった韓国における縁故主義に対する二つの捉え方について考察する。
　議論を進める前に，序論において整理した縁故主義の概念を詳細に見ておく。「縁故関係」とは，主に血縁・地縁・学縁といった共通的属性によって成り立ち，公式あるいは非公式関係を示す。このように血縁・地縁・学縁を基にした共通点をもって人間関係が形成・維持されるのは，どの文化圏においても存在するものである。ただ，「縁故関係」は，産業化および民主主義化が進むなかで，ゲマインシャフト的性質を持つ一次的関係から匿名的かつ自発的な二次的関係の重要性が強化されるにつれ，その重要性が弱まっていくはずである。[1]しかし，韓国における縁故主義は，近代化過程を経ながらより深く社会に根を

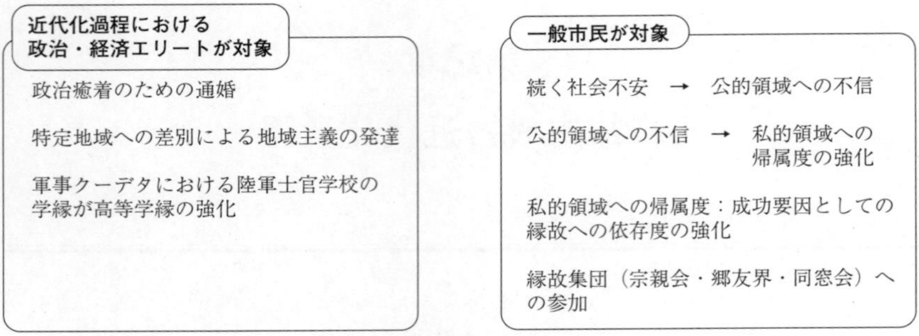

近代化過程における政治・経済エリートが対象	一般市民が対象
政治癒着のための通婚 特定地域への差別による地域主義の発達 軍事クーデタにおける陸軍士官学校の学縁が高等学縁の強化	続く社会不安　→　公的領域への不信 公的領域への不信　→　私的領域への帰属度の強化 私的領域への帰属：成功要因としての縁故への依存度の強化 縁故集団（宗親会・郷友界・同窓会）への参加

図2-1　縁故主義の二つの捉え方

(出所)　筆者作成。

張り，21世紀の今日においても重要な原理として機能している。それではこのような社会的現象はどのようなプロセスをもって進行してきたものであろうか。

「縁故関係」「縁故主義」などの重要用語の意味をさらに詳しく検討してみよう。韓国の社会心理学者であるLee, Hun-Gu［2002］は，「縁故とは，日常的用語であり，血縁・地縁・学縁の三つの出身成分によって結ばれた関係性・所属感を意味する」という。特に，「縁故主義」といったときは，「縁故をもとに内集団を偏愛し，反対に外集団を差別する集団間固定観念，偏見」を示す。つまり，韓国において「縁故主義」と言った場合は，主に否定的側面を扱う場合が多い。韓国社会で縁故主義が問題視される理由は，*Nepotism*，つまり，官職任用のみならず，地域感情，地域主義，集団間の固定観念，偏見，差別のもとになっているからである。総じて韓国では縁故主義にもとづいた派閥主義を危惧する声が高いと言えるだろう。派閥行為とは，ある種の社会的条件を共有しているメンバーが自らの勢力を拡大・維持する目的で，擬似的同類意識のもとに，同じ目標をもった他人・外集団に対し不利益をはたらく不条理な行動である。縁故主義の中に含まれている血縁・地縁・学縁の三つの縁故は，それぞれの生成過程および社会的意味からみて異なるベクトルのものである。しかし，韓国におけるこの三つの縁故は，韓国社会の人間関係の基本要素を定義する上では共に重要な要素をなしており，一緒に言及される場合が多い。

第2章 縁故主義と近代化過程

むろん，縁故主義に肯定的側面が全くないわけではない。社会関係資本論でいえば，家族愛，愛郷心，愛校心などは，縁故主義が拡大されることにより，社会関係資本がより豊富な社会を目指すための重要な要素になりうる。ゲマインシャフト的な共同体は，産業化に伴う「冷たいゲゼルシャフト的社会」から個人を保護し，精神的・物的なサポートを与える機能を果たすことができる。しかしながら，既述したとおり，韓国における縁故主義が，こうした社会に活力をもたらしてくれるものというよりも，大部分において社会悪として捉えられていることは，おそらく韓国に住んでいる者なら誰も否定しないだろう。経済的・政治的近代化を遂げたと思われる韓国社会においてこのような前近代的ともいえるエートスがいまだに力を発揮し得る要因は，縁故主義が歴史的遺産としても捉えられているからである。しかし，縁故主義は，また，「ゆがんだ」近代化を経てきた韓国社会が固執している弊害だというのも確かである。韓国社会の縁故主義が，歴史を通じて社会的混乱・対立を引き起こしてきたことに関してLee, Hun-Gu（2002）は以下のように述べる。

> 朝鮮王朝500年は党争の歴史であり，その党争の原因がまさに各種血縁・地縁・学縁によるものであることは韓国人ならば誰しも知っている事実であり，今現在の韓国社会においても蔓延している。……そこには，縁故主義を悪用する政治家などのエリートにも責任があるが，それに便乗する一般国民つまり便乗する者にも責任がある（Lee, Hun-Gu [2002] p.10）。

さて，縁故主義による弊害が歴史的に継続しているというのは事実であるが，そこには韓国の「近代化」過程が深く関わっている。次節は，韓国の縁故主義について，李氏朝鮮時代から続いている伝統的文化と共に，重要なきっかけとなったと思われる，韓国の近代化過程を取り上げ，縁故主義の継続強化について論じる。

2 韓国の経済的近代化と縁故主義

(1) 韓国の近代史

　第二次世界大戦後，韓国が歩んできた歴史は決して平坦なものではなかった。**図2-2**は，35年間の植民地支配から独立して以降，2002年までの韓国における主要な出来事を示したものである。

　1945年，日本の敗戦により朝鮮半島は「解放」を迎え，アメリカの軍政期を経て，ようやく1948年には大韓民国という国家が産声をあげた。しかし，冷戦という時代のなか，2年後には「難産」のすえに産まれた「双子」との間で朝鮮戦争が勃発。多大な犠牲を払って3年で休戦にこぎつけるが，国内情勢は混乱し，内外の状況は近代国家建設への邁進を簡単には許してくれなかった。初代大統領であった李承晩政権と自由党による腐敗政治に対して積み重なった不平不満は，3.15不正選挙による露骨な政権維持政策で爆発し，抗議運動が全国に拡大して李承晩は下野を余儀なくされる（4.19革命）。民主的な改憲により尹潽善を大統領とする第二共和国がスタートするが，1年後にはクーデタによって瓦解した。その後，朴正熙(パクジョンヒ)が政権を握り，18年間の長期独裁政権を敷いた。

　朴正熙元大統領は憲法を改正して三選。その後，盧泰愚(ノテウ)政権まで30年間続いた軍部勢力は，民主主義の秩序に則らないクーデタという方法で政権を握っていたため，政治的正統性を確保することはできなかった。朴政権は，このような正統性の乏しい政権を維持するためにも経済面においては，縁故主義的関係で結ばれる財閥との結託による政府主導型経済発展を遂行する。

　朝鮮戦争を経験した後の韓国経済は焦土化をきわめており，やっと生命を食いつなぐ労働者が大量にあふれる一方，工業化のための技術や資本はほとんど蓄積されていない状況であった。当時の国民　1人あたりGNPは世界で最も低い87ドルで，工業製品の国内市場は限定されていた。過剰労動・資本不足，なおかつ広範囲な貧困層の存在という初期条件のもと，本格的な経済発展（＝経済的近代化）は，1960年代初期の第1次経済開発五ヶ年計画まで待たねばな

第2章　縁故主義と近代化過程

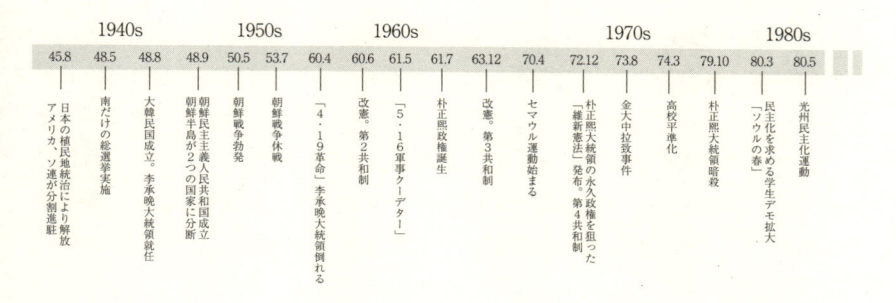

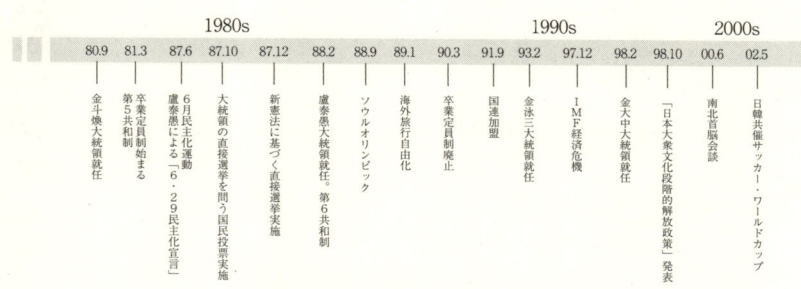

| 1940s | 1950s | 1960s | 1970s | 1980s |

45.8　48.5　48.8　48.9　50.5　53.7　60.4　60.6　61.5　61.7　63.12　70.4　72.12　73.8　74.3　79.10　80.3　80.5

- 45.8 日本の植民地統治により解放　アメリカ、ソ連が分割進駐
- 48.5 南だけの総選挙実施
- 48.8 大韓民国成立、李承晩大統領就任
- 48.9 朝鮮民主主義人民共和国成立　朝鮮半島が2つの国家に分断
- 50.5 朝鮮戦争勃発
- 53.7 朝鮮戦争休戦
- 60.4 「4・19革命」李承晩大統領倒れる
- 60.6 改憲、第2共和制
- 61.5 「5・16軍事クーデター」
- 61.7 朴正煕政権誕生
- 63.12 改憲、第3共和制
- 70.4 セマウル運動始まる
- 72.12 朴正煕大統領の永久政権を狙った「維新憲法」発布、第4共和制
- 73.8 金大中拉致事件
- 74.3 高校平準化
- 79.10 朴正煕大統領暗殺
- 80.3 民主化を求める学生デモ拡大「ソウルの春」
- 80.5 光州民主化運動

| 1980s | 1990s | 2000s |

80.9　81.3　87.6　87.10　87.12　88.2　88.9　89.1　90.3　91.9　93.2　97.12　98.2　98.10　00.6　02.5

- 80.9 金斗煥大統領就任
- 81.3 卒業定員制始まる　第5共和制
- 87.6 盧泰愚による「6・29民主化宣言」
- 87.10 6月民主化運動、大統領の直接選挙を問う国民投票実施
- 87.12 新憲法に基づく直接選挙実施
- 88.2 盧泰愚大統領就任、第6共和制
- 88.9 ソウルオリンピック
- 89.1 海外旅行自由化
- 90.3 卒業定員制廃止
- 91.9 国連加盟
- 93.2 金泳三大統領就任
- 97.12 IMF経済危機
- 98.2 金大中大統領就任
- 98.10 「日本大衆文化段階的解放政策」発表
- 00.6 南北首脳会談
- 02.5 日韓共催サッカー・ワールドカップ

図2-2　韓国の近代国家成立後の出来事

(出所)　筆者作成。

らなかった。当時，韓国は貧しい農村経済が支配的であり，産業部門では植民地時代の遺産ともいえる小規模の軽工業が存在するだけであった。このような状況下における経済開発5ヶ年計画は，いわゆる上からの資本主義発展を図り，輸出主導型戦略を推進するようになる。低い国民所得水準によって国内市場が極度に狭小だったため，国内市場の制約を乗り越えるためにも輸出の推進は不可避だったのである。ここで登場したのがまさに韓国型経済的近代化の特徴である「財閥育成型経済発展戦略」であり，このことは伝統的な家族的，ゲマインシャフト的風土をひきずりながら産業化を進めるといった一種のゆがんだプロセスを韓国が歩む要因となり，次第に政済界の癒着につながっていく。

43

（2）血縁を結ぶ——政経エリートによる通婚

朴政権は，経済的近代化の推進のために資金・資本・技術を必要とし，日韓基本条約により日本から円借款を取り付けることに成功，企業に利権や恩恵を与える形で経済成長を図ることとなる。この過程で急成長した財閥は，韓国の経済発展の基盤となるが，政経癒着という不公正な方法で富を蓄積した閥族経営体制だったため，腐敗構造の温床として韓国経済に歪曲した構造をもたらすこととなった。

この政府主導の経済発展のために政治と経済との間に多くの癒着が生じていたと言われているが，その背後には，両者の上層部間の婚姻関係による血縁関係があった。

図2-3は，朴正熙政権の時代から目立つようになった，財閥・行政高官・新

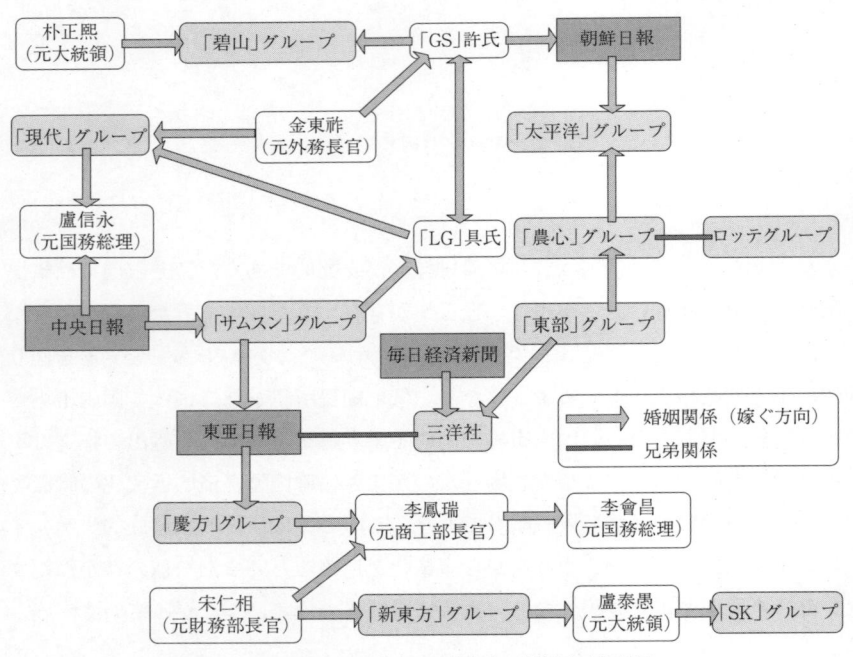

図2-3 財閥・行政高官・言論者主の婚姻政略結婚図

（出所）Cho, Gyang-Myung [2005] 参照し筆者作成。

第2章　縁故主義と近代化過程

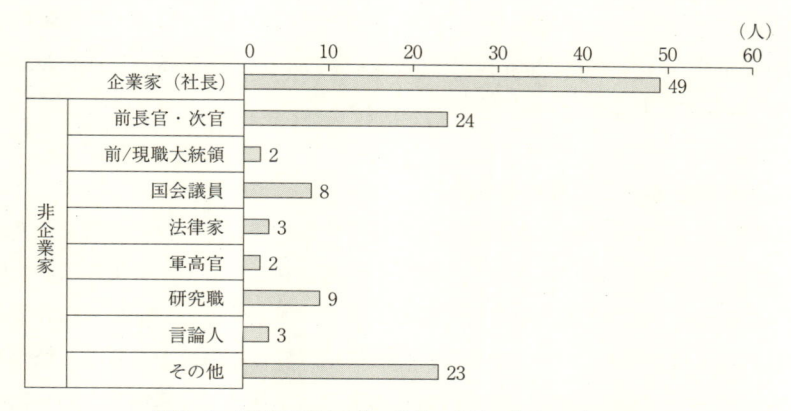

```
                    0    10   20   30   40   50   60 (人)
       企業家（社長）                              49
非    前長官・次官            24
企    前/現職大統領  2
業    国会議員       8
家    法律家         3
      軍高官         2
      研究職         9
      言論人         3
      その他        23
```

図2-4　韓国の100大企業の社長の息子の義理の父親の職業
（出所）　Gong, Jung-Ja [1989] を参照し筆者作成。

聞社経営陣が結んだ婚姻関係を表す図である。図2-3を作成したCho, Gyang-Myung [2005] は，韓国の新聞社が政治経済の有力家系と婚姻関係を結んでいることに注目し，それゆえに，メディアは権力から独立することができないのだと強調している。図2-3で示されているとおり，韓国の政治経済の上層部において，婚姻による血縁関係が盛んに行われていることが分かってもらえるだろう。

図2-3に示されているように，有力政治家であった朴正煕，盧信永前国務総理，金東祚前外務部長官，李會昌前国務総理，盧泰愚元大統領，李鳳瑞前商工部長官は，それぞれ大手財閥系と血縁関係を結んでいた。

さらに，Gong, Jung-Ja [1989] は，韓国の100大企業の社長の息子の結婚相手に関して分析し，興味深い結果を発表している（**図2-4参照**）。123人の社長の息子の義理の父親の職業を分析した結果，企業家（企業の社長）が49名，非企業家が74名であったが，非企業家のうち，前長官・次官（大臣・副大臣）が24名，前・現職元大統領2名，国会議員8名，法律家3名，軍高官2名，研究職9名，言論人3名であった（**図2-4参照**）。企業家と政治系・法律系との婚姻関係によってどのような不正・癒着があったのか，具体的な内容は明らかにさ

45

れていない。しかし，調査によって企業の歴史が短いほど，行政・立法部の家庭から"婿をもらう"傾向が高いことも明らかにされ，政略結婚による利益誘導がいかに有効であるかが示唆される。

（3）地域主義として現れる地縁

　韓国の近代化は，国家による上からの経済政策に関しては経済発展を急速に推し進めた国家的プロジェクトとして高く評価される一方で，韓国経済の対外依存は高まり，地域格差と階級格差をますます拡大させたという批判的評価も同時にある。社会的インフラを整備する際に地域による格差があることは普遍的だとしても，韓国においては，西側の湖南地域を疎外し，東側の大邱・嶺南地域を重点的に発展させた経緯がある。

　つまり，韓国において「地縁」という言葉が日常的に使われている場面は，主として嶺南地域と湖南地域の間における「地域主義」を婉曲的に表現されるときであり，ほとんど同じ意味として使われている。地縁の根源となる韓国の村落の生成過程に関する議論は本論文の範囲を超えるが，今日の韓国人にとって「地縁」というタームは，村落への所属感を表す言葉であるというより，ほぼ「地域主義」の意味合いで用いられる場面が多い。

　財閥を中心とした輸出主導型の戦略により，港湾や高速道路が推進された地域の発展が加速され，大規模な港湾を持っていた釜山を軸に，京釜高速道路（名前で分かるように，現在のソウルの旧名である京城と釜山までをつなげる道路）が通る嶺南や首都圏といった地域が，必然的に集中的な発展を遂げるかたちになった。しかし，以前から湖南平野を中心に農業が盛んであった湖南地域は経済発展から取り残されるようになり，地域発展の不均衡化が進むことになる。このことには，上述したように，京釜高速道路の通る地域が嶺南や首都圏に集中し，その地域の発展は加速化したが，一方で湖南地域は農業が重点化されるようになり，地域発展の不均衡化が進むことになったという経緯があった。これが，後々の嶺南出身朴正熙の政治的野心と湖南出身の金大中との対立として現れる。

このような地域主義は，戦後の政治プロセスを経ながら保守・革新といった政治的傾向が地域によって分かれる傾向にも影響を与え，大統領・国会議員などの選挙行動においては最も重要な要素となっている。

さらに，地域主義は韓国の行政官僚という要職人事に影響を及ぼすことになる。つまり，政権を握る最高指導者の出身地域によって行政官僚の出身地域の比率が変化したのである。韓国は大統領制で，大統領の権限が強く，行政官僚の任命に直接関わる場合が多い。特に，Yu, Ie-Yong [2002] は，行政官僚の人事に大統領の出身地が大きく関与したことを明らかにした。つまり，政治と地域主義との関係は，統治者の地縁的縁故関係の人物の方が，そうでない地域より出世しやすいという構造をつくりあげる結果となった。

以上，血縁と地縁の特徴について述べたが，本論が題材にしている学縁に関わる議論は次節において考察を行う予定であり，詳細はそちらにゆずる。

上記のような朴政権の経済発展戦略に関しては賛否両論が存在している。その中身は，技術発展・基礎的産業への投資による長期的視野に立った発展政策であったというより，むしろ，輸出可能な産業の発達を図るために財閥を養成するかたちでの資金投資戦略であり，そのプロセスにおける財閥と政府との縁故による癒着，嶺南と湖南地域においてアンバランスな経済政策がとられてきたことに対する批判は否めない事実であろう。さらにこのことは，政界および財界上層部によって基本的道徳性を欠いたまま様々な不正腐敗・違法行為が繰り返され，彼らが「ノーブレス・オブリージュ」として国民から尊敬される集団になれなかったことと結びついている。

3　学縁が創る学歴社会

本書は学縁関係のオンラインコミュニティを分析対象としている。ここでは，韓国における学縁の生成とその特徴について考察を行う。

Kim, Yong-Hak [2003] によれば，韓国の縁故のうち最も大きい影響力を

持つのは学縁であるという。彼は,「血縁は範囲が狭いため社会的影響力がそれほど大きくなく,地縁の効果についても学縁を差し引いた後の純粋な地縁の効果は学縁より小さい」と指摘し,韓国における学縁の効果について分析している。

　韓国における三つの主要縁故である血縁・学縁および地縁は,これらの要素がそれぞれ独自に機能することも可能だが,実際はこの三つの要素のうち,二つあるいは三つ全てが複合的に機能し,強力なネットワーク構造を構築することが可能になる。例えば,家族の血縁的関係を基礎としたネットワークは,大家族と宗親会などに拡散されることによって,さらに,その家族が属している地域の地縁とも複合的ネットワークをもつことになる。また,少数のいわば過去の一流高校出身者によって構成されている同窓会による学縁集団はその高校が位置している地域に限定されたメンバーによって形成されることになるため,地縁的縁故集団の性格も併せて帯びることとなるからである。

（1）韓国の学縁の特徴

　日本でもよく知られているとおり,韓国は世界で稀に見るほどの「学歴社会」である。'地獄のような入試戦争'は韓国人なら誰でも知っているイディオムであり,大学に入るための熾烈な競争が存在する。韓国がこのような学歴を重視するようになった歴史的経緯は不明だが,個人の能力にかかわらず,学校の名前のみが個人の社会的背景を代弁し,最も重要な判断基準のひとつとなっている（Lee, Jong-Han [1994]）。

　また,韓国は「学歴社会」でありながら,学縁社会でもある。「学歴社会」とは,高い学歴を持つことが重要な社会的価値を生み出すという信念が強い社会である。そのため,高等教育機関で学ぶことが重視され,そのために若者が大学や大学院などの機関に殺到する事態を生み出す。もちろん学歴社会自体は,先進国・途上国を問わず普遍的に存在しているが,その実情は各国で差異が見られる。ちなみに,『広辞苑』によると「学閥」とは,ある学校の出身者,ある学派に属する学者によって作られる派閥であり,特定の学校出身者が各々の

第2章　縁故主義と近代化過程

職域や企業内で圧倒的な優位を保っており，それを自分たちの地位の保全や勢力拡張に利用していると看做される集団あるいはその状態を指す。

「学縁」における高校による学縁と大学による学縁はそれぞれ異なる性格をもつ。韓国では1974年の高校平準化により，進学する高校は学生の居住地域以内で無作為に決定されることになっており，高校間の学歴の差はないことになっている。それでも，平準化以前に有力だった高校の学区に引っ越してまで，子供をかつて有力だった高校に入れようとする人々がいまだに存在する。その理由は，平準化以前の時代において入学試験によって選抜された優秀な卒業生が様々な分野の要職を占めており，その先輩との学縁を形成できる機会を得るためであると推察される。先の大学の「学縁」の場合は「学歴」とほぼ同じ文脈で使われるが，高校の「学縁」は「学歴」とはあまり関係しない。本論は，大学の学縁を中心に議論を進めている。

一方，韓国では「学閥が良い」という言い回しが使われており，「学歴が良い」と同じく，良い大学を卒業しているという意味になる。つまり，日常の言語習慣としては「学歴」と「学閥」はほとんど同じ意味で使われている。

「韓国は，学歴社会でありながら，学縁社会である」といった場合，学縁は日本語の意味での「学閥」の意味と類似しており，学校を基点として作られたネットワークのことを意味する。しかも，韓国の場合は，良いとされる学校の学縁が強い力を持っているため，学歴社会と学縁社会は不可分の関係性を持つ。このように韓国が「学歴社会」なのかあるいは「学縁社会」なのかの弁別はそれほど容易ではない。

韓国の学縁の起源について，服部［1992］は地縁関係が近代的な教育制度が導入されるに従って「学縁」とも重なってくると指摘している。「学縁」という際には，小・中・高・大学教育における同窓関係だが，一般に韓国で「学縁」と呼ばれる際には，高等学校と大学の同窓関係が考えられると服部は述べているが，筆者の観察とも一致する（服部［1992］p.156）。韓国における学縁関係の言葉として，京畿高校（Kyong Gi）とソウル大学（Seoul）を卒業した人々をエリートという意味で呼ぶ言葉であるKSマーク，1980年代以降大統領の出身地域・高校として

49

有名となった慶尚北道の大邱・慶北高校を称するTKの例で見られるように，高校の同窓関係がソーシャル・ネットワークの基礎となる時は，地縁の重要性と重なってくる。大学の学縁が重要となってきているきっかけは，服部［1992］によれば朴正煕将軍による1961年の軍事クーデタという特殊な要因と絡んでいるという。服部は，軍事クーデタと学縁との関係について，以下のように述べている。

　韓国は建国以降，軍が政権を握ったことがなく文人が基本的な支配層を形成していた……
学歴も高くなく社会的エリートとして認識されてはいなかった軍人が，その強い結束力と実行力をもって社会のリーダーとして立ち現れたのである。しかもそれは軍人という職業集団であり，その集団を輩出される陸軍士官学校と言うものの存在であった。このような社会的インパクトは，士官学校以外の大学，専門学校などの出身者の結束を強める方向に働かざるを得ない。彼らもまた結束することで彼ら自身の利益を守り，強力な軍人グループに対抗せざるを得なかったのである。このような現象は，韓国の社会が地縁や血縁を契機として階層化していくという，ことと同様な論理が働いた結果であると考える（服部［1992］p.167）。

つまり，服部は，韓国における現在の大学にもとづく縁故主義は，強力な結束力をもった集団の登場という時代を背景としており，それが他校の出身者を結束させて「学縁」の形成につながったと主張しているのである。そうした「学縁」は，教育の普及とともにより強力なネットワークとして広まっていったと考えられる。現在でも，韓国における縁故主義をなす三つの要素のうち，最も重要な縁故は学縁であり，それゆえ韓国の教育熱は不景気と言われる現在も続いているのである。

　ここで参考までに韓国の進学率の推移を見てみよう。図2-5は，韓国の統計庁の資料をもとに大学進学率を単純計算し（当年大学進学者：専門大学も含む／高

第2章 縁故主義と近代化過程

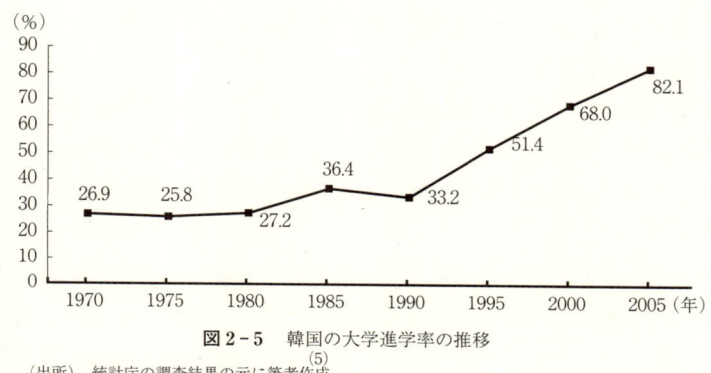

```
(%)
90
80                                                    82.1
70                                              68.0
60                                        51.4
50                              36.4
40  26.9  25.8                         33.2
30         ●    27.2
20
10
 0
   1970  1975  1980  1985  1990  1995  2000  2005 (年)
```

図2-5　韓国の大学進学率の推移
(出所)　統計庁の調査結果の元に筆者作成。[5]

校卒業者)，図示したものである。1990年には33.2％にすぎなかった大学進学率は，1992年34.3％，1993年38.4％と徐々に上昇し，1995年度においては51.4％と，はじめて5割を超えた。2004年度の米国と日本の進学率は，それぞれ63％，48％であり，韓国（81.3％）が圧倒的に上回っている。大学の定員が高校卒業生の数より8万人も超過している韓国では，2005年の高校生の大学進学率が82.1％と驚異的数値を示している。[4]1960年半ば，経済発展計画が始まったときは，高校在学生が50万人，二年制の専門大学を含めても大学生は僅か12万人でしかなかったので，大卒で十分にエリートと認識されたが，今のエリートは大卒以上の高い学歴水準をもって識別されている。大学進学率の増加は，エリート志向性をより強くしている可能性もある。

なぜ，韓国人はこれほど学歴にこだわるのか。そこに学縁の重要性を認知した国民のどのような心理が潜んでいるのだろうか。

学縁においては，肯定的側面と否定的側面の両面が同時に存在している。肯定的側面としては，同じ学校に通い似た思い出を持っている人たちが，友情を持続し母校のために奨学金を用意するなどといった例が最もわかりやすいだろう。すなわち，学縁によって，同窓会といった社交的集まりが結成され，同じ出身学校あるいは同年度に入学・卒業した同期の人々が卒業した後も，同窓会・同門会を結成しお互いの友情を深めることになる。先述したように，同窓

会を中心に卒業した学校の発展のために奨学基金を作ることなど，肯定的活動が行われている。

　同窓会は，どのレベルの学校の同窓会かによってそれに対する期待および評価が変わる可能性がある。例えば，小学校の同窓会の場合，大人になっても小学校のときの童心に戻り友情が強調される場合が多く，情緒的安定および喜びを感じさせるところが大きいことが予想される。一方，大学の同窓会の場合，友情や情緒的安定のみならず社会生活を営む上で情報交換あるいは生活上の問題解決などの高いレベルの心理的要求が存在する。人々がそれぞれのレベルの同窓会を通じてどのような期待を持ち，実際参加者が得ている満足はいかなるものなのかに関する検討が必要であり，第3章において，日韓における同窓会への参加率と共に，参加動機を中心に紹介する予定である。しかし，韓国において最も高い参加率を示している社会的ネットワークが同窓会であるにもかかわらず，これらに関する体系的な研究は決して多いとは言えない状況である。

　「同窓会」の否定的側面として，よく韓国では学縁による人事問題が取り上げられており，主に「名門大学出身者」グループ間で行われている情実人事が指摘されている。すなわち，同じ「同窓会」であっても名門学校の同窓は，非名門校に比べプライドが高く，結束力も強いことが予想され，それらによる人事上の情実問題が社会問題として指摘される場面が多い。しかし，情実人事は，韓国のみならず他文化圏においても同じように行われていると思われる。

　Song, Bok [1997] は，韓国と英国の教育を比較し，特に英国のイートン校は保守的身分社会の英国の伝統を守り，エリート社会を志向する教育方針を守っていると指摘する。英国のイートン校は，英国最高の名門校であり，名門貴族のみに開放され一般庶民には入学すら許されない強固な身分制による閉鎖性を守っていることで有名である。さらに，他学校とは異なる独特な教育方式を採択し，エリート意識を高め，社会のリーダーになるための授業内容が強調されていることでも知られている (Song, Bok [1997])。社会進出の側面から眺めると，英国の名門私立校出身者（イートン，ウィンチェスター，オックスフォード，ケンブリッジ等）は，英国の保守党議員の64.4%，保守党閣僚の77.7%，海

第2章　縁故主義と近代化過程

表2-1　1〜3級の高級公務員の出身高等学校別人数及び比率〔2000年,11月現在〕

合計	Kyung-Gi	Kyung-Buk	Kwang-Juil	Seoul	Jun-Ju	Dae-Jun	Kyung-Bok	Kwang-Ju	Kyung-Nam	Yong-San	その他
1,840 (人)	135	85	72	65	57	55	53	52	41	38	1,187
100 (%)	7.3	4.6	3.9	3.5	3.1	3.1	2.9	2.8	2.2	2.1	64.6

(出所)　Lee, Hun-Gu〔2002〕p.65の表を引用。

　軍准将以上が63.5%，大使及び高等法院判事の80%以上，財政金融分野の理事の80%弱を占有しており，特に，イートン出身の独占現象は著しく，財政金融分野の3人に1人がイートン校出身者である（Song, Bok〔1997〕）。また，Song-Bok〔2001〕は，イートン校の入学者は一年で250名に過ぎず（全学生数は約1300人），ウィンチェスター，オックスフォード，ケンブリッジなどパブリックスクールを含めても1万6千3千名で，英国の14歳の学生数の64万3千人のうち2.6%に過ぎないと指摘する（Song, Bok〔2001〕，Lee, Hun-gu〔2002〕より引用）。

　この結果を見れば，英国において私立学校に入学すらできない一般人97%が社会の要職を占める確率は極めて少ないことを暗示する。すなわち，英国社会は，私立学校が国家のエリートを養成していることが社会的に容認され，この学校との縁がない個人は，個々人の能力に関わらず社会の要職に進出することが閉ざされているという，強力な学縁社会である。

　韓国の場合，名門校出身と要職進出との間の関係はいかなる形をしているだろうか。ここでは，イートン校との比較のために，過去の名門高校出身別高級公務員の占有比率を紹介する。**表2-1**にあらわした比率は1〜3級の公務員全体の1840人のうち，特定高校出身者の比率である。

　より正確な比率を示すためには各高校の調査年までの卒業者数が考慮されなければいけないが，ここでは表2-1に明記されている10個の名門校がほぼ同じ数の卒業生を排出しているという仮定の下で結果を見てみることにする（実際，韓国の高校のクラスの数および学生数はさほど大きい差はないと思って良い）。上記の英国の比率に比べ，韓国の名門校と呼ばれている10個の学校出身者が占める比

率は約35.4%でそれほど高くない。イートン校は表2-1の韓国最高名門校と呼ばれている京畿高校より卒業生は少ないが，英国の主要要職の多数を占有しているのに対し，京畿高校はイートンよりはるかに多くの学生を輩出しているにもかかわらず，韓国の主要リーダーとして特段に浮上しているとは言えない。その理由は，イートン校はもとより貴族階層が入学するところであり経済的・社会的影響力が強力であるため，これらを利用し学縁を中心とした情実人事が頻繁に行われていることが予想される。もちろん，イートン校出身者の能力は上述したような独特な学風によって養われていることも予想される。**韓国の場合，英国のようにいくつかの閉鎖的な身分制によって入学が容認される学校によって社会の要職が占められているわけでもない。それにもかかわらず，名門校出身者が社会的信頼を得られず，例えば，「ソウル大学解体論」あるいは「機会不平等論」が浮上するなど，社会不安の重要要素として取り上げられている。**この問題は，本論で取り上げている「縁故主義」に対する批判の声とその性格が似ている。

韓国社会における「縁故主義」および「エリート」に対する国民の批判の理由の一つとして，Lee, Hun-Gu [2002] は，英国貴族は社会のノーブレス・オブリージュとして，貴族の義務を充実させており，例えば，戦争が起きると真っ先に戦場に向い軍隊に入隊するなど，名門出身としての道徳的義務を着実に遂行しているからであると指摘する（Lee, Hun-Gu [2002]）。一方，韓国の場合，いわば社会のエリートと言われている集団の社会的責任意識が乏しく，真の意味でのノーブレス・オブリージュは存在しないとの批判が多い。

Song, Bok [2001] は，韓国の社会指導者層を分析した結果，韓国の財閥の父親の職業の40%が小規模あるいは小規模商業に携わっており下層階級出身であることを示している。[6] 52個の大企業の創業主の学歴は，小卒以下が23%，中卒が23.1%，高卒が21.1%，専門大以上が25%であった。大企業の創業主をもって名門といって良いかどうかは別として，英国の名門と比べ，韓国のエリート（ここでは経済的エリート）は，社会・文化的に伝統のある上層の集団ではない。つまり，彼は，韓国のエリートは，地位および学歴が低い社会的下流

層が多く，上層＝名門として備えるべき道徳的規範を自ら開発し，それらを内面化する訓練が足りなかったと指摘する（Song, Bok［2001］）。資本家グループは，韓国が経済的近代化を遂げていた当時，政経癒着のための通婚を活発に行うことで，あらゆる脱法行為を行ってきたという批判を受けている。つまり，韓国における縁故主義への批判は，まさに，「エリートに対する批判」という言葉に置き換えても問題ない。しかし，Lee, Hun-Gu［2002］も述べているように，韓国の官職採用に学縁がどれほど関与しているのかについての体系的研究がなく，その実態に関する学術的研究が乏しい状況である。これに関する体系的研究が難しい理由は，ある「名門大学出身者」が特定の重要職を占めたとしてもそれが能力によるものなのか，学縁による情実人事なのかを区別することは容易ではない点も理由の一つである。

（2）「能力社会のイメージ」の韓国における学縁の意味

それでは，韓国における学歴主義は，純粋に能力によって選抜された人が出世する仕組みとなっているのだろうか。ここでは，韓国における学歴主義と学縁との関係はどのようなものであるのかについて，システム的には「能力社会」の形をしている韓国における学歴主義と学縁との関係について分析した有田の報告を見てみよう。

有田［2006］は，韓国における教育達成意欲の高さと「学歴主義社会のイメージ」について実証的データの分析結果をもとに興味深い結論を引き出している。1980年代以降における韓国の大学進学率の急増は，大学進学の経済的インセンティブを下落させたものの，大学進学機会市場における需要はこれに反応した形での低下を示していないことを実証的に分析した[7]。労働市場に供給される新規大卒労働力の増大に伴って，若年層を中心として大卒者の相対的な賃金水準が大きく低下しているのに対し，高卒者のそれは明らかな低下傾向を示していない。両者の賃金格差が縮小したにもかかわらず，韓国における大学進学熱が冷めることを知らない理由として，大企業中心型の経済構造の反映として大学生の大企業志向が強くその大企業の多くが「学歴別採用」という採用慣

行をおこなっているといった制度的条件が存在すること，および，学歴によって人を判断してしまう社会的慣行が存在することがあげられると有田は述べている。

　また，有田の分析によれば，「学歴社会イメージ」の韓国は，出身階層の違いが本人の到達階層や収入に及ぼす影響はかなり少ないことが明らかにされ，「高い学歴を獲得しさえすれば，出身階層にかかわらずひとしく高い地位を得られる」社会であるが，「社会経済的地位に重要な影響を及ぼす本人の教育水準自体に，出身階層による大きな格差が生じている」と指摘する。時代の推移とともに単純な教育年数の格差は次第に減少しており，一見すると教育機会の平等化が進展しているようにみえるが，韓国における中学教育の平等化政策は，四年制大学への進学機会に対する出身階層の影響を大きくさせているというのである。韓国における急速な産業化は階層移動を容易にさせ，そのような構造変動に伴って不可避的に生じる階層移動機会を除けば，地位達成のチャンスが平等に与えられていることによる純粋な世代間階層移動の機会は，他のアジア諸国に比べても豊富に存在しているわけではない。このため，産業構造の変動スピードが鈍化した場合，階層構造が急激に固定化してしまう危険性があると有田は主張する。

　最も興味深い点は，出身家庭の様々な格差のうち，教育負担能力という経済的条件の格差よりも，親の教育態度や文化資本の差異といった非経済的条件の格差の方が，本人の教育達成に重要な影響をより及ぼすという点であった。これは，現在の日本でも議論になっている「格差社会」問題と重なるところがある。しかも，韓国社会における「学歴主義的社会イメージ」は，教育機会の平等化により地位達成機会の平等化政策を進行させ，現存する韓国における不平等の発生要因を個人的水準に帰因させてきた韓国政府の「不平等の社会構造的側面への着目を妨げるという役割を果たすイデオロギー」的側面を持つという。

　このことは，韓国外の文化圏から見た新しい知見であり，学歴社会の真相を実証的データによって明らかにしたうえで，そういった「間違った」イメージを作り出した韓国政府のイデオロギー的側面について一考の余地を与える論文

第2章　縁故主義と近代化過程

であった。

　以上の有田の研究は，韓国社会が「良い学歴を持っている人は良い就職をする」ということが強調されるメリトクラシー（能力主義）社会に見えがちであるが，実は，その裏には学歴主義における「葛藤理論」によって示されたような，学歴による不平等社会の姿が潜んでいることを示している。機能主義論者が，社会を調和と均衡の下にあるものと見なしているのに対し，「葛藤理論」は，身分集団（status Group）」間での富や権力をめぐる闘争の場として社会を捉える。そして，「葛藤理論」によれば，組織への雇用に際して学歴が重視されるのは，学歴が個人の習得した技術や知識の水準を示すからではなく，それが支配的な身分集団文化への社会化の程度を示すからであると主張する（Collins［1971］［1979］：竹内［1995］p.21より引用）。ここには，Bourdieuが指摘したような，「学歴社会とは，社会関係資本の質とも深く関わっており，コネ・つてなどの学縁（社会関係）を自己拡大しながら経済的利益を生む構造」が見受けられる（Bourdieu［1986］：竹内［1995］より引用）。[8]

　韓国における学縁は，自らの利益を守るためという実利的目的をもって形成され（服部，1992），グループ内での繋がりが強固な結束ネットワーク型社会関係資本であり，自分たちの権益を向上させるために排他的・閉鎖的性格を持っている。その際に，非合理性・原則（法律・制度）の無視，時には脱法行為すら許容されることもあり，さらに，良い学縁から疎外された多数の人々は，各自の有能な資質を発揮する意欲が剥奪されることによって不満を募らせ，これが韓国における社会の不安定要素の一つとなっているのである。

（3）学縁形成のための学歴

　韓国で最も有効な学縁として知られているのは，いわば，「SKY大学」と呼ばれるソウル大（Seoul大），高麗大（Koryo大），延世大（Yonsei大）の三つである。Choi, Suk-Man［1990］は，韓国における学歴社会の様相は，「名門大学出身であるがゆえに利益を享受する人がいれば，名門校出身でない，あるいは進学できなかったために不利益をこうむる人がいる」ことであると述べ，「韓

国の大学進学率が高いのは，消極的な意味としては学歴のことで子女が社会的に不利益を受けずに生きていくため，積極的な意味では同窓生に助けられ，社会的に認められながら安定して生きることを願っているからだ」と指摘する (Choi, Suk-Man [1995：117])。つまり，名門大学に入学し，そこのメンバーになるということは，良い学歴を得るという意味だけでなく，入社してからの出世など社会生活を営む上で良い学縁を得るという意味合いを持つ。この構図が，韓国が学歴社会でありかつ学縁社会になる所以である。しかしながら，社会生活を営む上で重要とされる要素が良い大学出身といった「学歴」によるものなのか，その学校出身であるといった「学縁」によるものなのか，これらを分けて考察することは容易ではないことは前述したとおりである。

　それでは，韓国社会における学縁はどのように形成され，どんな姿をしているのかについて考える。

　釜山日報は，厳選された釜山地域のパワーエリート160人の個人別履歴データベース（出身地，血縁，地縁，学縁，職場縁，社会活動など）と直接インタビュー（一部はEメール）をもとに，人脈ネットワークを分析して発表した（『釜山日報』2006年9月8日）。

　この調査は3ヶ月にわたり，ソーシャル・ネットワーク分析の手法を用い，**図2-6**のようなネットワーク図が作成された。「大」は大学の名前，「高」は高校の名前，丸は個々のパワーエリートを示している。釜山のパワーエリートは，大学レベルにおいては釜山大学とソウル大学，高校レベルにおいては慶南高校(キョンナム)と釜山高校を中心に共通項を持ちながら大きな学縁関係が形成され，ひとつのまとまりを成している。この調査におけるパワーエリートは，釜山地域の専門家に「誰が釜山地域を動かしているのか」という質問に対して挙げられた人物のうち3回以上とりあげられた160名であり，任意に選ばれた人物ではない。ちなみに，興味深いのは，女性は二人に過ぎず，パワーエリート軸から疎外されている様子が見られる点である。

　図2-6で見られるように，釜山高校と慶南高校出身者が最も多く，いずれかの高校を卒業した人物は，ソウル大学出身22名のうち17名，釜山大学（国立）

第**2**章 縁故主義と近代化過程

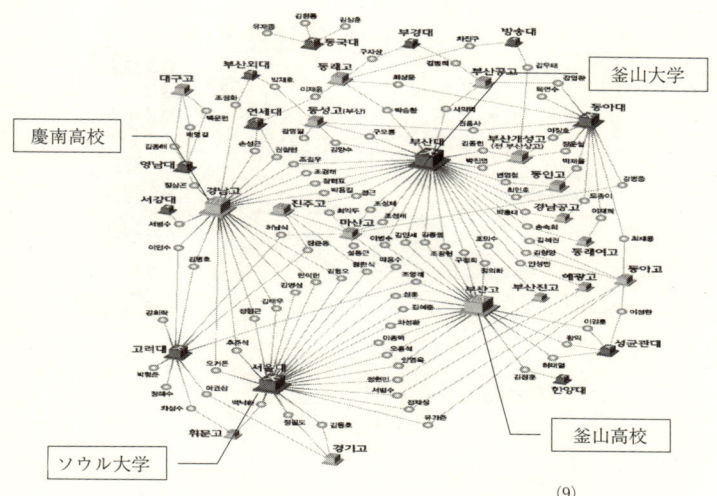

図2-6 釜山地域のパワーエリートにおける学縁図[9]
(注) 図の○はパワーエリート個人を意味する。

出身27名のうち10名を占めており，それぞれが釜山地域の大きな学閥を占めている。釜山高校と慶南高校は，先述した旧名門校であり，地域におけるパワーエリートは主にその地域における名門校出身者によって構成される。

図2-7は，人脈集中度を大学中心に表現したものである。釜山地域のエリートは，釜山地域の釜山大学を中心に最も凝縮されたノードが見られ，次がソウル大学，東亜大学（私立）などの順となっている。すなわち，釜山のエリートは，釜山地域の名門2大学と，ソウル所在の名門3大学出身者によってほとんどが占められているのである。

このように，釜山のパワーエリートは平準化以前の名門校である釜山高校と慶南高校を拠点とした名門大学出身者によって成立しているが，1974年の高校平準化[11]以降，高校に入学した人の人脈はどのようなものになっているだろうか。釜山日報は，「いわゆる平準化世代の場合，行政系統，法律系等，市民団体系統，政治系統の四つの職縁ネットワークによる価値観共有の傾向が強い」と報じており，高校や大学の学縁を乗り越え，同職という共通点による人脈ネット

59

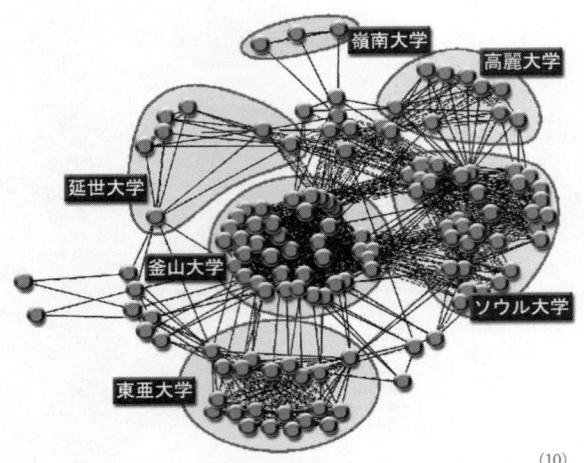

図2-7　釜山地域のパワーエリートの大学による集中度分析結果[10]
（出所）　釜山日報，2006.9.8より引用。

ワークが形成されていることを強調している。しかし，韓国における先輩・後輩が一緒に集まり親睦を固める同窓会の強い影響力を示した図2-7で見られるように，すでに存在している学縁を考慮するのであれば，高校平準化世代においてもやはり学縁によるネットワークは重要な人脈であることが推察される。一方，共通の価値観や似た職種の人々によって形成された学縁以外の人間関係は，学縁のバリアを超え，より広い人脈を作ることによりもう一つの機能的人脈として学縁を補完する役割を果たすことになる。

　高校平準化以前の名門校出身者は優秀であり，その人たちによってパワーエリート群が形成されているのはある意味当然のことのように思われる。この釜山のパワーエリート分析は，エリート群形成の要因が学縁によるものなのか，学歴あるいは能力によるものなのかは明らかにしていない。しかし，これらを分別するためには，人事・昇進の際に，能力のあるものが名門校出身でない理由で脱落した，あるいは逆に名門校出身ではないにもかかわらず能力のある者が選抜された，といったデータが必要である。しかし，人事・昇進過程は社会に公開されない場合が多く，これに対する答えを出すことは難しい。

人材採用と学縁との関係に関するもう一つの例を取り上げよう。Lee, Jong-Han［1994］は，朝鮮日報の記事をもとに「国内の30大手財閥企業において採用された新入社員481名を調べた結果，出身大学校別で見れば，ソウル大28.3％，高麗大13.5％，延世大11％であり，3つの大学の合計が52.8％と半数以上を示しており，次いで漢陽大10.0％，成均館大5.2％となっており，地方所在の大学は全てあわせて11.6％に留まっている」という事例を取り上げ，韓国社会における名門大学の支配的状況を批判している。

しかし，「批判する」とはいっても，大手企業における名門大学入社率はどうして問題となるのか，一見すると理解できないところがある。つまり，上述したようにこの数値だけでは「学縁」による就職なのか，単純に「学歴」による採用なのかが分からないため，一概に名門大学が学縁を活かして採用の現場を独占しているというのは飛躍である。学歴と就職の関係で言えば，偏差値の高い大学出身者がいい企業に比較的高い比率で就職できるということは，ある意味で公平なものにも見える。

先述したように，韓国の場合，英国のイートン校と比べ，閉鎖的な身分制によって選ばれた人によって社会の要職が占められているわけでもないにもかかわらず，**名門校出身者が社会的信頼を得ることができず批判の的となっている**という，韓国人のエリートに対する不信感を指摘した。「高校平準化以前の名門高校によって構成されるパワーエリート」あるいは「名門大学出身者の一流企業の支配」の例で見られているように，韓国においては学縁と学歴が混同され，しかもそれらが学縁という縁故に対する批判という形で強調される傾向がある。このような縁故主義に対する批判の背景には，エリートに対する不信感に加え，教育の平等化政策によって作られた「平等化心理」にその原因を探ることができる。「平等化心理」とは，個々人の能力の差にかかわらず，同じく待遇されるべきであるという権利意識のことであり，経済，政治などあらゆる場面におけるエリート，すなわち，「持てる者」と「持たざる者」との差を一面では空洞化させる心理である（Song, Ho-Gun［2006］）。

韓国人において「平等化心理」が働く理由の一つとして考えられるのは，上

記に指摘したような韓国社会を導いてきたエリート全般に対する信頼度の低さであるが，もう一つ，学歴に関する「平等化心理」は，試験上の僅かな点差で決まる大学入試試験によって，その後の人生が決定的に左右されてしまうことを身をもって経験している韓国人特有の心理であると思われる。すなわち，高校平準化（有田は，「平等主義」と表記）政策のもとで，韓国人は，学校の成績さえよければ誰しも良い大学に入ることができ，良い職業に就くことができて子々孫々まで豊かな生活をすることができるのだ，という「学歴社会のイメージ」を抱きながら激しい入試戦争が繰り広げているが，一方で，それは大学入試の点数の差であり，能力の差ではない，という感覚を持つことになったのである。

　また，世界的水準からみて韓国の名門大学のレベルに対する不信感もこの批判の背景にあると思われる。そして，こうした国民心理は，ついには「ソウル大学解体議論」にまで及んでいる。

　「ソウル大学解体論」の主張は，「ソウル大学が大学の序列化を通じて学閥主義を再生産し，既得権を独占しているため，ソウル大学の解体なくして競争力のある人材の育成が困難で，学縁主義の弊害を克服することで新たな競争力を創出することができる」ということにある。それに対して反対派は，「ソウル大学が既存の競争力を補強して世界レベルの競争力を備えることができるように傾注すべきである。また，ソウル大学の卒業生だからといって将来が保障されるものでもなく，ソウル大学の出身が学縁として社会構造を歪曲しているのか，あるいは，社会的成功がどこまで歪曲された学縁によるものなのかは証明されていない」という反批判を展開している（「Oh my News」2005年7月7日）。[12]

　この「ソウル大学解体」という命題に対する両見解は，韓国における学縁をとりまく議論の核心そのものである。また，「ソウル大学解体」の反対側に立つ意見として，むしろよりコアーなエリートを養成する必要があると訴える声も同時に存在する。例えば，先ほど紹介したイートン校と韓国の名門校を比較したLee, Hun-Gu [2002] がその代表的人物である。

　Lee, Hun-Gu [2002] は，韓国においても英国のイートン校のようなエ

リート名門私立学校を設置し，本格的な社会エリートを養成すると共にそのエリート学閥が社会組織の要職に採用されてもそれを学縁的情実人事でなく，能力のある人材の選抜であると認められる社会的風土が必要であると主張する。そうなるためには，国民から尊敬される信頼に足るノーブレス・オブリージュとして役割を果たしてくれることが前提となると指摘する。

今日韓国における学歴に対する執着は，真の意味におけるエリートとしてのプライドからでなく，高学歴そのものを獲得すること，さらに，将来の社会生活において役に立つ良いネットワークを得ることにつながるからである。韓国の教育熱は，Choi, Suk-Manが指摘したように，高学歴を得ることこそが良い学縁を得ることにつながるという強い信念に基づいた社会風土の現れである。この信念には，「高学歴を得た人は必ずしも能力のある人ではない」という不信感も潜んでいる。さらに，もう一つの理由として，戦後から続く社会・政治的不安を考慮する必要があると思われる。すなわち，社会・政治的不安は，公的領域に対する不信感をひきおこし，家族などの血縁への執着，合理的判断にもとづいていると思われる地縁への帰属，そして，名門大学のメンバーとなり良い学縁を確保することへの依存度を増加させている要因の一つであるという指摘も存在する。

Kim, Sang-Bum［2004］が『学閥社会』で，韓国における学閥社会の実体を究明し，その実践的な対案を提示したことは意義深い。「韓国における学歴は，『擬似身分制』とも言えるほどの学閥主義が社会的な支配イデオロギーとして作用している」と言い，このことが，「個人主義を基盤にした市民社会が成熟できない要因であり，また，それは，個人の所属する集団によってその社会的カテゴリーの大半が決定されるという韓国社会の特殊性に起因する」と指摘している。Kim, Sang-Bum［2004］は，そうした状況下における大学の同窓会は，ある種の利益集団と化しており，排他的な性格の強い社会勢力となっていると主張する。

以上，韓国における近代化・産業化過程における学縁を中心とした縁故主義がいかなる形で政治的・経済的に動員されていたのかについて実例を取り上げ

ながら考察した。このようなプロセスから，韓国における縁故主義的関係は，道具的利用価値を産出しており，最も有効な社会関係資本として定着することになる。

注
(1) 富永は，近代化を経済的近代化，政治的近代化，社会的近代化，文化的近代化の4つの領域に分けて説明し，それぞれの領域における近代化の機能を，経済的近代化は産業化，政治的近代化は民主化，社会的近代化は自由・平等の精神，文化的近代化は合理主義として示している。特に，社会的近代化領域において，縁故関係について以下のように述べている。

　　古代・中世においては，とりわけ，血縁的むすびつきとしての家ゲマインシャフトによる拘束と，地縁的結びつきとしての村落ゲマインシャフトによる拘束が強かった。だから，それらのものを多数の機能別の組織へと解体することによって，そららによる拘束からの自由と，平等な個人の自由な競争を実現しようとする精神は，資本主義の精神ならびに民主主義の精神と並んで，西洋近代の本質的な構成要素をなしてきているといい得る」（富永［1990］p.56）。

(2) 縁故主義という言葉が頻繁に用いられている韓国においても縁故主義は学術的な用語として定義されていない（Lee, Hun-Gu［2002］p20）。

(3) 1962〜1981年（朴正熙大統領暗殺）まで4次に渡って実施され，1982年5カ年計画からは「経済社会発展計画」と名称が変更され実施された。「経済発展5ヵ年計画」は，国民経済の発展を図るため，自立経済の基盤を整えるために推進された5ヶ年単位の経済計画で，外国資本を積極的に取り入れ，工業部分を集中支援して輸出部門の主流に据えるという不均衡成長戦略を採択した。第一から四次計画の基本目標は，「自立経済構造の実現」であり，第三次計画から地域開発の均衡を図り，また，第四次計画からは社会開発を促進して工業化による貧富格差を解消しようとしていたが，成果は芳しくなかったと評価されている。

(4) さらに，韓国で大学入学のために支出する教育費は，2005年現在で勤労所得の11.6％と史上最高値を更新した。

(5) http://kosis.nso.go.kr/cgi-bin/sws_999.cgi

(6) Song, Bok［2001］は，電子人物辞典である「中央JOINS（電子情報サービスシステム）」を用い，社会指導者級人物15,011名を対象とし分析を行った。

(7) 韓国の1980年代における大卒者の急増現象が大学進学の金銭的便益にもたらした

影響を検討することを目的とし，1980年代から90年代前半の時期における賃金構造変動について実証分析を行った。
(8) Bourdieu（1979）は，文化資本を通じて「葛藤理論」における「階級分化の密輸」論をより洗練させ，「社会的再生産理論」を提唱している。彼は，貨幣や財産に代表される経済資本は資本の一つの形態に過ぎず，「学歴」は知識，教養，嗜好などの「文化」，コネやつてなどの「人脈」（社会関係）も自己拡大しながら経済的利益をうんでいくという。文化が資本であるためには次のようなことを想起すれば理解しやすい。劇場やコンサートの入場料自体はほとんどの人々がアクセスできる範囲である。にもかかわらず，現実にこれらを享受するのは特定の人々に限られている。文化財を理解可能とするコードが無ければ楽しくもないし，意味不明である。したがって文化財を理解可能にするコード所有者には富めるものがますます富むという文化資本の拡大が生じる。
(9) http://news.naver.com/news/read.php?mode = LSD&office_id = 082&article_id = 0000106261§ion_id = 102&menu_id = 102 より引用。
(10) http://www.busanilbo.com/news2000/html/2006/0908/030020060908.1055183637.html より引用。
(11) 1974年より導入された制度であり，一斉に行う高校入学試験の点数をもって，自分の在住地が属している該当地域の高校に学生を割り当てる制度。かつての暗記を主とした入試教育の弊害を改善し，高校間の学歴の格差を縮めると共に，大都市に集中される一流高校現象を緩和するために導入された。
(12) 韓国で最も影響力のあるとされるオンライン新聞 http://www.ohmynews.co.kr

第3章
縁故主義的行動の社会心理

1 韓国人にとって縁故主義的行動とは何か

　前章では韓国の縁故の歴史的経緯について述べた。少数の政治経済のエリート階層によって行われてきた縁故を中心としたやりとりは，次第に社会全般における組織原理，対人関係形成の原理としてその重要性を増していく。本章においては，一般の人々の縁故主義的行動が，いかなるメカニズムをもってして行われているのかを，社会心理学的観点からアプローチした先行研究をもとに考察する。

　韓国におけるオンラインコミュニティが，日本のように情報交換のためのツールでなく，対人関係形成・維持のためのツールとして進化したプロセスを解明するためにも，実生活上における人間関係の特徴といえる「縁故主義」との関係を明確にする作業が必要であると考える。

　Han, Gyu-Suk［1990］によれば，縁故主義の発現は，韓国の日常生活において数多く観察されるものである。たとえば，"TK（大邱地域・慶北高等学校をイニシャルで表したもの）出身でないと……"，"警察が故郷の後輩なので……"，"社長の甥の義理の息子だから昇進が……"という事例で見られるように，多くの人々が経験する縁故主義とは，「いい縁故」を持っていることが社会生活上の何かしらの便宜を図ってもらえる道具として機能し，これこそが韓国における「縁故主義」の最も大きい特徴であるという。

　縁故関係が社会生活上における目的志向性の強いものとして機能する場合，階層によってその機能が異なることが予想される。すなわち，上流階層は，す

でに獲得している良い＝強力な縁故関係をさらに維持・保持することで社会的影響力を拡張しようとする。中間階層は，上流社会に進入するために縁故関係の重要性を認識し，良い縁故を持つための努力を惜しまず，さらに，下流階層は，トラブル発生時に円滑な問題解決が図れるよう良い縁故を持つために努力する，といった具合である。

ここでいう「縁故主義的行動」とは，序論においてすでに定義したとおり，いわば縁故主義に立脚した行動のことである。[1] Yu, Suk-Chun [2003] は，韓国では，市場のような経済的領域のみならず，国家官僚制の中に，そして，市民団体のさまざまな結社の中にも伝統的縁故関係が巧妙に結合されていると強調する。つまり，Yu, Suk-Chun [2003] は，縁故主義が一次集団のみに存在する前近代的共同体の原理であるという意見に対し，正面から異論を挟むのである。この章においては，縁故関係がいかなる社会心理的背景をもって近代的官僚組織および市場の中において浸透してきたのか，に焦点を合わせて議論を進める。本章では，韓国人が実際どの程度縁故主義に立脚した行動をとっているのかを，縁故集団への参加行動の程度，参加動機および縁故主義に対する態度の3つについて先行研究での調査結果にもとづいて考察する。そして，こういった縁故主義的行動の原動力となる社会心理的要因について考察する。

（1）縁故集団への参加の現状

韓国文化の特徴を「関係文化」と規定している研究者もいるほど，韓国人の日常生活の全ての分野は厚いネットワークによってつながっている（Lee, Dong-Shik [1980：133]）。特に，縁故関係の形成は，人間の普遍的な心理として重視される面もあるが，その多寡については，韓国において顕著に重視されていることが，後述する複数の研究によって示されている。

韓国の現代社会研究所が1990年3月に行政公務員1925名を対象にした調査の結果，回答者の83.2％が自分の出世に直接的に影響する条件として最も重要なのが「縁故の有無」であると答えている。これは，韓国における縁故関係が，出世や成功のための実利的利益を得るための重要な要素として認識されている

第3章　縁故主義的行動の社会心理

ことを意味する。(2)

　ここでは，1989年全南大学社会科学研究所が実施した調査結果をもとに，韓国人の縁故関係および縁故に関わる社会集団への参加の実体，参加動機，縁故主義に対する態度を紹介することにより，韓国社会における縁故主義に立脚した行動の実態及びその意味について明らかにする。

　この調査研究は，当時所長であったMun, Suk-Nam（1990）が自ら指摘しているとおり，韓国における縁故主義的行動に関する実態を実証的研究によって明らかにした最初の試みとされている。『地域社会の縁故主義』というタイトルの書籍として出版された本調査は，1989年3月に光州と全南地域の成人男女501人を対象に実施され，「地域住民の対人関係意識調査」というタイトルで報告がなされている。(3)

　調査結果によれば，韓国人は他の社会団体への参加と比べて，縁故集団への参加に積極的である。例えば，政治的集団である「政党」に参加していると答えた人が11％，「労働組合」7％，「各種ボランティア団体」19％，「趣味団体」への参加率が14％である一方，「縁故集団」に参加している人は全回答者のうち，82.8％に及んでいる。ここでいう「縁故集団」への参加率とは，血縁集団の「宗親会」，地縁集団の「郷友会」，学縁集団の「同窓会」の三つの縁故集団のうち一つ以上の集団に参加する比率を意味する。この三つの集団に，「集まりに直接参加する」「会費を払う」「小規模集団を作る」といった集団への関与(4)をしていると答えた人が82.8％で，17.2％の人は全く関与していないと答えていた。

　縁故集団に関係していると答えた82.2％のうち，31.2％は「宗親会」「郷友会」「同窓会」のいずれかの集団に関係しており，31.3％が二つの集団に，20.3％は三種類の集団に全て関係していると答えた。さらに，ここ5年の間に一度以上縁故集団に直接参加していた人は，「宗親会」37.3％，「郷友会」19.8％，「同窓会」35.7％と，血縁集団である「宗親会」への参加率が最も高く，「同窓会」，「郷友会」の順であった。それでは次に，縁故集団への参加行動に関して，より詳細な内容を見てみよう。

69

① 血縁集団,「宗親会(ジョンチンフェ)」及び親族契(ゲー)への参加実態

「宗親会」は,韓国における儒教主義的価値観を最も反映した血縁集団である。韓国の「宗親会」とは,同姓で同じ本貫の持ち主同士が集まり親睦を図る会合のことで,宗門会とも呼ぶ。調査によれば,分析対象の70.1%の人が宗親会の必要性を感じており,かなり高い関心が示されていた。

血縁中心の親族による小規模宗親会である「親族契」に参加している人は45.9%と半分弱の人が関係していることが明らかになった。「契」とは,地域的・対面的コミュニケーションをもとにする親睦型小規模コミュニティであり,血縁関係の集まりとして契のような小規模の会合の役割が大きいことが示唆された。親族契に参加している人のうち,一つの契に加入している人は36.5%と最も多く,二つ以上五つまでの親族契に参加している人も9.4%であった。親族契に関しては,女性(41.2%)より男性の方が(50.2%),都市地域住民(42.0%)より農村地域住民(51.5%)の方が,より多い数の親族契に参加していた。

親族契への加入率に関しては,年代別で見ると,30代(53.6%),40代(53.4%)の加入率が高く,50代(46.1%),60代(43.3%),20代(30.7%)の順であった。学歴別で見ると,学歴が低いほど比較的高い親族契への参加率を示していた(中卒52.3%,小卒48.3%,高卒47.2%,大卒34.8%)。一方,職業的には専門職が70.0%,管理職が66.7%と事務職などそれ以外の職業の人より参加率が高いことが示された。

宗親会の場合,ここ5年間の参加頻度の全体平均を年齢別に比較すると,50代(1.6回),60代以上(1.3回),40代(1.3回),30代(1.2回),20代(0.7回)の順であり,若年層より年配の方が比較的高い頻度で参加している傾向が示された。

② 地縁関係の集団,郷友会

Kim, Dae-Hwan [1980] によれば,「地縁は,地域性に基づいた地域意識をベースとしており,韓国の場合,農村社会の共同体意識の伝統が今までも比較的強く保存されている」と指摘する。しかし,第一章において考察したよう

に，韓国における地域意識は，複雑な政治権力と絡み，東西地域による極端な選挙行動が社会問題化している。韓国人は，地縁を認識する指標である「同郷人」の範囲に関して，同じ「道（日本の県に当たる行政区画名）」の人と答えた人が27.9％，同じ「郡（日本の市あるいは郡に当たる区画名）」32.7％，同じ「村（日本の町村に当たる区画名）」21.8％，「村」以下の行政区画は10％未満であり，市および郡以上の比較的広い範囲の行政区画に故郷としてのアイデンティティを置いていることが示された。調査によれば，地縁中心の「郷友会」の必要性に関して65.7％の人が同意していた。

　韓国における地縁集団は，主に「郷友会」と地縁契によって構成されている。調査によれば，全体回答者の65.7％が地縁関係組織の必要性を感じており，「郷友会」に参加している人は，全体回答者の37.1％であった。一つの郷友会に参加している人は25.9％，二つ以上から七つまでの複数の郷友会に参加している人も11.2％に達していた。この結果を男女別で見れば，男性（45.6％）の方が女性（27.7％）より，農村地域居住者（48.1％）の方が都市（29.5％）より郷友会への参加率が高く積極的である傾向が見られた。

③　学縁関係の集団，同窓会

　最後に学縁関係の同窓会への参加について調査の結果を概観する。

　韓国人は，学縁関係の集団である総同窓会，期別同窓会，クラス同窓会などに二重三重に参加している様相が見られる。調査によれば，同窓会の必要性を感じている人は70.2％であり，血縁・地縁より高い数値が示された。

　全回答者（無学者を除いた全体）の41.7％が各種学縁関連の同窓契（＝同窓会）に参加していた。同窓会には，女性より（29.0％）男性（53.2％）が，農村（32.0％）より都市居住者（48.5％）の方が参加率が高い結果が示された。都市居住者の参加率が高いことは，上記の親族契および地縁契とは逆の傾向であり，学校進学率が反映された結果と見られる。年齢別で見れば，20代（54.8％），30代（52.1％），40代（30.5％），50代（33.7％），60代以上（6.0％）の順であった。

　一方，同窓会への参加回数は，ここ5年間の全体平均が20代（平均1.5回），30代（1.3回），40代（0.8回），50代（0.9回），60代以上（0.2回）の順であり，契

への参加率と同じ傾向が見られた。学歴で見れば，大卒以上の (72.4%) の高学歴者の参加率が高く，教育水準とのあいだに正の相関が認められる。職業別に見れば，事務職 (96.8%)，公務員 (93.8%) の参加率が非常に高いことが興味深い。

宗親会や郷友会の場合は，若年層より年配の人，高学歴者より低学歴者の方が，都市居住者より農村居住者の方がより積極的に参加している傾向が見られる一方，学縁集団である同窓会の場合は，若年層ほど，高学歴ほど，都市居住者ほど参加に積極的であることが示された。

(2) 縁故集団への参加動機

本調査では，韓国人が縁故集団に参加する動機について調べるため，三つの縁故に関して，「義務的理由」「親睦のため」「社会生活上の助けになる」などの理由を取り上げ質問し，最も重要な理由と2番目の理由についてたずねた。その結果，「宗親会」の場合は，「義務」的理由が75%と最も高く，「郷友会」および「同窓会」は共に「親睦」のためが1番の理由として挙げられ，それぞれ72.7%，46.9%であった。いわば，縁故集団への参加理由は，「義務」的動機ないしは「親睦」のためであると考えている傾向が見られる。一方，縁故集団への参加動機として取り上げられた二番目の動機は，「社会生活上の助け」であり，「宗親会」の場合は5分の1，「郷友会」が3分の1，「同窓会」5分の2の比率を示しており，「同窓会」が最も高い比率を示していた（「同窓会」への参加動機に関しては**表3-1**を参照）。

Choi, Suk-Man [1990] は，「宗親会」の場合，規範的理由としての「義務」的動機によって参加する傾向が強く，「郷友会」「同窓会」の場合は「親睦」の動機が1番の理由として挙げられて重要であるが，一方，「同窓会」の場合，「社会生活上の助けになる」という回答が特に多い比率を示したことに注目する必要がある，と述べている。Choi, Suk-Man [1990] は，1番目の理由は社会的に要求されている義務的動機であり，2番目の理由として取り上げられたのが隠れた動機で個人的理由と考えられ，韓国人が学縁の縁故集団に

第3章 縁故主義的行動の社会心理

表3-1 同窓会への参加動機

同窓会に行く・同窓会の存在理由	1番目の理由		2番目の理由	
	頻度	比率（%）	頻度	比率（%）
周囲の人のアドバイスにより	13	2.7	22	5.0
同窓生に会うため	328	73.2	72	16.4
母校の発展に関心があるから	65	14.5	170	38.7
社会生活をする上で助けになるから（縁故集団からの援助）	42	9.4	175	39.9
合　計	448	100.0	439	100.0

（出所）Cho, Suk-Man [1990：191].

は「助け合い」という現実的な理由が強く内在していると指摘する。

（3）互恵関係が成り立ちやすい縁故主義的関係

　第二章において韓国における近代化過程と関係資本としての縁故主義との関係について述べたが，一般市民は縁故主義に対して，どのような態度を持っているのだろうか。An, Byung-Young [2002] は，縁故主義について，「歪んだ近代化プロセスにおいて政治・経済上層部によって行われた韓国社会の「克服されなければならない課題」であり，非難の的として認識される傾向がある」と主張している。

　この調査における縁故主義に対する態度とは，縁故主義に対する価値観および慣行に対する評価であり，さらに，縁故関係で結ばれている人に対する行動レベルについての質問も設けている。

　調査では，縁故主義に対する態度を調べるために，「縁故がある人同士は積極的に助けるべきだ」「縁故関係の集団活動にはなるべく参加した方がいい」「公的問題を処理する際は自分と縁故関係にかかわらず完全に同等に扱うべきである」「人を採用するときは能力も重要だが，縁故関係を考慮すべきである」の四つの質問を用いて測定された。

　「縁故がある人同士は積極的に助けるべきだ」の質問に関して90％の人が肯定的な回答をしており，縁故関係の人同士は助けてもらい，助けてあげるといった，互恵関係が成立していることが示唆される。次に，「縁故関係の集団

				1.2
縁故がある人同士は積極的に助けるべきだ	32.7	57.3	8.8	

縁故がある人同士は積極的に助けるべきだ　32.7 ／ 57.3 ／ 8.8 ／ 1.2

公的問題を処理する際は自分と縁故関係に関わらず完全に同等に扱うべきである　1.0 ／ 12.4 ／ 55.4 ／ 31.2

人を採用するときは能力も重要だが、縁故関係を問いただしたほうがいい　3.8 ／ 35.5 ／ 52.1 ／ 8.6

縁故関係の集団活動にはなるべく参加した方がいい　14.4 ／ 62.2 ／ 21.0 ／ 2.4

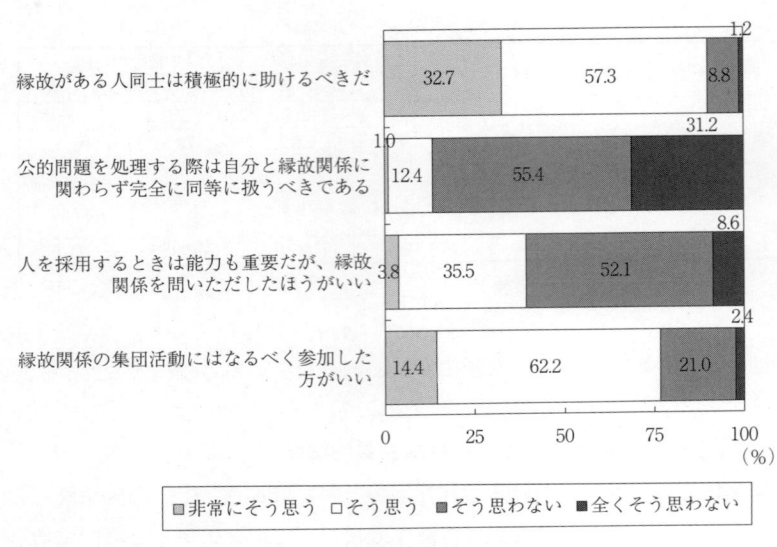

■非常にそう思う　□そう思う　■そう思わない　■全くそう思わない

図 3-1　縁故主義に対する態度

(出所)　Choi, Suk-Man [1990：63] を参照し筆者作成。

活動にはなるべく参加した方がいい」に関しても76.6％の人が賛成している。

　一方，「公的問題を処理する際は自分と縁故関係にかかわらず完全に同等に扱うべきである」および「人を採用するときは能力も重要だが，縁故関係を考慮すべきである」といった，公的問題の処理や人事に関しては，それぞれ86.6％，60.7％が縁故関係であるかどうかにかかわらず，公平で客観的な基準によって判断すべきであるという信念が見られた（**図3-1参照**）。

　概して，韓国人における縁故主義に対する態度は，縁故関係である人は助けてあげるべきであるが，その助ける場面として人事や公的問題の処理は排除すべきであり，縁故主義が韓国社会の能力主義，合理主義の発展を阻害する要因として用いられることに関しては一定の批判的態度であることが示唆された。

　Choi, Suk-Man [1990] は，縁故と関わる問題は，本人が関わっている場合とそうでない場合，二つの基準が設けられている可能性が高いと言う。例え

ば，人事の際や問題解決の際に，本人と関係なく人のことであれば縁故を介入させず，能力主義などによる公的規範によって処理すべきであるが，本人が関わっている場合は，通常の縁故的行動，つまり，助け合いの原則を選好する，といった矛盾した基準が存在していると指摘する。

　こういった縁故主義への態度はデモグラフィック変数とはどのような関係があるだろうか。Choi, Suk-Man [1990] の分析によれば，縁故主義への態度と最も関係が深いデモグラフィック変数は「年齢」であった。すなわち，若年層の方が年配層に比べ比較的批判的な評価を下している。「年齢」の次に強い影響力を持っているのは，「教育レベル」であり，教育レベルが高い人ほど，縁故主義的価値観に対し批判的であることが示された。学歴が高い人ほど同窓会に積極的であることと併せて考えると興味深い。縁故主義に対する態度と行動との矛盾した関係については後述する。

　縁故主義的態度と「性別」との関係をみると，女性と男性は縁故主義的態度に関して似た傾向が見られる。しかし，縁故集団への参加率は，女性の方が男性より顕著に低く，「縁故主義的集団」への参加率は男性の三分の一に過ぎないことが明らかになっている。縁故主義的態度と「性別」との関係は，上記の「教育レベル」との関係とも似た傾向が見られる。

（4）戦略的選択としての合理的行動

　前節においては，実証研究によって明らかにされた一般市民の「縁故集団へ参加行動」と「縁故主義に対する態度」を中心に縁故主義的行動の実体を明らかにし，デモグラフィック変数との関係を紹介した。

　前述したとおり，「縁故集団への参加態度」と「縁故集団への参加行動」レベルにおいて矛盾した傾向が見られる。このことは，この二つの変数とデモグラフィック変数との関係で明らかであり，例えば，「教育レベル」が高い人は縁故主義に対して否定的態度を持っているが，行動面ではより縁故主義の積極的な実行者である。また，女性ほど，年齢が高くなるほど，農村在住の人ほど，縁故主義的態度に対する肯定的評価を下しているが，実際の行動面で見れば，

表3-2 縁故主義的行動を最も予測できる変数(回帰分析結果)

変数	回帰係数	標準化回帰係数	P
縁故主義的態度	−0.13	−0.13	0.81
地域	0.32	0.06	0.16
性別	−1.61	−0.33	0.0001
年齢	−0.02	0.11	0.04
教育	0.14	0.24	0.0001
所得	0.01	0.09	0.08

(注) $R^2 = .17$
(出所) Cho, Suk-Man [1990：185].

男性かつ若年層ほど(同窓会の場合),都市出身の人ほど実行する比率が高い。

このような態度と行動の不一致に関して,Choi, Suk-Man [1990] は,先述した縁故集団への参加動機をもとに説明を試みている。彼は,「縁故集団への参加理由として『社会生活上での助け』は二番目に重要な理由として挙げられたが,一番目の理由が社会的に要求されているものとすれば二番目の理由は隠された動機であり,韓国人による縁故集団への関与には,助け合いたいという現実的な理由が強く内在している」と指摘する。ちなみに,血縁,地縁,学縁が社会生活の問題解決に助けになると答えた人は全体の89%,特に,出世のための助けになると答えた人は48%に達している。

つまり,韓国における縁故主義の興味深い点は,態度と行動レベルの隔たり・矛盾である。言い換えれば,**社会的問題として縁故主義が浮上したときは,「縁故主義は批判されるべき弊害であり,否定的態度をとることが望ましい」という社会的雰囲気が存在しているが,一方で縁故主義が個人レベルの問題となった場合,それらを肯定的に評価し,最大限活用した方が社会生活を営む上で有利であるという意味を持つ。**

Choi, Suk-Man [1990] は,回帰分析によって,「縁故主義的行動」を最もよく予測できる変数を調べた。「縁故主義的行動」を目的変数,「縁故主義的態度」とデモグラフィック的変数である「地域(都市・農村)」「性別」「年齢」「教育」「所得」を説明変数として投入し分析した結果,「縁故主義的態度」は「縁故集団への参加行動」の予測変数として有意でないことが明らかになった

第3章　縁故主義的行動の社会心理

```
                        r=.17
                      (p<.001)      ┌─────────────────┐
                   ┌──────────────▶ │縁故集団への参加行動│
┌─────────────┐    │                 └─────────────────┘
│縁故集団からの援助│◀─┤
└─────────────┘    │                 ┌─────────────────┐
                   └──────────────▶ │縁故主義に対する態度│
                        r=.17         └─────────────────┘
                      (p<.001)
```

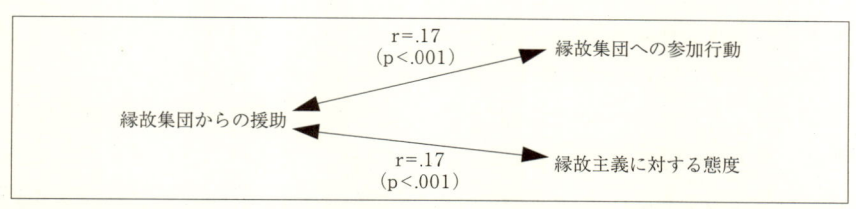

図3-2　「縁故集団からの援助」と「縁故主義に対する態度」及び「縁故集団への参加行動」との関係
　　　（出所）　Choi, Suk-Man［1990：187］を参照し筆者作成。

のである（**表3-2参照**）。

　Choi, Suk-Man［1990］は，「縁故集団への参加行動」に直接関係している変数は，「縁故集団からの援助」（表3-1）の有無であることを明らかにしている。**図3-2**で示されているとおり，「縁故集団からの援助」は，「縁故集団への参加行動」および「縁故主義に対する態度」のいずれとも正の相関関係が認められている。一方，「縁故集団への参加行動」と「縁故主義に対する態度」とは有意味な相関関係が認められなかった（r=-.09, p<.10）。つまり，個々人の縁故主義に対する態度の善し悪しは，縁故集団への参加行動とは関係なく，好ましくないと思っていても縁故集団に参加する可能性が高いことを意味する。

　また，「合理的行動主義」を提唱したFishbein［1979］は，行動の決定要因を，個人の態度とその個人の準拠集団の規範に分けて説明している。つまり，個人の態度が非好意的であっても準拠集団の規範が好意的であれば好意的行動が表出されることを示している。これが「合理的行動理論」の核心となる内容である。

　Choi, Suk-Man［1990］は，韓国における縁故主義への態度と行動との間に相関関係が見られない理由の一つとして，韓国の社会文化的要因・状況的要因が潜んでいることを主張する。例えば，縁故主義に対して若年層の態度が非好意的であっても準拠集団の規範に反対しにくい状況におかれては，個人の態度に従った行動を採択するより，社会規範の要求に応ずる形の行動をとる可能性がある。つまり，韓国の縁故主義的行動について議論する際には，個人の態度に関して調べると共に，社会文化的要因・個々人が置かれている状況的要因

が充分に考慮されなければいけない。

　個人が所属している縁故集団が自己実現のために有効な組織であり，そこに参加することが社会生活を営む上で助けになる重要なものであると判断される場合，人々は自分の態度とは関係なく，目的達成のための行動を取る。これがごく自然なのである。

　縁故主義は，社会活動の程度に比例するため，社会生活が活発で行動範囲が広い人ほど縁故集団により頻繁に関係する可能性がある。例えば，縁故主義に否定的態度を持った大学生は，就職後，社会生活を活発に行うようになると縁故主義的行動を取らざるを得ない状況に面する可能性が高い。つまり，韓国における縁故主義的行動は，時代が変わったとしても縁故集団による社会的援助が続くのであれば，そのまま維持・触発される合理的行動であることが示唆される。

　最近，韓国では，「コード」という言葉が盛んに使われている。例えば，「あの人は同じコードの人だ」「コード人事」という言い回しで用いられるが，意味は，使われる場面において柔軟にその対象が変貌する。最近で「コード」というタームが最も頻繁に使われるのは，盧武鉉大統領の政府要職人事のときであり，「盧武鉉コード」の人事が話題となっている。この時の「コード」の意味は政治的傾向あるいは盧武鉉大統領となんらか縁故主義的関係を持っている人を意味する。この際の「コード」とは，学閥的側面の可能性が高く，何らかの「縁故」的類似性の意味として使われている。人権弁護士出身で高卒の庶民的顔を持っている盧武鉉大統領すら縁故主義は避けられないものか，という批判の声が上がっている[6]。また，例えば，大学教授の人事のときに重要視されるのは，業績，人格，そして，既存の教員メンバーと「コードが合うこと」だという裏話がある。上述したように，縁故主義の影響力は衰えないまま，「コード」が縁故主義の言い換えとして用いられているのではないだろうか。

第3章　縁故主義的行動の社会心理

2　縁故主義の属性

　韓国における縁故主義には，昔からの儒教的影響による韓国独特の「家族主義」的性格が結実しており，制度への信頼が危うくなって社会的不安が高まったとき，公的領域よりその活用性が膨張しやすく，一定の影響力のある規範として機能しやすいという意見がある（Kim, Sun-Up [1991]）。また，「韓国の30年にわたる産業化を通じた経済発展において少なくとも産業化初期における縁故主義は肯定的効果を生み出したことは否定できない」，という意見もある（Kim, Yong-Hak [2003]；Lee, Hun-Gu [2002]）。確かに，縁故主義は，政府側の経済発展政策の推進の際に，政府部署と経済関係の主要人物との間における緊密な意思疎通を可能とし，あらゆる機関における雇用の際にも縁故による採用をすることによって，お互いの信頼を高めてきたと同時に，監視のための費用を節約することが可能となった（Kim, Yong-Hak [2003]）。縁故主義に立脚した対人関係は，他の関係より信頼性が高く，裏切られる可能性が低く，お互い「温かい家族的関係」を結ぶことができる。このように，産業化過程で韓国社会において縁故主義が一定の役割を果たしてきたことは否定できない。一方で，そこには縁故主義の恩恵を受ける者と，その外側にいる者の二重構造が存在している。このことは，韓国における縁故主義がもつ「排他性」「閉鎖性」に理由がある。ここでは，韓国における縁故主義が具体的にいかなる属性を持っているか，についてKim, Sun-Up [1991] および, Im, Hee-Sup [1987] などの議論をもとに考察する。

（1）過去還元的人間関係

　韓国人は，公式的あるいは事務的な場で始めて会った人にも直ちにプライベートなコミュニケーションを持ち出す傾向があり，この行動により個人化された関係性を確保しようとする。仕事上で知り合った人とは仕事以外の話題は避け，部分的付き合いを好む傾向がある日本人と比べ，韓国の場合，仕事上の

友人とも全面的に付き合うことは珍しくない光景である。このことをここでは，「個人的関係への還元性」と呼ぶ。「個人的関係への還元性」とは，人間関係自体を個人的かつ人格的で全面的関係として把握する傾向である。この関係は，個人間の同質性をより容易に確認することができる要素によって媒介されるため，計算的な契約的論理より，人格的で情的考慮が優先される可能性が高くなる特徴を持つ。

　もう一つの例を取り上げてみよう。日本の人間関係は，よく「場」を介した関係と説明される場合が多く，「場」が変わると関係の性格も変化する傾向がある（中根，1967）。しかし，韓国における縁故主義的関係は，「場」のみならず，状況が変わっても関係の性格はそのまま維持される特性を持つ。日本は，家では父と子どもの関係であるが，会社では上司と部下の関係を徹底させるといった規範があるが，韓国ではこの関係性の境界は崩れやすく，どの場面においても親と子の関係性が維持される傾向がある。韓国の人間関係は，過去にある特定の脈絡や機会を通じて繋がった関係を，それとは別の脈絡や機会においても依然として維持・有効化させようとするといった特色を持つ。いったん紐帯を結んだ関係は場所・時間が変わっても断絶することなく，継続的かつ潜在的に内在するものとして存在するようになる。これは韓国の縁故主義が「過去試行的還元性」を持つためである。

（2）非公式的チャンネルによる人間関係

　韓国においては，どのような社会組織においても，「私的組織（韓国語では，サジョジック：[私組織]）」が存在する。例えば，政治的に有名な私組織としては，今は解体されているが軍隊の縁故による「ハナ会」という私組織があり，社会問題化していた。ハナ会は，1963年全斗換，盧泰愚大統領など陸士11期卒業生によって結成された秘密私組織として，朴正煕大統領の後援をうけながら成長した軍内部の私組織である。厳格な審査を経て，秘密裡に参集したハナ会のメンバーは，70-80％が慶尚道出身であり，いわゆる陸軍本部など要職をあまねく掌握することで，不正規に陸士出身先輩将校の力を牽制していたと言わ

れている。

　「ハナ会」は特殊な例かも知れないが，例えば，会社内で同じ有名高校出身の人々が集まり，小規模の同窓会を開くことは現在も頻繁に行われている。韓国においては学縁による同窓会が実用的な存在価値を持っており，韓国人が最も多く参加しているコミュニティであるが，同窓会が同じ会社に属している人間によって行われていると会社内から冷ややかな目で見られることもあるため（縁故で何か不正なことが起きる可能性があるという認識の下であろう），非公式的に行われることが多い。会社内では，同窓会のみならず，同じ地域出身者による小規模郷友会も開かれている。私的な話で一般性は乏しいと思われるが，筆者の友人も会社内で高校の小規模の会合に参加している（友人の高校はTK地域の有名公立高校）。親睦を図るための会合ではあるが，会社内での人事問題が会話に混じることも多く，高い職責の先輩に顔や名前を覚えてもらうためにも重要な会合と見なされている。新入社員歓迎会になると入社した同窓生の名前や部署，出身大学などの事項が記入された名簿が先輩に渡されるという。この会合に参加することは，学校への愛着，先輩や後輩，同期に会いに行くという動機と共に，参加しないことによって将来的に損害を被るかもしれないという漠然とした不安感も存在するのではないだろうか。

　縁故主義の次の属性は，このような「非公式性」として説明することができる。「公式性」とは，法的体系や官僚化されたシステムによって形式化され明文化される傾向であり，「非公式性」とは，明文化・形式化して規定されず，また，規定することのできない性質のもののことを意味する。「公式的関係」は，現代産業社会の官僚的組織文化において明確に現れるものであり，職位間の位階や年功序列ないしは業績主義といった原則の下で確立される。したがって，出身地域，出身学校などによって公式的に規定される地位に就く場合はごくまれである。例えば，伝統社会における血縁は，公式的関係として見なされてきた。王の継承において王と血縁的に近い人が正統性を得て後継者となるといった方式である。つまり，「公式性」あるいは「非公式性」というものは，コンテキストに従属しながら，定義されるものである。

とりわけ韓国の社会集団は，非公式的に形成される傾向が強く，その中で行われていることやコミュニケーションが文書化・公表されることなく，ほとんどは「親睦」という名の下であくまでも閉鎖的なチャンネルを通して行われる。

このような非公式チャンネルによる会合は現在でも頻繁に行われており，韓国においてはこのような非公式な会合に多く参加することが社会生活・人間関係を'うまくするコツ'にもなる。

先の例から推察できるように，このような非公式チャンネルは，時には，公式の会合より，大きな力を発揮することがある（Kim, Sun-Up [1991]）。縁故集団が非公式な性格を持ち，なんらかの社会的影響力を持っていることは韓国における法・制度の不透明性とも深く関係しているだろう。

日本においては，公式の決定に先立って「根回し」という非公式な形での決議が行われているが，韓国の縁故主義の非公式性は，この根回し的な機能を果たしていると考えられる。

さらに，Choi, Suk-Man [1990] は，韓国において非公式的縁故集団が多い理由として，「個人を評価する際に，個々人の能力によって評価するのでなく，その個人が属している集団の性格によって評価している集団主義社会であるから」であると指摘する。[7]

韓国人は実際一つ以上の縁故集団に参加しているが，縁故集団に参加することにより，自らのアイデンティティを確保しながら親密な関係を形成することによって，非公式の社会的ネットワークを広げているのである。さらに，韓国において「活用可能な縁故集団」に属していることは，社会生活を送るうえで重要な成功の鍵でもあり，なおかつ，社会で'認められる'アイデンティティを確保することに直接つながるリソースとして機能する。

（3）閉鎖的集団性を前提とした人間関係

次の縁故主義の属性は「集団性」である。ここでは特に，文化様式の共有を前提とする「集団性」を意味する。すなわち，縁故主義の「集団性」によって，集団のメンバーは生活様式を共有することができるという象徴的意味を持つと

第3章　縁故主義的行動の社会心理

同時に，縁故主義が文化的同質性を持ち，最も基本的かつ帰属的関係性を持って形成される重要な要因となる。したがって，この象徴的「集団性」によって心理的帰属意識あるいは内集団意識がより容易に形成されるようになる。一方で，象徴的集団性が帰属的範疇の共有によってのみ形成されるわけではない。血縁・地縁は，自然発生的帰属性の性格が強い反面，学縁は，帰属的性格が相対的に弱く，人為的な象徴性をもとに強い集団性が形成される例である。

　さらに，Im, Hee-Sup［1987］は，この「集団性」が閉鎖的性格を持っていることを指摘している。血縁・地縁的縁故による結合関係は，人々が共同体的生活を営むため，さらには，相互依存的ネットワークを構成するために最も基本的で自然的なものとして存在するものである。しかしながら，韓国の対人関係における集団性は，特殊な社会・歴史的文脈のゆえ，こういった共同体的生活のための開かれたネットワーク的特性を有するというより，閉鎖的な「人脈」「縁故」関係（韓国語では「ヨンジュル」で，直訳すると，「縁綱」という意味）として再現される特性を持つ。つまり，韓国の縁故主義は，こういった普遍性と同時に，特殊な閉鎖的「集団性」によって構成されているわけである。

　ここで，縁故主義の普遍性について考えてみよう。文化主義的アプローチでは，縁故主義を韓国人の対人関係におけるある種の価値観として把握している。すなわち，韓国人の価値観に関する研究では，韓国の組織原理を構成する重要な価値観として，韓国人が序列を重視しながらも人情をより重視するという「人情主義」「情宜主義」的価値観が存在することがしばしば挙げられる（Lee, Gyu-Tae［1982］；Kim, Tae-Gil［1979］；Choi, Man-Gi［1989］など）。特に，韓国人の文化，意識構造，行動様態などに関する既存の研究においては，「情宜主義」が，韓国人の意識に底流する最も基礎的な文化であるという（Choi, Man-Gi［1989］）。「間」を重視する韓国人の価値観が最も具体的に表出されているのが，縁故主義であるとも考えられる。

　新たなメディア・ツールであるオンラインコミュニティへの参加は，これまでフェイス・トゥー・フェイスのコミュニケーションを通じて行われてきた学縁主義的行動の一環として捉えることができる。

上記の縁故主義の属性を要約すれば，縁故関係を重視する背景には，(1)未来の行為に対する不確実性が低いため取引費用が節約できること，(2)そのグループへのメンバーシップ自体が利得を与えてくれるという信念，(3)メンバーシップに所属していないことによるデメリットが大きいという認知が存在することが示唆される。

　そのため，縁故関係は，例えば，オンラインコミュニティを通じて新たに知り合った情報縁的人間関係とは明確に異なる性質を持っている人間関係である。縁故関係の維持および縁故集団への積極的参加といった縁故主義的行動は，以上の3点を考慮すれば，社会生活を営む個人の次元においては理性的かつ合理的行為と言える。

　しかし，縁故主義が韓国において'韓国病'と呼ばれるほど社会問題化した背景には，縁故内で行われる温情主義による契約関係により，公私の区別が曖昧になってしまったがゆえに公的制度が機能せず，結果的に社会発展を阻害する要因となっていることがある。また，繰り返し指摘しているとおり，社会で利用可能性の高い縁故を持っていない人を相対的に疎外してしまう結果となるため，社会全般における不平等を引き起こす可能性が高い。

(4)「ウリ（我々）」と「ナム（ヨソ）」

　既述したとおり，韓国では個人を評価するときに，その個人が属している集団の性格が重要な要素となっており，ある特定の縁故集団に関与することは，個人のアイデンティティおよび社会的背景を規定すると指摘した（Choi, Suk-Man [1990]）。

　韓国人が普段から使っている言葉に「ウリ」という単語がある。「ウリ」とは，日本語では「うち」，英語では「We」の意味であり，ウリ意識はよく「We-ness」と表現される。韓国の集団主義はよくこの「ウリ」という概念によって説明される場合が多い。韓国人は自分自身を「集団」の一部分と見なす傾向があり（Cha, J [1990]；Choi, S & Choi, S [1990]），「私」と「ウリ」は多くの場合同じ意味合いをもって用いられる。例えば，「ウリピョン」とは「私

のひいき（私側）」という意味であり，「ナムピョン」は「ヨソのひいき（他人側）」といった言い回しが良く使われ，相手が「ウリ（うち）」なのか，それとも「ナム（ソトないしはヨソ）」のどちらに属しているのかによって与える愛情や行動，相手への期待が異なる（Choi, Suk-Man [1990]）。

　個人主義および集団主義における「ウリ」あるいは内集団の境界は異なるが，韓国で内集団は，主に血縁，地縁，学縁といった縁故集団によって構成され，集団内のメンバーは互いを「ウリ」として認識し，親密感や相互扶助，協同行動が頻繁に行われることになる。一方，「ヨソ」あるいは外集団に対しては，不公平に差別する結果をもたらす。

　Kim, Man-Hum [1987] は，「韓国人には地縁を重視する風土があり，本籍地の相違のゆえに，結婚生活において苦労を経験する人が多い」と指摘しているが，このことは同じ出身地の人を「ウリ，우리」，そうでない人を「ナム，남（＝日本語のヨソと似ている概念）」の人として見なし，閉鎖的かつ差別的に扱う結果であるという。つまり，より多くの人によって「ウリ」と見なされることになれば，多くの人からの扶助や協同，援助が期待できる。「ウリ」は，主に，血縁・地縁・学縁関係を中心に形成されるといったが，それ以外にも何らかの共通点を持ち，親密感を増すことで内集団としての「ウリ」になれる可能性は存分にある。

　それでは，韓国人の対人心理において，「ウリ」という内集団の形成，あるいは「ウリ」の範囲を広げる行動がいかなる形で顕在化しているのだろうか。韓国人の親密化家庭における自己開示度の高さについて取り上げる。

　橋元・金ほか [2003] が2002年に行った大学生調査の結果でも示されているように，韓国人は日本人に比べ高い自己開示度を見せている。韓国人が始めて会った人とあまり時間をかけず，プライベートな会話で自己開示をし，あるいはしてもらい，すぐに溶け込む背景には，プライベートな自己開示の会話の中で相手の社会的背景を把握するための工夫が内在していると思われる。こうして相手の社会的背景を把握することは，相手との距離を測るためのプロセスでもある。このことは伝統的な社会心理学の分野においてもすでに理論化されて

いる。

　つまり，集団主義下の人間は，個人を一人の個性的固体として把握するのでなく「社会的範疇」によってアイデンティファイされる特徴を持つという。相手が「ウリ」なのか，それとも「ナム」なのかの関係性の確立のために，なんらか同類性ないしは合致した情報を探し出すことで相手との距離を測る。同時に，相手と私との位階的関係性を定めるが，この過程で親和性の高い呼称（姉さん，兄さん，先輩，後輩など）を用いながら，家族的かつ親和的「ウリ」関係が形成されていく。さらに，このように私的な内容の交換関係が成立しやすい理由は，それにより最も迅速に相手との親密感を向上させられるという信念があるからである。韓国における高い自己開示は，人間関係の形成・維持のために有効で合理的な戦略であり，このようなコミュニケーションが無意識的・日常的に行われていると思われる。いったん仲良くなれば温かくて社会的不確実性の低い，信頼できる家族のような「ウリ」関係が成立する。

　例えば，韓国の代表的なSNSであるサイワールド（Cyworld）と日本のミクシィ（mixi）の決定的違いは，プライバシーの公開度である。韓国の関係作りツールであるCyworld利用の動機のうち，最も重要なのは，「既存のソーシャル・ネットワークの維持」であり，既知の人々同士の間で個人情報をさらけ出し，認知してもらうことが通常化されているのも，この文脈で説明することができる。家族のような関係において，プライベートな話題はごく自然な発想であり，そういう自分を分かってほしいという甘えの構造が成立する。プライバシーを公開しない人間は冷たい個人主義者に映り，親密なウリの範囲に入ることができず，ヨソの人のままにとどまることになる。そうすると集団やグループから排除され，結果的に社会的基盤ともいえる縁故を失う結果となる。適切な韓国型自己開示をし，相手との関係性を素早く把握することで擬似的家族関係である「ウリ」関係を形成することは，新たに生成される弱い絆の長所をもたらすことにも繋がる。つまり，このようにして成立した「ウリ」関係は，自分が必要な情報を集める際にも役立ち，相手と私の距離感をはかった上で頼み事もできる。このような親密化過程を理解し，行動化することこそが韓国にお

ける円滑な人間関係作りのための社会的スキルであろう。

　韓国の場合，狭い範囲によって定められている血縁・地縁・学縁といった活用価値の高い縁故関係は，そのもともとの閉鎖的性格から個人が新たに形成することは難しい。韓国人のコミュニケーションの特徴は，血縁・地縁・学縁を乗り越えた「擬似的な」縁故関係を延長・拡張するための戦略的性格が強い点にあると思われる。

　「ウリ」と「ナム」の境界を決めるときに最も重要な原理が縁故であるが，一方で，個人の血縁・地縁・学縁という縁故はその範囲が非常に狭い(Shin, Eu-Hang & Song, Hyo-Hwan [2003])。とりわけ，活用価値の高い縁故を持っていない人にとってはなおさらである。個人は，これらの縁故の範囲の狭さという限界を超え，多くの社会関係資本を持つため，もとより所属している集団に参加することは言うまでもなく，その他，所属可能な新たな集団にも加入することになる。それは，居住地域の近所あるいは会社・軍隊など選択的側面と不変的側面が組み合わさったグループもあれば，趣味，宗教，ボラティア活動など多分に選択的な集団生活の中でもソーシャル・ネットワークは形成される。後者の場合，オンラインコミュニティにおいて多く見られるパターンでもあるが，メンバー間の同質性を背景としていると共に，個人の自発的選択による参加であるため，社会関係資本としての効率性を高める長所を持つ。

　以上，韓国人の対人コミュニケーションの特徴として，相手が信頼を置ける人であるかどうかの判断のため，あるいは信頼できる人間であることのアピールのため，社会的背景を含んだプライベートな自己開示が頻繁に行われていることを取り上げた。特に，韓国人の親密化プロセスにおいて，**個人の血縁・地縁・学縁的背景を開示することは，自分と相手との共通項を探るために最も重要な要素である**。個人のこういった縁故のネットワークサイズは狭いため，社会生活をする上でなんらかの役に立つ「弱い絆」を拡張しようとし，擬似的家族関係ともいえる「ウリ」の範囲を広げる対人心理が働き，対人コミュニケーションにも影響を及ぼしていることを指摘して，この節を終える。

3 社会不安が縁故主義を強化する

　一般市民における縁故主義的行動は社会不安と深い関係が有ることが指摘できる。本節においては，韓国の社会不安が実生活上における縁故主義にどのような影響を及ぼしていたのかに関して考察する。第二章においては1960年代から1980年代までの近代史と関わるものであったが，本節においてはインターネットが普及しオンラインコミュニティへの参加が盛んであった1990年代後半の社会状況に焦点を当てる。オンラインコミュニティを取り巻く議論は，こういった社会的状況を前提として展開されたものであり，これらを理解することが韓国におけるオンラインコミュニティと縁故主義との関係に関する様々な議論の真相を解く上で重要な鍵となると思われる。

（1） 1990年代，通貨危機と社会不安

　1990年代半ばにおける韓国は，過去と比較しても特筆すべき激しい競争社会となっており，成果主義的価値観が重視される社会的風土が広まりつつあったが，一方で，1997年のIMF通貨危機の到来，劇的な政権交代による政治不安などの要因により，頼れるはずの社会集団や制度への不信感を国民にもたらし，伝統的価値観へのこれまでにない回帰がおこっていた。

　オンラインコミュニティが盛んに利用され始めたのは1999年ごろだが，韓国社会は1997年の外貨危機，つまり，IMF（国際通貨基金）から借入金を貸与され，その後，20％に達するインフレーション，資金調達危機，企業倒産，大量失業，そして財政破綻に至る一連の国家的な危機が，庶民の生活を直撃するという事態に直面していた。

　1997年冬から1998年春まで，韓国人は予想だにしなかった国家破綻をともなう外貨危機を経験したのである。IMF通貨危機は，経済的危機としての意味だけでなく，金泳三政権後，初めて非軍部勢力による民主的な政権交代プロセスを通過して，徐々にその信頼を回復し始めていた国家ならびに公的領域の地位

を失墜させた。一連の出来事は、「社会的信頼」の危機をもたらした象徴的事件だったのである。

「IMF事態」と呼ばれる韓国における国家的危機が、韓国人の価値観を大幅に変えるきっかけとなったことが指摘されている（Song, Ho-Gun [2003]）。Song (2003) は、IMF事態の2年後に登場した金大中政権が、IMF事態を早期に収拾したことと、公的領域に対する信頼回復の問題は本質的に異なる次元のイシューであり、政権（あるいは、経済界などの公的領域）が起した重大な過誤（IMF通貨危機）に対する恨みは、韓国人の公共機関・公的領域に対する極端な不信感を増強し、信頼のおける対象を私的領域に後退させるものであったと強く主張する。

このことは、IMF事態のときに生じた社会不安、驚異的な企業倒産の数値を見るだけでも容易に理解できるものであろう。

1997年の韓国における倒産企業は、同年10月には560件、11月に595件、12月には約1000件に急増した。1997年の一年間で倒産した企業は1万5千件に達しており、11月一ヶ月間で12万人が職を失っていた。名誉退職・整理解雇などの名目で、失職・転職した人は、10月の25万5千人から11月には32万9千人に急増した。1960年代から1990年初頭まで「漢江の奇跡」と呼ばれていた韓国の目覚しい経済発展は、1997年の危機をもって終止符を打つことになり、国民は行き先を失って、明日をも知れぬ極めて厳しい精神的不安に襲われていたと言えよう。

「IMF事態」は収拾されたものの、この事態は近代化プロセスにおいて育まれてきた政治権力や財閥への不信感や非難を増幅する事件であったのと同時に、この事件によって政治・経済・官僚エリート集団の社会的地位・信頼度も一気に墜落した。1999年8月中旬、金大中政府はようやく「IMF事態」の収束を宣言したが、その後、韓国においては、政府を批判する勢力として文化エリート・労働運動指導者・批判的知識人が脚光を浴びるようになり、韓国における独占大企業に対する批判および政府の不透明な監視システムに対する批判、経済・社会構造の改革など根本的改革の必要性が訴えられた。

(2) 韓国の「家族主義」

　IMF事態は，家計倒産と家庭崩壊をもたらしたと同時に，家族への愛着をどの時期よりも増大させた（Song, Ho-Gun [2003：167]）。韓国の家族に対する愛着はよく「家族主義」として理論化され説明されている。韓国における家族主義に関する議論は種々あるが，大きく二つに分けて考察する。

　一つ目は，文化主義的解釈であり，韓国の文化的習慣の原型である儒教的伝統に基づいて家族を眺める観点である。社会の全ての集団を「家」として把握し，そのグループのメンバーは家族メンバーのような人間関係と一致するという考え方で，韓国の全ての準拠価値が家族集団の維持・存続と関わって表れる組織形態ないし方式であると説明する論者もいる。これは，血族的あるいは氏族的近親関係による家族主義的論理とメカニズムは，個々の集団や組織の統合と秩序を維持するための基準であり，それらを正当化し持続強化のための集合的形態・現象として家族を捉える視点である。少々抽象的な定義をしているこの観点には，家族主義的意識や様態は，全社会領域に延長・拡大されて現れ，親族集団的現象，地縁・学縁などの縁故の集団的現象を説明する根幹となるという意味も含まれている。この観点における家族主義は，「私のグループ＝内集団」，その他は「ヨソのグループ＝外集団」といったメカニズムの説明にもなる。内集団内のルールを一時的準拠の原理とする閉鎖性のゆえ，韓国における「公共性」に基づくルールは存在価値を失うわけである。つまり，目上の人に対する礼儀，内集団のメンバー間において存在するルールが直ちに社会共同体の倫理の全てを構成することになる。

　二つ目に，家族主義を社会構造的観点から解釈する視点がある。ここには，家族主義の見方のうち，「経営家族主義」と「縁故家族主義」が含まれている。社会的信頼が不足している状況において自己保存の戦略のために活用された集団構成であり（Lee, Seung-Hwan [2004]），生存戦略的性格が強調される特色を持つ。三つめの家族主義に対する解釈は，Ha, Yong-Chul [1995] によって「新家族主義（Neo-Familism）」とも呼ばれている。Haは，韓国の家族主義は，

外国による生存への危機および戦禍による信頼不在の状況におかれていた家族の生存戦略として，物理的に身近な人々を信じ，依存せざるを得ない状況から生まれた構造であると言う。つまり，新家族主義は，言い換えれば，「物理的」な意味合いでの家族への愛着，依存，援助のことを意味する。

　この議論においては，社会・政治の不安が，制度などの公的領域に対する信頼感を失わせ，公的な準拠集団からの撤退をもたらし，韓国人の家族への依存度を増加させるという指摘と通じ合うところがある。個人主義をもたらすはずの産業化・都市化は，「家族主義的ルール」を次第に弱体化させていくはずだが，20世紀半ばに韓国を襲った「IMF事態」のような国家の危機的状況は，依存すべきはずの社会集団や制度への信頼度の低下をもたらし，従来ないほどに伝統的価値観への回帰が起こっていたと考えられる。

　Song［2002］は，韓国社会における矛盾・葛藤の背景に，「家族主義」が存在するという。そして，この「家族主義」的ルールが法や制度などの公的領域のルールを上回る力を持っており，現実世界における有効な問題解決機能を果たしていると強調している。さらに言えば，韓国における公的ルールと私的ルールの混在が引き起こされるのも，この二つのルールが共存し常にプロセスについて以下のように述べている。
　ここでSong［2002］がいう「家族主義」とは，血縁関係を基盤とした物質的意味での「家族」というより，一次的集団内で通用する温かく情緒的なルールを，「家族主義的ルール」として命名しているのであり，先ほどの物理的意味での「家族」とはその意味合いが異なることが分かる。このように，韓国における家族主義の特徴を次の二つに分けて考えることができる。
　A．　家族関係への愛着を強調する立場による「家族主義」：物質的血縁関係を意味するものとして「家族」を指し，家族や身近な友人・知人・親戚などへの愛着・愛情を「家族主義」と呼ぶ場合。
　B．　温情的関係による私的規範としての「家族主義」：血縁関係ではないが，友人・知人も家族と似たような，一次的集団あるいは内集団的メンバーと

見做され，「家族的関係」の適用されるメンバーとされ，その中における人情的関係が重視される傾向。⁽⁹⁾

　Song, Jae-Ryong［2002］の家族主義の趣旨がこれにあたり，家族主義的意識や様態は，全社会領域に延長・拡大され，親族集団的な現象，地縁・学縁などの縁故の集団的現象を説明する根幹となるという意味である。つまり，家族主義は，「私のグループ＝内集団」，その他は「ヨソのグループ＝外集団」となるメカニズムを説明する要素である。

（3）公的領域への不信

　IMF事態は，韓国民にとって，経済的危機による生計の問題のみならず，韓国人の公共機関・公的領域に対する極端な不信感を増強し，信頼のおける対象を私的領域に後退させるものであり，さらに，「家族主義」的ルールの支配力をより強化した。筆者がIMF事態を取り上げる理由は，オンラインコミュニティが盛んに普及し始めた時期における韓国の社会文化的風土を把握するためである。

　第2章においても紹介したが，韓国の歴史は，朝鮮戦争後のスピーディな経済的近代化が一段落した後においても，社会不安を煽る事件は続いていた。例えば，1979年の朴正煕大統領暗殺，その直後，1212と呼ばれる全大統領による軍部クーデタ，それを反対する市民デモ，518光州民衆抗争では軍部による約600名の市民が殺される事件に続いていた。⁽¹⁰⁾しかし，当時の韓国国内では，全斗煥大統領による政府（第五共和国）が，マスコミなどの情報も全て統制していたため，光州事件の実態について国民に説明されることはなく，ほとんどの国民は知らずにいた。しかし，1985年頃から光州市民らによって徐々にその悲惨な実態が明るみになり，1987年の6.29民主化宣言以降の盧泰愚大統領の時代には，事件当時の鎮圧軍司令官たちを追求する聴聞会が開かれるに至っていた。しかし，明かされた歴史的事実を前にし，政府・政治権力に対する国民の不信感は絶頂に至っていたのは言うまでもない。その後，「民主政府」と呼ばれる金泳三大統領が就任した1993年には，光州事件の民主化運動市民たちの名誉も

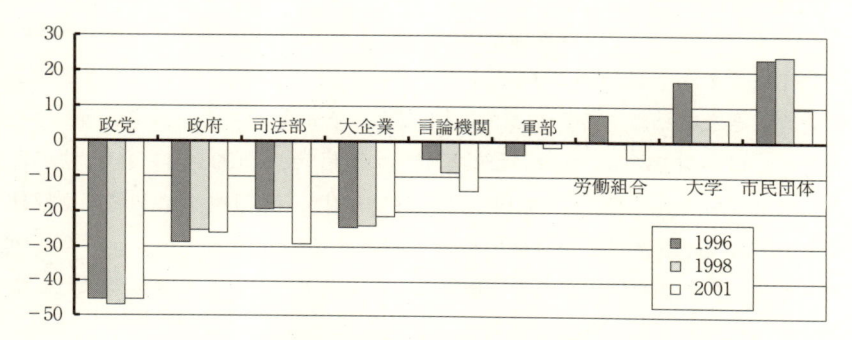

第3章　縁故主義的行動の社会心理

図3-3　各社会団体に対する信頼度
（出所）ソウル大学社会発展研究所［2001：40-41］。(12)

回復され，徐々に信頼回復に向かっているように見えたが，ついに勃発したIMF事態はさらにドラマチックな韓国歴史を作り上げていった。

それでは，韓国民は，どれほど政治・政府などの公的領域に対する信頼感を抱いているだろうか。

図3-3は，1996年から2001年までの各社会団体に対する信頼度の推移を表したものである。(11)

1980年代からのデータがほしいところであるが，残念ながらその当時のデータは見当たらなかった。図を見ると，最も信頼に欠けるとされた機関は「政党」であり，次が「政府」「司法部」と，政治・行政・司法といった公的領域への不信感が非常に強いことが示されている。

さらには，「大企業」「言論機関」と，財閥を中心とした経済界，新聞社を中心としたマスコミに対する不信感が大きいことが分かる。特に，「言論機関」への信頼感は1996年～2001年に至るまで下降傾向が見られる。韓国のマスコミは，公平で正確な情報を伝えてきたというより，光州民衆化抗争の情報封鎖のみならず，政府に不利な情報に関しては，政府との癒着関係に立ち，国民を欺いてきたと評価されている。

韓国におけるインターネットの普及・発達は，このような既存のマスコミに対する不信感から，オルタナティブ・メディアとしての期待が含まれていると

思われる。なお、プラスの評価を得たのは、「大学」「市民団体」のみであった。しかし、この図3-3の結果だけでは、1995年以前の信頼度に関しては確見ることができないため、実際にIMF事態以降に、公的領域への不信感が増したのかどうかは不明である。図は、公的領域への不信感が、1996年においてすでに高いことが示されており、1960年代から1970年代の経済的近代化以降、軍部独裁政権による518光州民衆抗争で対弁される一連の社会的イッシューは、政府・政党への信頼を低下させるに値するものであり、それらの累積効果として評価する必要があると思われる。

また、金泳三大統領の次の金大中政権に対する評価も厳しい。IMF経済危機を短期間で収拾させたものの、さまざまな領域において構造改革を強調した「新自由主義」の経済路線を採用し、多くの庶民の家計をむしろ悪化させる結果を導いたというのが、一般的な見解である。さらに、金大中政府は、第二章において触れた「地域主義」の克服を提唱していたものの、大統領自身による地域偏向的な縁故をもとにした人事は、これまでの政権とは異なる「民主主義への渇望」を抱いていた国民を大きく失望させ、さらなる政治への不信感を招く結果となった。金大中元大統領は、韓国民主主義の歴史において最も重大な貢献者とされており、偉大な歴史的人物であるがゆえに国民の期待は他の大統領に比べ大きかったのだろう。しかし、期待が大きかっただけに失望も大きかった。金大中政権は、これまでの韓国国民による「公的機関に対する不信感」を払拭するに足る政権にはなれず、2000年度が到来した後も、絶えざる経済危機、政治的不安にさらされたのである。このような政治に対する失望、経済的な危機という状況のなか、国民は、身近な家族の安全を気にかけ、より身近ながら「信頼のおける」私的なネットワークによすがを見出していく価値観を身につけるようになったと考えられよう。

（4）私的領域への帰属度の変化

朴正熙元大統領の開発独裁時期における短期間の急速な近代化で、法律や制度が十分に整備されていない状態において詐欺や横領、成り上がりなどが蔓延

第3章　縁故主義的行動の社会心理

"成功するためには、コネやバックグラウンドが必要だ"

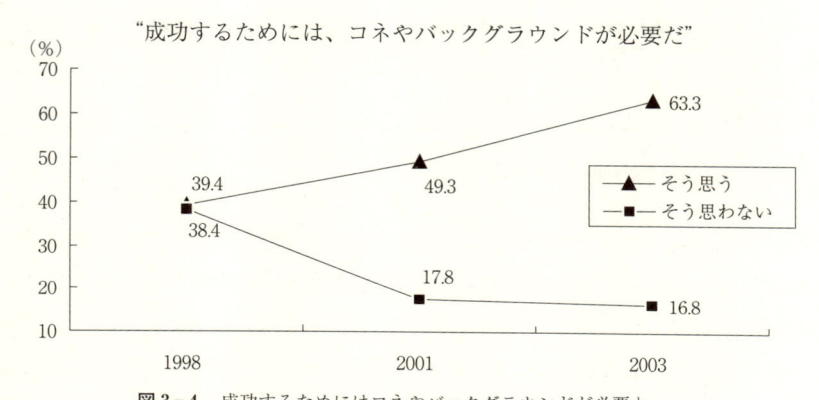

図3-4　成功するためにはコネやバックグラウンドが必要か
（出所）ソウル大学社会発展研究所［2002：20］及びソウル大学社会発展研究所［2003：177］を参照し作成。

することになり、その後にも続いていた軍部によるクーデタ、IMF経済危機にさらされた国民は、身近な家族あるいは血縁・地縁・学縁といった擬似家族的な一次的人間関係から信頼するに足る人間関係を調達してこざるをえない。特に、IMF経済危機は、生計の危険に晒されていた「全国民的危機」と呼ばれ、縁故関係のような一次的集団に対する依存も依然として行われているのだと言える。

図3-4は、ソウル大学社会発展研究所［2002］が発表した報告書の結果であり、社会で成功するための重要な要因について、能力主義を認めているのか、あるいは、コネ・バックグラウンドといった私的領域の帰属的要因を重視しているのかに関する経年変化を見るための調査の結果を示したものである。「成功のためにコネとバックグラウンドが必要だ」と帰属的要因の重要性を評価している人の比率は、1998年に39.4％から2001年49.3％、2003年には63.3％と跳ね上がっており、過半数を超えている。一方、能力主義の意見を持っていた人は、1998年の38.4％から2001年には17.8％、2003年には16.8％に減少しており、半分以下に減っている。1998年は、IMF経済危機による混乱が起きている時期であり、その後においても、年々成功するためにコネやバックグラウンドと

表3-3　法律・制度への信頼度と各紐帯への一体感との相関関係

	家族・親戚	友人	同窓生	同じ職場	近所	同郷
法律・制度への信頼	0.03^{ns}	−0.04^{ns}	−0.08**	−0.06^{ns}	−0.09**	−0.11***

(注)　数値は順位相関係数　ns：no significant　*：p＜.05　**：p＜.01　***：p＜.001。
(出所)　調査Bの分析結果をもとに筆者作成。

いった個々人の能力とは別次元の要因の関与が重要であると認識している人が非常に増えており、逆に、純粋な競争による成功の可能性を見積もっている人の比率は激減したことが示されたのである。

このような社会的信頼への評価の下落は、法律や制度への不信とも関係していることが予想され、公的領域である原則・規則への信頼度も低下させ、私的領域である一次的集団への依存度を高める結果をもたらすことが示唆される。

このことに関して実証的検討を行うため、筆者は、調査Bをもって分析を行い、表3-3のような結果を得られた。調査Bに関しては、オンラインコミュニティの機能を論じる第五章の表5.1において、他の調査と共に詳細な内容が紹介されている。この調査は、2005年に首都圏在住の20歳から69歳の男女を対象にした調査であり、縁故主義に対する評価・態度に関する質問項目及び縁故主義的集団への参加等の縁故主義関連に関する質問項目が含まれている。調査Bの有効票数は日本が455票、韓国が1013票であった。

分析は、「法律・制度への信頼度」と「私的領域」といえる様々な社会関係に対する一体感との関係を検討するためのものであった[14]。分析の結果、「法律・制度への信頼度」が低い人ほど、「友人」「同窓生」「近所」「同郷の人」への一体感を強く感じていることが示された。このことは、上記の家族主義の概念を整理したところの(2)における説明と一致した結果であり、公的領域への不信が擬似的家族への依存につながるということが示唆されたのである。しかし、「法律・制度への信頼」と実際の「家族・親族への一体感」とは有意な関係性は認められなかった。この一過的な調査結果をもって、公的領域への不信と家族・親族への依存・一体感が無関係であると言い切ることはできない。しかし、家族・親族からなる血縁は重要な社会関係資本として活用可能ではあるが、社

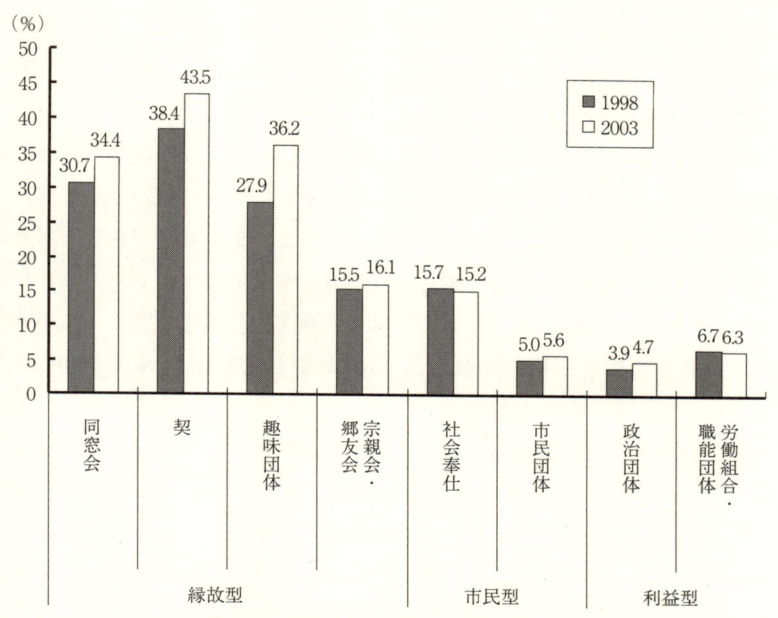

第3章　縁故主義的行動の社会心理

図3-5　1998年と2003年の国民の社会参加
(出所)　Song, Ho-Gun [2003：183].

会生活を営む上で活用可能な血縁を持つ人はごく一部に過ぎず，社会的信頼とは直接的関係を持たない結果は，自然のようにも考えられる。

一方，公的領域への不信感の増大が縁故集団のような一次集団への依存をどれほど拡大させたのかという議論については，次の図3-5の「社会的活動への参加比率の変化」を見ることでその傾向を確認することができる。

図3-5は，上記と同じくソウル大学社会発展研究所が行った調査結果であるが，1998年と2003年の様々な分野における社会的集団への参加度を比較したものである。調査では，社会的集団を「縁故型集団」「市民型集団」「利益集団」に分け，「縁故型集団」においては，「同窓会」「契」「趣味団体」「宗親会・郷友会」の四つの集団，「市民型集団」においては「社会奉仕」「市民団体」の二つ，「利益団体」においては「政治団体」「労働組合・職能団体」の二つの集団

における参加率を測定した。「縁故型集団」への参加に関しては，我々の研究グループが行った調査Bの結果をもとに，次章において，日本との比較を行いながらより詳しく検討する。

「縁故型集団への参加度」は，序論においても言及したとおり，縁故型集団は韓国民における基本的な社会集団であるがゆえに，「市民型」「利益型」集団への参加度より格段に高いことを窺わせる。特に，学縁集団である「同窓会」への参加度は，1998年30.7％，2001年には34.4％と増加傾向であることが示されている。血縁・地縁集団である「宗親会・郷友会」に関しても，15.5％から16.1％と同様に増加の傾向が見られ，「縁故型社会集団」への参加度が高くなってきていることが示された。

一方，市民団体の数は増加しているにもかかわらず，人々の「市民団体」への参加率はさほど増えていない。韓国の場合，**図3-6**のように市民団体の数は，1960年代と比べ，1990年代においては約3倍以上増加しており，社会関係資本も豊富になってきているように見える。韓国における市民団体は，社会各領域における矛盾や問題を提案・解決する健全な集団として重要な役割を演じていることは言うまでもないが，図3-6の肥大化している市民団体の数に比べ，参加率は5％ほどにとどまっており，縁故型集団への参加率と比べはるかに少ない。今日の韓国の市民団体は，積極的な少数の参加者による意見を集約する機能を果たすに留まっている可能性があると考えられる。

アメリカの政治学者Putnam［2000］は，その社会関係資本論において，「自発的市民参加」のような橋渡しネットワーク型社会資本が社会のパフォーマンスが高いためには重要であると強調しており，[15] 市民参加はその国の社会関係資本を豊富にするものであると主張している。つまり，Putnamの社会関係資本論において，社会関係資本とネットワークの関係において水平的関係でありながら，二次的関係の重要性を強調した理由は，集団のメンバー間における匿名的関係及び「ウリ」のような一次的関係で生まれる信頼でなく，一般的他者に対する信頼を強調したものである。今日韓国における信頼の基盤は，後者の一般的他者に対するいわゆる一般的信頼と言うより，縁故集団に基づいた信頼を

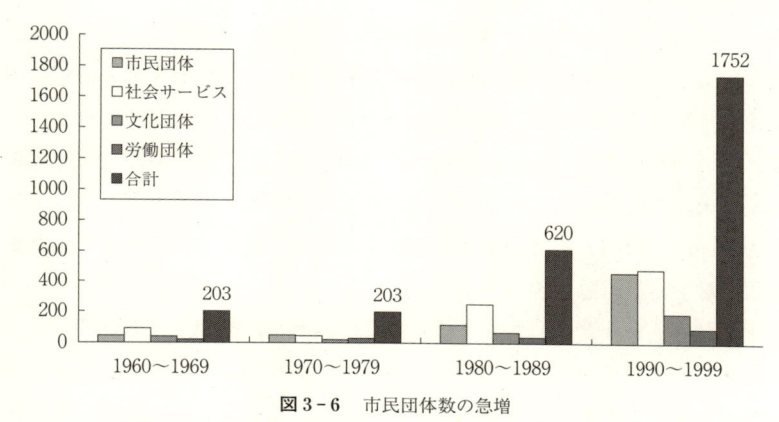

第3章　縁故主義的行動の社会心理

図3-6　市民団体数の急増

（出所）文化休育観光部（www.mcst.go.kr）資料の元に作成。

もとに形成されているといっても過言ではない（Yun, Min-Jae [2006]）[16]。

Kim, Yong-Hak [2003] は，朝鮮戦争が終わってからの「圧縮近代」と言われる韓国社会の近代化プロセスにおいて，縁故主義が国民全般，社会領域全般にわたって蔓延する「韓国病」になった理由について，以下のように述べている。

　　縁故によって国家が資源や特権を配分すると制度への信頼が低くなる（Hamilton, 1985］。この制度への信頼を埋める新たな解決として縁故に一層依存する，という悪循環が続くことになる。それは，血縁などの縁故によってつながっている人々を信頼する私的信頼が，制度への信頼に対する空白を埋める機能を担うからである。制度の信頼が低いということは，たとえば，明白に無実な者でも，警察官に私的な縁故を持ちかけ（公的チャンネルでない），自分の事情を説明する必要があることを意味する。また，縁故主義的関係を結ぶこととは，企業家が政治家に献金したとして，どう転ぶか（どう変わるか）分からない政治権力を，予測可能な範囲に留めようとする努力の一環である（Kim, Yong-Hak [2003：122] 翻訳し引用）。

Kim, Yong-Hak［2003］の制度への不信感と縁故への依存にまつわる悪循環説は，まさに，経済的近代化を遂げた後の韓国社会の様相を最も適切に説明してくれていると思われる。韓国社会が，「ゆがんだ近代化」後，激しい社会変動と社会制度への不完全な整備状況下で経験した，不当な方法による政権獲得，続く市民運動と虐殺，国家の存立危機をもたらした経済危機などの一連の歴史的事件は，韓国人にとってはトラウマとなり，政治・経済エリート及び公的機関に対する不信感の源となった。

　インターネットが普及しオンラインコミュニティが隆盛してきた時期は，韓国社会において縁故主義の強化が訴えられている時期でもあった。依存すべき公的信頼が確保できずにいた韓国社会において，オンラインコミュニティが身近ながら歴史の中で蓄積されてきた「確かな」形の私的領域への信頼・帰属感の反映として発達したのか，あるいは，これらを脱却するためのオールタナティブ・メディアとして機能したのかについては，第七章で仮説の検証を行い，議論を続ける。

注
(1) 「縁故主義」とは，「縁故をもとに内集団を偏愛し，反対に外集団を差別する集団間固定観念，偏見」であり（本書のp.40より引用），ここで言う「縁故主義的行動」とは，「縁故主義の観念が存在する関係を形成し，主に道具的動機をもってその関係を維持するための行動」である（第2章引用）。
(2) Han, Gyu-Suk［1980］は，「韓国における縁故関係は，国民の意識面への影響力のみならずソーシャル・ネットワーク形成における基本原理として構造化されているにもかかわらず，これに対する実証的研究はさほど行われていない」と指摘している（Han, Gyu-Suk［1980］）。Han, Gyu-Suk［1980］の指摘どおり，韓国における縁故主義の問題点を指摘する声は大きいが，縁故関係が実社会生活上でどのように構成され，具体的にどのようなメカニズムをもって機能しているのかを他の要素―例えば，能力もしくは努力―と比較の上で明確に示した研究はほとんど見当たらない。そのような調査が行われていない理由は，おそらく人事や昇進などに関する情報は非公開であることが多く，データ収集に著しい困難が伴うことが挙げられる。

(3) 全南大学社会科学研究所が1989年3月2日から3月9日の一週間に渡って実施。サンプルは，光州と全南地域在住の成人男女501人を対象に直接面接法により収集。
(4) 韓国では，「地域的基盤を元にした親睦型コミュニティ」である「契」という小規模の集まりが存在しており，当該調査における小規模集団とはこれを指す。「契」は，通常1ヶ月一度の定期的会合を開き，「契ドン（ゲッドン：ドンとは韓国語で"お金"の意味）」という会費を集めるが，一定時間を積み立てておき，メンバーの慶葬経費として支出したり，メンバーの旅行費用に当てたりするなど，契の開設目的によって多様な使い方がある。「ゲジュ（契主）」と呼ばれるメンバーの一人が「ゲッドン」を管理することになるため，「契主」とメンバー間の信頼が非常に重要であり，銀行の機能を代行する役割を果たしている。調査の結果，89年当時，全回答者の45.9％が親族間の「契」に参加しており，37.1％は地縁を基した「契」に参加していた。親族をメンバーとする「契」に参加している人の場合，36.5％が一つの「契」に，9.4％が二つ以上の親族契に参加していることが明らかになった。
(5) 個人の父系の先祖が生まれた姓の出自地。
(6) 先日，法務部長官として任命された人物は，盧武鉉大統領と司法試験合格後の法院研修員の同期生でもあり，かつて盧武鉉大統領に対する弾劾訴追案を棄却した唯一の裁判官であった。
(7) 集団主義（Collectivism）は，主にHofstede［1983］が集団主義 – 個人主義概念を用い，世界の文化圏を定義したことからその後活発な研究の蓄積が行われてきた。集団主義とは，内集団の運命を重視し，個人の目標より集団の目標を優先する態度及び行動のことであると定義される。
(8) 関係という意味で，韓国語では「サイ」と言う）。」ちなみに，韓国の最大規模のSNSであるCyworldのCy＝「サイ」はこの言葉にちなんでいる。
(9) 韓国の縁故主義的人間関係がより長い歴史を持って維持されてきた対人関係の原理であると指摘する学者も多くいる。たとえば，Lee, Jung-Gu［1990］，Hong, Dong-Sik［1989］らは，朝鮮王朝時代の儒教の影響による家族主義にその由来を探っており，このような観点を韓国では文化主義的観点を呼ぶ。Shin, Eu-Hangら［2003］は，「歴史的に韓半島の地政学的位置のせいで，外国勢力の頻繁な侵略による被害が大きく，この経験を持つがゆえに民族的同質性を強固にする源になり，韓国民族の中でお互いへの支援と信頼，そして，情を育てる元になり，特に'情'は集団主義文化で顕著に現れるメンバー間の心理関係の基本である」と述べる。この立場から見れば，韓国の縁故主義の基本的枠組みである，'縁'の関係は'家族的

連帯の延長'として認識される傾向がある（Shin, Eu-Hang, & Song, Hyo-Hwan［2003］）。しかし，韓国の縁故主義の特殊性は'情'の原理のみで説明することは，難しいと思われる。なぜなら，'情'という言葉は漢字圏である日本および中国にも大体同じ意味として用いられる言葉であるため，韓国にだけ存在する特殊な感情とは考えにくいからである。

(10)　1979年10月26日，朴正熙大統領の暗殺（「1026事態」と呼ばれる）。同年12月12日，全斗煥保安司令官が，戒厳司令官である鄭昇和（ジョン・スンフヮ）陸軍参謀総長を逮捕（「1212事態」）。陸軍第3軍司令部と，陸軍本部及び国防部を襲撃し，国防長官をも拘束，韓国軍全軍を掌握する。その後，全斗煥が中央情報部長を兼任。反抗デモがソウルにも起きていたが，1980年5月18日に始った光州でのデモは，過激な武力抗争に発展して，5月28日まで続くことになる。この間，光州市は軍により封鎖され（道路・通信を遮断），軍の鎮圧行動に対して抗争派市民が激しく抵抗し，多数の死傷者がでた。この事件の鎮圧を指揮した全斗煥は，後に大統領に就任し軍事独裁政権を継続した。その後，韓国軍の行った弾圧を米軍が支持したとの話が広まり，韓国における反米感情を煽る結果ともなった。事件が拡大した原因は，第一に，光州市が全斗煥の最大の政敵である金大中の出身地全羅南道の中心都市であったため，第二に，警察の過剰とも言われている鎮圧に対して抗争派市民が過激に反応して暴徒化し，政府の判断による陸軍部隊投入により抗争派市民を更に激発させ，武装蜂起を本格化させてしまったため，と考えられている。しかし，第二の原因については，政府側の責任というより抗争派自身による騒乱拡大工作があったためとする意見がある。更に，複数の北朝鮮の元軍人が，大隊規模の北朝鮮軍が秘かに潜入して光州事件の戦闘に参加していたとする情報について証言している（日本Wikipediaを引用）。

　当時の韓国国内では，全斗煥大統領による政府（第五共和国）が，マスコミなどの情報も全て統制していたため，光州事件の実態について国民に説明される事はなかった。しかし，1985年頃から光州市民らによって徐々にその悲惨な実態が明るみになり，1987年の6.29民主化宣言以降の盧泰愚大統領の時代には，事件当時の鎮圧軍司令官たちを追求する聴聞会が開かれるに至った。金泳三大統領が就任した1993年には，光州事件の民主化運動市民たちの名誉も回復された。

(11)　ここで引用している図は，韓国ソウル大学社会発展研究所が1996年，2001年，2003年に行った「国民意識調査」とソウル大学社会科学研究院が1998年実施した「国民価値観調査」の分析結果である。

⑿　ソウル大学社会発展研究所の調査結果［1996；2002；2003］は以下の報告によってまとめられており，Song, Ho-Gun［2003］は，それらの分析結果をもとに書籍『韓国，何が起きているのか――世代，その葛藤の調和と美学』において議論を進めている。
　　　ソウル大学社会発展研究所．［1996］．『転換期　韓国社会の国民意識と価値観に関する調査研究』
　　　ソウル大学社会発展研究院&KBS．［2002］．『一流国家に向けての国民意識調査』
　　　ソウル大学社会発展研究院＆サムソン経済研究所．［2003］．『韓国社会の国民意識と価値観に関する調査研究』
⒀　「政府」及び「大企業」への信頼度の場合，1996年と比べ2001年の方で少々信頼回復の気味もうかがえる。
⒁　「法律・制度への信頼度」は，(1)「法律の公正性に対する信頼」：「日本（韓国）では，日常生活で問題が発生した時，法律が解決してくれる」，(2)「法律や規律の実効性に対する信頼」：「日本（韓国）は情実よりも法律や規律を重視する社会である」，(3)「政治家（政治を実行する者）に対する信頼」：「私は日本（韓国）の政治家を信頼している」，(4)「政府に対する信頼」：「私は日本（韓国）の政府を信頼している」，(5)「体制に対する信頼」：「日本（韓国）の政局は安定しているの」の5項目によって構成された（Cronbach's α = .71）。家族への一体感に関しては，表4.4のそれぞれの社会的関係に関してどれほどの一体感を感じているのか，と質問し「非常に感じている」から「全く感じていない」の4つのスケールで測定された。
⒂　Putnam［1993：2006］は，イタリアの地域研究を通じて，南イタリアより北イタリアの方が，市民団体が多く，活動が活発である地域が自治行政の透明性も高く，経済成長や民主主義政治の発展水準も高いことを明らかにしている。
⒃　韓国の市民団体が，社会関係資本を肯定的に形成している開放的ネットワークによって生成されている西洋の結社体と同じ文脈から把握するものなのかどうかに関してもまだ議論が続いている状況である。

第4章
縁故主義の日韓比較

1 縁故は成功する上で如何に重要か

　本章では，2005年に行われた質問紙調査の結果をもとに，現在，韓国における血縁・地縁・学縁といった縁故関係の活用性ならびに縁故集団への参加行動の実態を日本と比較しながら分析結果を考察する。

(1) 成功の帰属要因としての縁故への評価
　第3章で述べたとおり，縁故集団に参加する動機として親睦的意味や義務的動機とともに，「社会生活を営むうえで助けになる」という内在した動機がある。つまり，「縁故関係」は現実的かつ個人的動機である「社会生活上での助け合い」の機能を果たしているである。
　我々が行った調査では，社会生活上で成功することにおいて「縁故関係」を持つことが如何に重要であるかについて検討した。成功の帰属要因として取り上げた七つの要素とは，1.血縁，2.学縁，3.地縁，4.1〜3以外の人脈，5.努力，6.能力，7.運であった。
　韓国の場合，成功の帰属要因として「血縁」を最も重要な要素であるとして挙げた人は15.3％，2番目にとりあげた人が10.2％，3番目が11.3％で，これらを足し合わせると，3分の1を越える36.8％の人が，「血縁」を成功要因として重要であると評価していることが分かった（図4-1参照）。一方，日本の場合，それぞれの比率が9.3％，3.6％，6.3％と合計19.2％で，韓国より「血縁」に対する重要度は低かった。次に，成功要因として「学縁」をとりあげた人は，

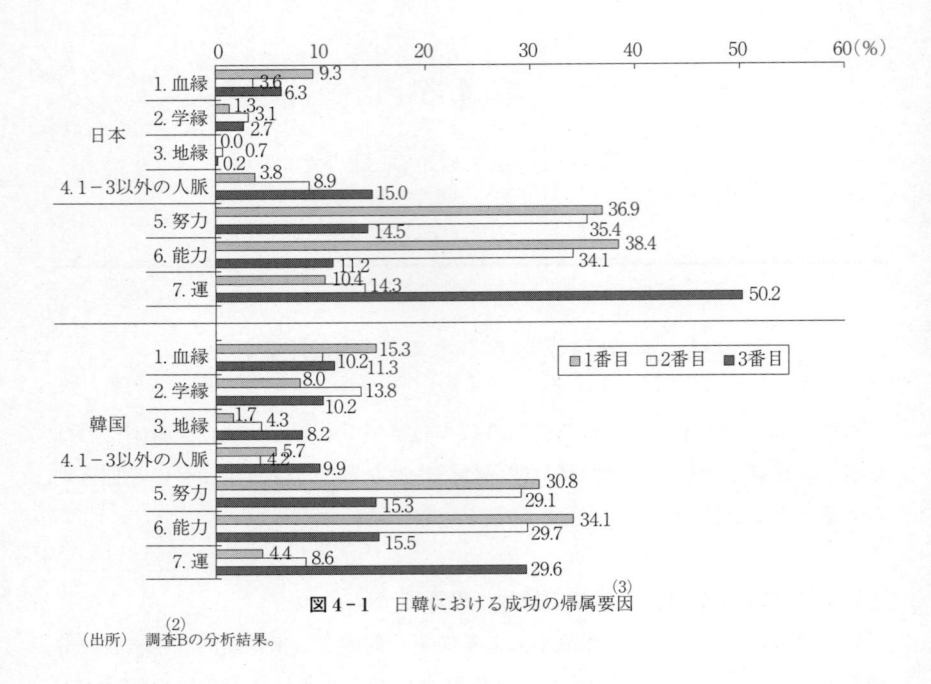

図4-1 日韓における成功の帰属要因

（出所）調査Bの分析結果。

日本
1. 血縁　3.6 / 9.3 / 6.3
2. 学縁　1.3 / 3.1 / 2.7
3. 地縁　0.0 / 0.7 / 0.2
4. 1-3以外の人脈　3.8 / 8.9 / 15.0
5. 努力　36.9 / 14.5 / 35.4
6. 能力　38.4 / 34.1 / 11.2
7. 運　10.4 / 14.3 / 50.2

韓国
1. 血縁　15.3 / 10.2 / 11.3
2. 学縁　8.0 / 13.8 / 10.2
3. 地縁　1.7 / 4.3 / 8.2
4. 1-3以外の人脈　4.2 / 5.7 / 9.9
5. 努力　30.8 / 15.3 / 29.1
6. 能力　34.1 / 29.7 / 15.5
7. 運　4.4 / 8.6 / 29.6

（□1番目　□2番目　■3番目）

韓国の場合，それぞれ8.0％，13.8％，10.2％で合計32.0％であり，「血縁」より低い数字を見せながらも，3分の1弱の人が成功要因としての重要性を認識していることが示された。日本における学縁の成功要因としての重要性は合計7.1％と，韓国の32.0％と比較して非常に低い結果が示された。日本と韓国は同じく学歴社会と呼ばれているが，両国における成功する要素として「学縁」の重要性に温度差があることが示唆される。

「地縁」に関しては，韓国で合計が14.2％と血縁（36.8％），学縁（32.0％）と比べ比較的重要でないと評価されている結果が示された。日本の場合は，合計0.9％と1％にも満たない数字を示しており，日本において地縁は重要でないと考えられていることがうかがえる。

成功の帰属要因としての血縁・地縁・学縁の三つの縁故の重要性に関しては，概して，日本より韓国において重要性の評価が高いことが明らかになった。一

第4章　縁故主義の日韓比較

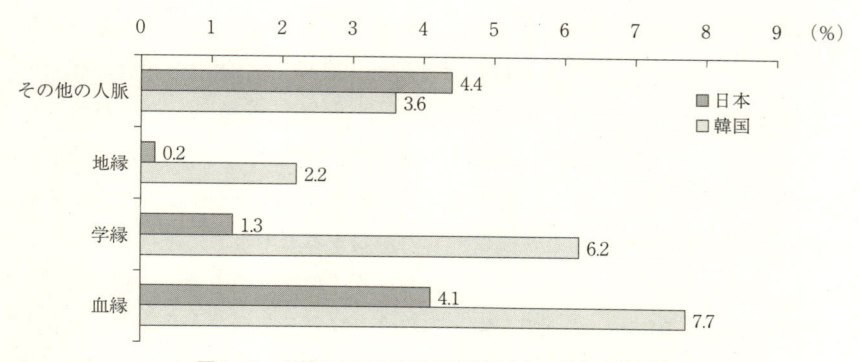

```
        0    1    2    3    4    5    6    7    8    9  (%)
その他の人脈 ▓▓▓▓▓▓▓▓▓ 4.4
         ░░░░░░░ 3.6
地縁     ▓ 0.2
         ░░░░ 2.2
学縁     ▓▓ 1.3
         ░░░░░░░░░░░░ 6.2
血縁     ▓▓▓▓▓▓▓▓ 4.1
         ░░░░░░░░░░░░░░░ 7.7
                            ■ 日本  □ 韓国
```

図4-2　日韓における成功帰属要因として縁故の重要性
（出所）調査Bの分析結果。

一方，韓国における「血縁・地縁・学縁以外の人脈」に対する評価に関しては，1番目から3番目までに挙げた人の合計が19.8％と，血縁・学縁より低く，地縁よりは高く評価されている結果が示された。韓国の場合，成功要因として縁故の重要性は，「血縁」「学縁」「1-3以外の人脈」「地縁」の順であった。

日本の場合は，「1-3以外の人脈」において27.7％の比率が示され，四つの人脈の重要性の順で言うと，「1-3以外の人脈」が最も高く，「血縁」「学縁」「地縁」の順である結果が示された。

つまり，韓国においては，日本と比較すると，血縁・学縁といった縁故的要素がより重要であると評価されていることが明らかになったのである。

ここで，成功の帰属要因に対する日韓における総合的重要性の評価を見るため，以下のような数値的処理を行った。

成功の帰属要因としてとりあげられた各要因に対し，調査票で1番目に挙げられた要因には30点，2番目には20点，3番目には10点を与え，「血縁」，「学縁」，「地縁」，「1-3以外の人脈」の平均獲得点数値を算出し，その結果を図4-2に示した。

図4-2で示されているとおり，韓国の場合は，「血縁」および「学縁」が「血縁・地縁・学縁以外の人脈」の重要性よりも高く評価されている傾向が示され，

107

「血縁」「学縁」の方が情報縁的人脈より重要な成功の要素であると評価されていることが明らかであった。「地縁」の場合,「血縁」「学縁」と比べて相対的に低い数値を示している。「地縁」が「血縁」・「学縁」より弱いことは容易に理解できる。Lee, Hun-Gu [2002] は,地縁が他の縁故と比べ,比較的弱い理由について,韓国における地縁の範囲は日本でいう村・部落と異なりその範囲が広く,範囲が広くなると次第に影響力が弱まるものとして把握している。しかし,第2章で示したとおり,韓国における「地縁」の中身は,湖南地域への差別意識であること,そして,戦後の政治プロセスを経ながら保守・革新といった政治的理念が地域によって分かれる傾向があることから大統領・国会議員などの選挙行動においては最も重要な要素となっていることなど,決定的な場面に絡んでいる点も忘れてはいけない。

韓国において,三つの縁故のうち「血縁」は,成功を遂げるために最も重要な属性として評価されており,「学縁」と比べて適用範囲が狭く,成功に役立つような良質の「血縁」関係を持っている人は少数に限定されるにもかかわらず,高い重要性が与えられていることは興味深い。

ちなみに,Yu, Suk-Chun [1998] は,似た生活様式を持つと言われている日韓中のそれぞれの首都の市民において,成功の帰属要因としての縁故の重要性に関して質問をし,図4-3のような結果を得た。[4]

成功の帰属要因として縁故の評価は,4点満点尺度によって測定されたが,ソウル市民の方が東京と北京市民より血縁・地縁・学縁の重要性をいずれにおいても高く評価している傾向が見られる。ソウル,東京,北京の3都市の市民は,血縁・地縁・学縁のうち,血縁の重要性を高く評価しており,次が学縁,最後が地縁の順であった。東京都民は,ソウルや北京市民に比べ,血縁と地縁の評価を低く見積もっていることが示されたが,学縁に関しては,韓国よりは低いが北京よりは高く評価しており,学縁社会の姿が存在していることが示唆された。また,中国の北京市民は,「血縁」の重要性を比較的高く評価する傾向が見られたが,「学縁」「地縁」に関しては,三国のなかで最も低い数値を示していた。

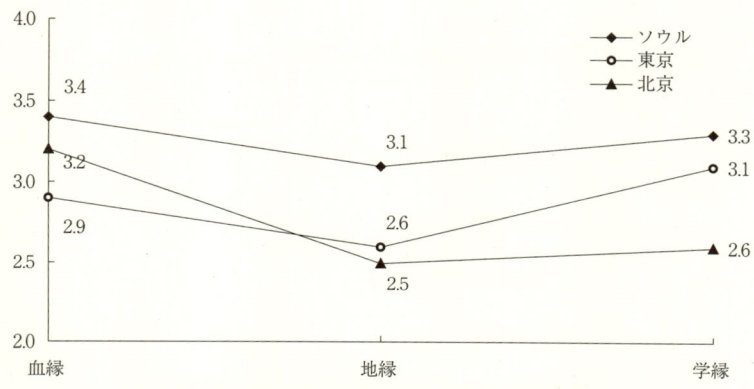

図 4-3　日中韓における成功の帰属要因として血縁・地縁・学縁の重要性
(出所)　Yu, Suk-Chun [1998：83] を参照し作成。

　アジア文化圏における血縁・地縁・学縁といった縁故関係の社会的意味については，西洋との比較分析を行うことによってより明らかにする作業が必要であると考える。

（2）縁故主義は韓国男性の方が最も顕著

　さて，韓国における「成功の帰属要因」として縁故の重要性への評価は，男女および世代においていかなる差があるだろうか。

　Choi, Suk-Man [1990] は，韓国における「縁故主義的行動」は，性別，年齢，所得，地域といったデモグラフィック的変数によって約22％が説明できると指摘し，縁故主義とデモグラフィック変数との関係の重要性を強調している。それでは，成功するうえでの縁故の重要性は，性別においていかなる相違があるだろうか。おそらく，縁故の成功要因としての評価は，社会生活が活発である男性のほうが女性より顕著に高いのではないかと考えられる。

　図4-4は，調査Bの分析によって明らかになった日韓両国における「成功の帰属要因」としての縁故関係の評価を男女別に分析した結果を示したものである。

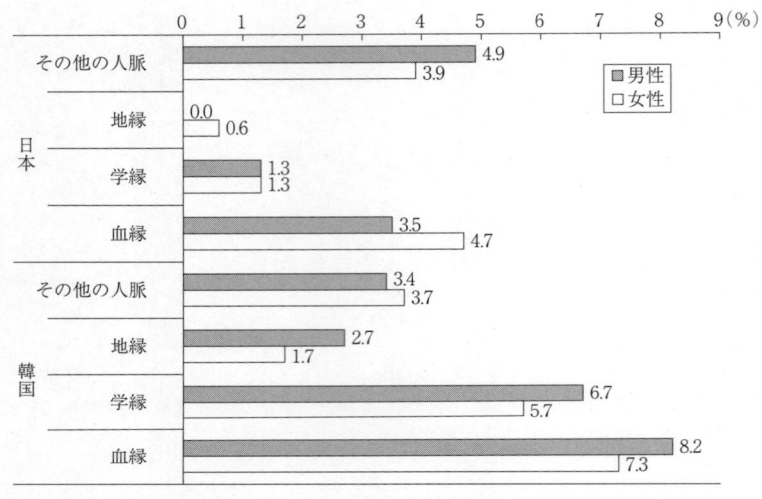

図4-4 日本と韓国の男女における縁故の重要性比較

(出所) 調査Bの分析結果。

　韓国と日本の大きな違いは，韓国では，男性の方が女性より，「血縁」「学縁」「地縁」いずれの縁故の重要性についても高く見積もっているのに対し，日本は韓国と逆の傾向が見られたことである。日韓ともに社会活動の面から見れば，女性より男性の方が活発であると考えられるが，この結果を見る限り，韓国における血縁・地縁・学縁を重視し，排他的に振舞うといった「縁故主義」は男性社会においてこそ支配的な組織原理として機能している可能性が高く，社会での成功のために縁故関係の形成・維持に韓国の男性が積極的であることが示唆された。

　Choi, Suk-Man [1990] も1989年調査によって上記と似た結果を示しており，「縁故主義的行動」を規定する重要な変数として，「性別」をとりあげたうえで，「縁故主義的集団参加」に男性の方が女性の2倍も積極的に参加していることを示した。たとえば，血縁組織である宗親会の場合，女性が参加しないことが一般的観念であることなどを挙げ，女性が縁故的組織への参加により消極的たらざるをえない社会的慣行との関係を指摘している（Choi, Suk-Man

[1990:99])。

(3) 縁故の重要性の世代別評価

　序論において言及したとおり，文明論的楽観論にもとづくオンラインコミュニティ出現の意義を考慮した場合，その主な利用者である若年層は，「誰でもアクセスすることが可能で，技術的な平等性のもと個別的な関係をもつことができる」オンラインコミュニティを頻繁に利用し，そのことにより，彼らにおいて固着化した伝統的な対人関係の原理である「縁故主義的関係」の重要性に対する評価は低いことが予想される。

　では，実際，成功の帰属要因として「血縁」「学縁」「地縁」「その他の人脈」への重要性は世代によって相違が存在するだろうか。ここでは，韓国の調査結果のみを**図4-5**に示し，内容を詳しく分析する。

　まず，「血縁」の場合，30代と40代（いずれも8.0％）において最も重要性への評価が高く，次が20代（7.8％），60代（7.4％），50代（7.2％）の順であった。「血縁」のような最も閉鎖的で選択不能な縁故関係の社会的重要性に対する評価が20代から40代といった比較的若い世代によって高いことが示され，韓国社会の「血縁」の重要性が若年層において再び惹起されていることがうかがえた。

　「学縁」の場合，50代において最も高い評価を示しており，40代，20代，30代，60代の順で重要であると認識していた。「学縁」に関して，50代に最も重要性が高く評価された理由は，彼らが社会に進出して就職活動に勤しんでいた1970年から1980年代は，現在と比べ大学進学率が非常に低く，その時に自ら差別的な待遇を受けたことによるのかもしれない。例えば，大学に進学していない人と大学に進学しあらゆる学縁をもって社会で有利な立場に立っている人との間には，今以上の利害の隔たりが生じていた可能性が予想されるからである。もう一つ考えられるのは，その経験をもとに，もはや成長した子女を持つ親の立場からして，学縁の重要性を再び感じているという点で，このことが今の韓国における高い教育熱につながっていることは容易に想像できる。

　次に，成功の帰属要因としての「地縁」に対する評価は，40代が最も高く，

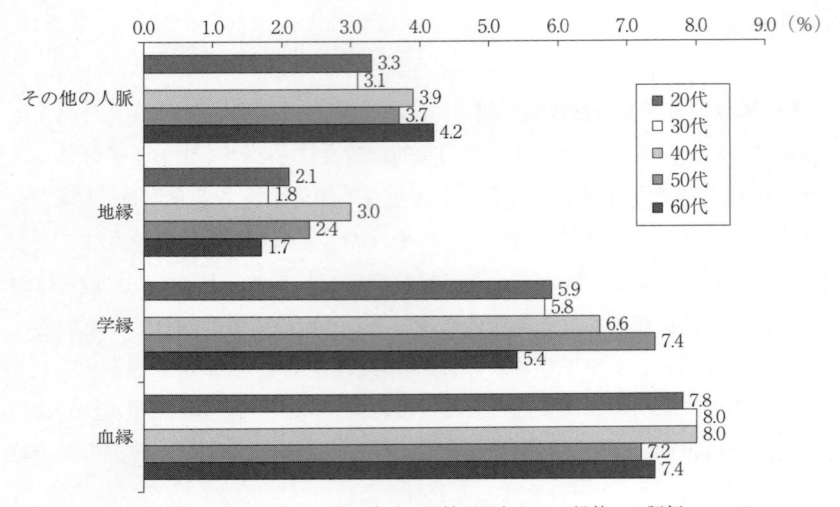

図 4-5 世代から見た成功の属性要因としての縁故への評価

(出所) 調査Bの分析結果。

次いで50代，20代，30代，60代の順であった。本調査における40代は，調査実施年から考慮すると1955年度～1965年に生まれた人々で学生の時に1980年の「光州事件」を経験し，政治上層部の権力闘争から派生した地域差別的行為に関して最も批判的な世代である。IMF通貨危機の際は32歳～42歳で働き盛りの時。韓国の世代論においては，386世代と呼ばれている人が半分ほど含まれているこの世代は，地域主義による選挙に最も敏感であり，「TK (大邱地域の・慶北高等学校のイニシャル)」といった地域ネットワークの威力を最もよく知っている世代である。

以上にあげた三つの縁故において，世代間では統計的に有意な差は認められなかったものの，60代以上の年配より概して30代から50代の人々にとって，縁故がより重要であると評価されているという結果となった。

一方，20代の若年層において年配の世代と比べ，縁故の重要性を低く見積もっている傾向が見られたが，このことは，縁故主義のような伝統社会の規範が弱体化し，現代的で個人主義的価値観が反映されている「時代効果」と把握

すべきなのか，それとも，彼らが本格的に社会生活を営みはじめる頃になれば縁故の重要性が再び喚起される可能性があるような「年齢効果」として理解すべきか，一度きりの本調査のみでは解釈することは難しい。

2　縁故とコネの実用性の日韓比較

（1）韓国は日本より集団主義

第三章おいて，韓国における血縁・地縁・学縁という縁故をもとにして形成された集団は「非公式チャンネル」として存在しており，社会生活を営むうえで問題解決の場面においては，公式チャンネルより大きな力を発揮できるということについて，歴史的観点から検討を行った。また，韓国人のコミュニケーションの特徴と縁故主義との関係について社会心理学の観点から考察したが，ここでもう一度それらの特徴を整理してみよう。

(ア)　コミュニケーションの相手である個人を認知するときに，集団主義による社会的範疇によって認知する

(イ)　社会生活を営むうえで縁故の有効性は潜在化・内在化されており，このことが普段のコミュニケーション行動において表れる

(ウ)　縁故関係のみならず，「擬似縁故」的な一次的関係を多く持つことは，その関係の性格上，互恵性にもとづいた援助を受けられるネットワークの範囲を広めることである

(エ)　したがって，制限された縁故関係の範囲を乗り越えた広くて厚い関係の情報縁的関係をつくるソーシャル・スキルとして，プライバシーも含め高いレベルの自己開示が用いられる

以上のことを踏まえると，韓国人にとって，ある特定の集団・組織に属していることは，社会生活を営むうえで非常に重要なことである。とりわけ，事実として，血縁・地縁・学縁というネットワークは歴史的に形成されてきた信頼関係であるため，その相手とのやりとりは，そうでない人と比べ，より有利に進めることができるという認識を持っていると予想される。

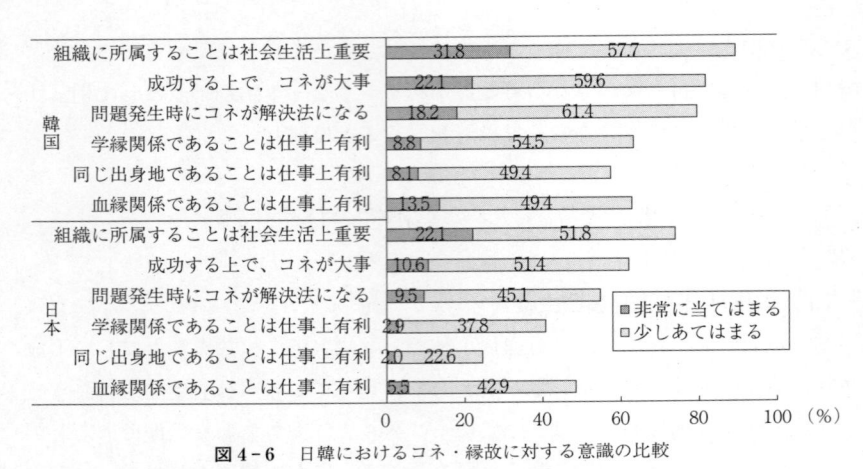

	項目	非常に当てはまる	少しあてはまる
韓国	組織に所属することは社会生活上重要	31.8	57.7
	成功する上で、コネが大事	22.1	59.6
	問題発生時にコネが解決法になる	18.2	61.4
	学縁関係であることは仕事上有利	8.8	54.5
	同じ出身地であることは仕事上有利	8.1	49.4
	血縁関係であることは仕事上有利	13.5	49.4
日本	組織に所属することは社会生活上重要	22.1	51.8
	成功する上で、コネが大事	10.6	51.4
	問題発生時にコネが解決法になる	9.5	45.1
	学縁関係であることは仕事上有利	2.9	37.8
	同じ出身地であることは仕事上有利	2.0	22.6
	血縁関係であることは仕事上有利	5.5	42.9

図4-6 日韓におけるコネ・縁故に対する意識の比較

(出所) 調査Bの分析結果。

図4-6は，上記の組織・縁故主義に対する意識を尋ねる質問に関し，「少し当てはまる」または「非常に当てはまる」と回答した人の比率を日本と韓国に分けて比較し，その結果を図示したものである。

まず，「組織や集まりに所属することは社会生活を営むうえで重要か」という質問に対して，肯定的な回答をした人は，韓国の場合，約9割（89.5%）にのぼり，日本は73.9%にとどまった。日韓ともに何らかの集団への所属が社会生活を容易にする重要な要素であると考えられていることは変わらないようである。個人が，組織や集団に所属する意味は，社会心理学的観点から見れば，「共同体に所属したい」という個人の基本的欲求を満足させてくれる機能を果たす。また，集団的所属感・連帯帯を与えられた個人は，匿名の多数の個人と裸でぶつかりあわなくとも，集団を通じて自分の希望をかなえられるという安心感・期待感を得られることにもなる。特に，韓国の場合，政治団体や市民団体への所属率が低く活性化されていない状況下で（図3-6参照），縁故集団への所属によって心理的帰属感を得られることになる。縁故集団に所属して安心感を保てるがゆえに，ほかの政治団体や市民団体への所属率が低いまま推移しているという経緯もあると思われる。

また，個人が組織・集団に所属することが重視される社会は，集団のアイデンティティによって個人が定義されるといった集団主義社会として概念化されている。この定義に基づくのであれば，**韓国は日本に比べ集団主義社会の傾向が強い**といえよう。

　次に，「成功するうえでコネが重要な要素である」という質問に関しては，韓国では8割（81.7％），日本では6割（62.0％）の人がコネの重要性を認識しているという結果が示され，韓国の方が2割ほど高い比率を示していた。

（2）問題発生時のコネの重要性

　ここでいう「コネ」というタームは，韓国語の質問紙においては「ヨンジュル연줄」と表記された。韓国語の意味合いとしては，「血縁・地縁・学縁の関係を含まないそれ以外の社会的ネットワーク」を意味する場面が多い。韓国語辞典によれば，「ヨンジュル」とは，「［名詞］因縁がつながる道≒縁脈，実用例としては，『ヨンジュルが至る』『ヨンジュルを当てる』」があり，たとえば「彼はヨンジュル（縁脈）で会社に入社した」というと，実力・能力でなくつてで会社に入ったという意味となる。韓国における日常の言語習慣において相手との関係が血縁・地縁・学縁の縁故関係である場合は，明確にどのような縁故関係なのかを言う傾向があり，例えば，親戚関係，同郷の人，高校・大学の先輩後輩関係などといった表現がこれに当たる。韓国で最も実用性が高いこの「コネ」的ネットワークは縁故をベースに形成される傾向が強い。

　社会生活を営む上でのネットワークの重要性は，上記の調査結果を概観すれば，大まかに血縁＞学縁＞地縁＞それ以外の人脈のような力の大小関係が存在すると思われる。いずれにしても，**韓国は日本に比べ，社会での成功の要件として，縁故及びコネの重要性が非常に高く評価されている**ことが示唆された。

　さらに，「問題発生時にコネが重要であるか」という質問に関して，日本の場合54.6％の人が，韓国の場合は79.6％と8割に近い人が肯定的な見解を持っていることが明らかであった。すでに第二章で指摘したとおり，法律や制度など社会的近代化より経済的近代化を先に推進し，いわば「圧縮近代」という特

殊事情を抱える韓国において，社会生活上のおけるトラブル発生時ないしは，なんらかの事件・事故などに巻き込まれた場合，法律や制度に依存して問題を解決するより，コネといったソーシャル・ネットワークを用いた方がスムーズかつ迅速に処理できるという感覚があり，それは2005年現在8割近くの人々によって共有されていることが分かった。「問題発生時のコネの重要性」は，韓国社会では一般常識のようなものであり，2，30年前までは社会的に自明なこととされていた。たとえば，成人男性の国家に対する義務とされている徴兵制についても，担当機関である兵務庁に勤める知り合い，あるいは行政関連の機関で顔のきく者が兵役を逃れる事例が多々あり，このような不正行為が社会問題化したことがあった。"コネを通じて物事を進める"というのは韓国では'問わずもがな'の習慣であり，あらゆる分野に蔓延しているといっても過言ではない。韓国の研究者からよく聞く話では，韓国のマスコミあるいは研究所などの団体の専門家に対してインタビューを依頼する際，公式チャンネルとされる広報担当者に尋ねてもうまく日程が決まることはごくまれで，むしろ先方に所属している知り合い，あるいは先方に知り合いがいる人物の紹介を通じて話を進めた方が素早く目的を遂げられるという。

（3）縁故関係であることが仕事上有利に働く

次に，「相手が血縁・地縁・学縁の縁故関係であることが仕事上有利に働く」という感覚について分析した結果を概観する。「相手が血縁関係であることが仕事上有利である」という質問について，日韓それぞれ48.4%，62.9%と大きく隔たりが存在することが示された。

「相手が地縁関係であることが仕事上有利である」という質問に関しては，24.6%，57.5%と2倍以上の差が生じていた。韓国人にとって同じ地域出身であるということは，今も共同体意識を感じさせる重要な要素の一つであることが示唆される。

「相手が学縁関係であることが仕事上有利である」という学縁の有効性についても，日韓それぞれで40.7%，63.3%という差が見られた。韓国の場合，上

記の「血縁関係」にある人物より「学縁関係」にある人物ということの方が仕事で何かしら有利にはたらくという感覚が存在することが示され，縁故集団である同窓会の社会生活上での重要性があらためて示唆された。

　取引相手が縁故関係であることの有効性は，概して，日本より韓国の方が高く評価されていることが明らかとなる結果であった。さらに，韓国の場合，血縁・地縁・学縁の三つの縁故関係における有効性について比較すると，地縁より血縁及び学縁の有効性が高く見積もられていることが示された。

3　縁故集団への参加の日韓比較

（1）時代の変化にかかわらず重要な学縁の集まり

　第2章における「縁故主義」と「縁故主義的関係」に関する議論においても強調したように，韓国社会は，伝統的に血縁・地縁・学縁を基盤とした人間関係を通じて結束が維持されてきた（Kim, Gwang-Soo [1990]）。Kim [1990] は，韓国人にとって「縁故関係」が如何に重要であるかについて，韓国社会の工業化・都市化（人々の生活基盤が農村の同族部落から都市に移ることも含む）により，生計を立てていく職業活動が農業から商工業に変化してきたとしても対人関係における情宜的な結束欲求は決して消し去ることができない現象である，と述べている。韓国における縁故関係は，普遍的共同体生活のために構成される自然な集団現象であると強調している（Kim, Gyang-Soo [1990：47]）。縁故集団への参加は時代の変化とはどのような関係があるだろうか。ここで，橋元・金ほか [2006] の調査Bと1989年度の調査結果を比較してみよう。

　「学縁関連の集まり」に参加する人は1989年調査では約41.7％（図4-7参照），「地縁関連の集まり」に参加する人は，37.1％であった。我々の2008年度調査結果と比較すると「学縁関係」会合の場合が41.7％→43.7％と微増，「地縁関係」が37.1％→14.8％と減少傾向を示していた。学縁の集まりに参加率が高いことは，後述するように，オンラインコミュニティにおける膨大な学縁関係のコミュニティとも無関係でないと思われる。この数値だけでみれば，韓国にお

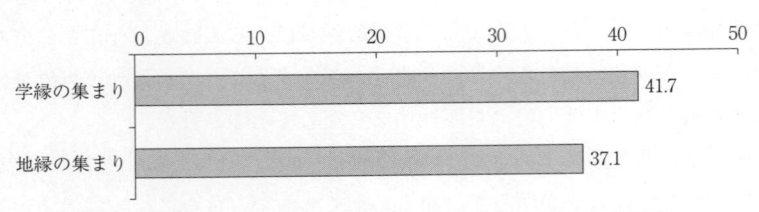

図4-7 1989年調査結果:学縁・地縁関係の集まりへ参加率〔韓国〕
(注) N=501。
(出所) Cho, Suk-Man [1990] を参考に筆者作成。

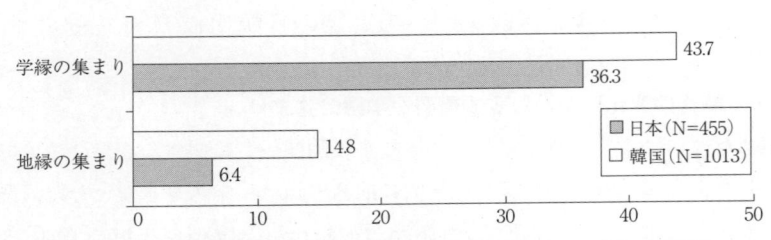

図4-8 2005年調査結果:日韓の学縁・地縁関係の集まりへの参加率の比較
(出所) 調査Bの分析結果。

ける学縁集団である同窓会は,時代の変化にかかわらず重要性が衰退していないことが示唆される。

次に,2005年現在,縁故関連集まりへの参加を日本と比較した結果を**図4-8**に示す。韓国と日本のいずれの国においても,最も参加率が高いコミュニティは,「同窓の人が参加する集まり=学縁の集まり」であり,韓国で43.7%,日本で36.3%であった。

1989年当時,によれば,同窓会に何らかの形で関係している,と答えた人は50.9%であった[6]。ここでいう「同窓会に関係している」とは,「集まりに参加」「会費を出す」「小規模グループ活動」といったレベルの関わり方を意味しており,韓国人の半分以上の人が学縁関係の活動をしていることが示された。

ちなみに,Choi, Suk-Man [1990] は同調査の結果を用い,「政治的活動のための'政党'」に参加している人は11%,「労働組合」7%,「各種ボラン

第4章　縁故主義の日韓比較

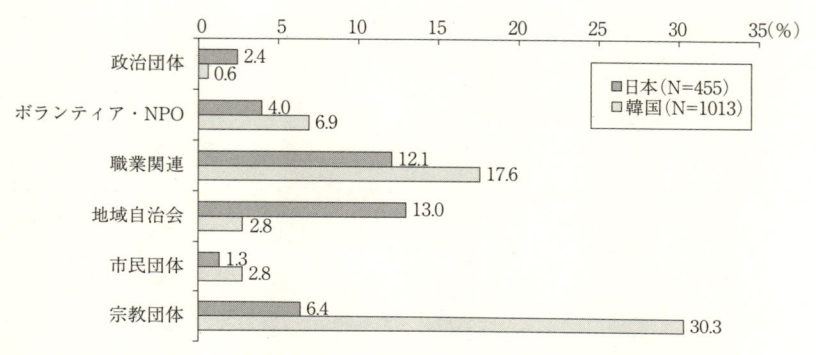

図4-9　2005年調査結果：日韓の縁故集団以外の社会集団への参加比率の比較
（出所）　調査Bの分析結果。

ティア団体」19％，「趣味団体」14％であるに対し，血縁・地縁・学縁関連の縁故集団に参加していると答えた人は82.2％と，他の社会団体に比べ格段に高い参加率を示している，と指摘している。

　ちなみに，2005年度の調査においてもさまざまな次元の社会集団への参加率をたずね，以下の結果を得ている。すなわち，ソウル在住の韓国人は，「政治団体」に0.6％（日本2.4％），「各種ボランティア団体」6.9％（日本4.0％），「趣味団体」16.2％（日本30.6％），「地域自治会」が2.8％（日本13.0％），「市民団体」2.8％（日本1.3％），「宗教団体」30.3％（日本6.4％）という参加率を示していた（図4-9参照）。

　1989年の全南・光州地域の調査結果と比べ，「政治団体」「各種ボランティア団体」への参加率はむしろ減少気味であった。調査Bにおいては，縁故集団のうち，「血縁」を除いた「地縁」「学縁」関連の縁故集団にのみ質問を行ったが，この二つの縁故集団への参加率を含めると58.5％と半分以上の人が参加している結果が示された。

　ちなみに，日本と韓国の社会集団への参加率において大きな差が見られたのは，「宗教団体」への参加率であり，韓国が30.3％に達しているのに対し，日本の場合は6.4％に過ぎなかった。

次に大きな違いが見られたのは,「地域自治会」への参加率であり,韓国は2.8%に過ぎないのに対し,日本の場合は13.0%が参加していることが示された。先述したとおり,韓国においては,「地縁」と言った場合,自分が居住している地域の意味ではなく,出身地域特として最も大きい行政区域である「道」を示すことが多い(Lee, Hun-Gu [2002])。調査Bにおいても明らかになったように,日本においては,「地縁」関係の集まりより,「地域自治会」への参加率の方が高い(日本の地方自治体参加率13.0%図4-9参照／地縁関係の集まり6.4%図4-8参照)。Lee, Hun-Gu [2002] は,韓国における「地縁」的感覚を,「地域自治会」のような居住地域への帰属感に転換させる必要があるとし,地域住民の連帯意識を強化する役割を果たしている日本の「祭り」といったイベントなどに着目している。

(2) 地縁関連活動は減少傾向

次に,「地縁関係の集まり」の場合,韓国が14.8%,日本が6.4%の人が参加していると答えた。前述通り,1989年に37.1%の参加率を示していた地縁関連グループへの参加率は2005年度に半減しているという結果が得られた。

この調査結果だけで見るかぎり,学縁に比べて地縁の重要性および活用性は次第に衰弱しつつあることがうかがえる。Mun, Suk-Nam [1990] は,1990年当時,韓国の縁故は生活文化の一部として定着しているため,近い将来に簡単に弱まることは想像しがたい,と断言していたが,地縁と学縁ではその度合いにおいて隔たりが存在しており,地縁に関しては弱化の傾向が,学縁に関しては時代の変化にかかわらず強い影響力をもつコミュニティであることが明らかになりつつある。しかし,韓国における「地縁」の有効性は,選挙といった政治過程において顕在化する傾向があり(An, Shin-Ho [2000]),地縁の集まりへの参加率の低下をもってその影響力ないしは結束力が弱まってきているとは断言できない。このような傾向は2003年の国会議員選挙においても同様であり,2007年の大統領選挙のときにおいても影響力ある要素として,議論の俎上にあがることは間違いはないだろう。

また，1989年の調査結果における地縁関係の集まりへの参加率は，調査地域の特殊性から若干高く見積もられていることも原因のひとつとして考えられる。というのは，1989年調査の対象となっている全南・光州は，第2章で取り上げたように韓国の近代化の過程における不均等な経済発展政策の代表的な被害地であるため，他の地域より地縁を取り巻く結束力が強い地域であることが考えられるからである。

（3）女性の同窓会への参加が急増

　韓国における学縁に関わる集まりは，男性であるほど，若年層ほど，そして学歴が高い人ほど，より積極的に参加し，その重要性への認知も高い水準にある傾向が示された。それでは，学縁の重要性に対する性別差は時代の流れによってどのような変化を示しているのだろうか。

　1989年の同窓会への参加率は，男性で53.2％，女性で29.0％であり（Mun, Suk-Nam［1990］），男性の方が女性の約2倍近く積極的に参加していることが示されている（**図4-10**参照）。本調査の結果では，男性50.6％，女性37.0％と，特に，女性の同窓会への参加率の増加が著しい。このことは，急速に進んでいる女性の社会進出と深く関連していると考えられる。

　次に，地縁の集まりの場合，1989年においては男性45.6％，女性27.7％という参加率を示していたのに対し，2005年現在においては男性18.5％，女性

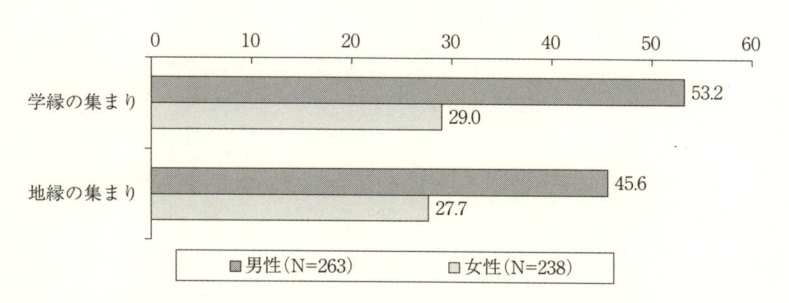

	男性(N=263)	女性(N=238)
学縁の集まり	53.2	29.0
地縁の集まり	45.6	27.7

図4-10　1989年：性別から見た日常生活における縁故集団への参加率〔韓国〕
（出所）　Mun, Suk-Nam［1990］の内容を参考に筆者作成。

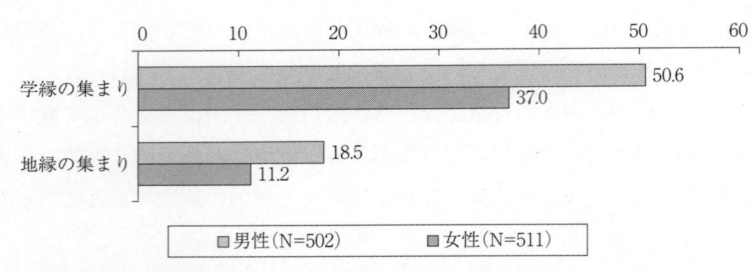

```
          0    10    20    30    40    50    60
学縁の集まり ████████████████████████████ 50.6
         ████████████████████ 37.0
地縁の集まり ██████████ 18.5
         ██████ 11.2
         ■ 男性(N=502)   ■ 女性(N=511)
```

図4-11 2005年：性別から見た日常生活における縁故集団への参加率〔韓国〕
（出所）　調査Bの分析結果。

11.2％と，いずれの性別においても15年前と比べ，半分以下に落ち込んでいる傾向が示された（図4-11参照）。地縁と関わる縁故主義が衰退してきた点については指摘したとおりであり，性別でみると特に男性の方の減少率が女性より大きいことが示された。

（4）若いほど学縁，年配ほど地縁

次に，年代によるコミュニティへの参加率を**図4-12**に示す。性別と同様，先行研究の結果と似た傾向が示され，「学縁の集まり」への参加率は，20代で63.2％，30代49.0％の約半分の人が，40代は41.8％，50代32.2％，60代以上が17.2％という割合の人が参加しており，若年層から60代以上の年配になるにつれ，次第に参加率が減少する傾向を示していた。

このことについては次のようないくつかの要因の複合的効果であると考えられる。

第一に，大学進学率との関係である。「学縁の集まり」には，小中高校から大学まで全ての学校関係の集まりを含んでおり，これが大学進学率の高い若年層の高比率に影響していると思われる。

第二に，オンラインコミュニティの利用実態そのものによる影響も考えられる。オンラインコミュニティは主に20代〜30代の比較的若い年齢層において利用されており，オンラインコミュニティ上で同窓会に接触することが，実生活

第4章　縁故主義の日韓比較

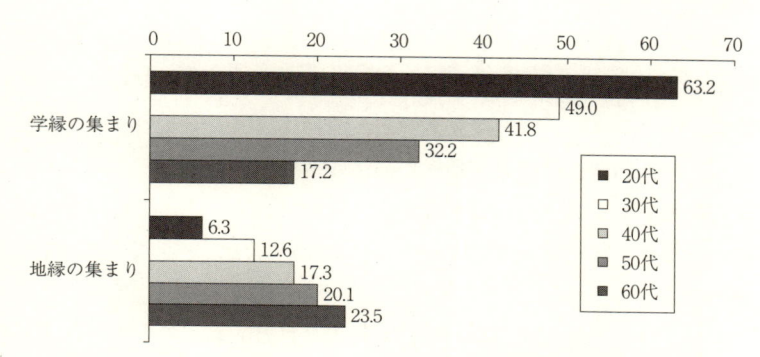

図4-12　2005年：世代からみた日常生活における縁故集団への参加率〔韓国〕
（出所）　調査Bの分析結果。

学縁の集まり：20代 63.2、30代 49.0、40代 41.8、50代 32.2、60代 17.2
地縁の集まり：20代 6.3、30代 12.6、40代 17.3、50代 20.1、60代 23.5

上における同窓会への参加を促したことも大いに考えられる。ちなみに，この結果は，オンラインコミュニティでの参加は除いて答えてもらった比率である。

第三に考えられるのは，社会進出への意欲が高い20代にとっての同窓会の重要性である。20代の学縁関係の集まりへの参加率は63.2％を示したが，この比率は，在学生を除いた有職者限定の分析においても61.8％という高い参加率を示しており，同窓会への関心・期待が大きいことがわかる。Mun, Suk-Nam［1990］は，学縁中心の同窓会について，特に20代（33.7％）で必要性を強く感じ始める傾向があることを実証研究によって明らかにしており，大学に進学し，社会生活を開始する段階で学縁の重要性を認識させられる場面に遭遇する機会の多いことが，20代の参加率の高さを説明する理由であると考える。[7]

第四の理由としては，卒業して間もなくであるためお互いの連絡を取りやすいため，参加率が高くなっていることも考えられる。

一方，「同郷の人が参加する集まり」の場合，「同窓の人が参加する集まり」とは全く逆の傾向が示され，若年層より年配の人ほど参加率が高い傾向が見られた。

普段から地縁関係の集まりに参加するということは，出身地域への非常に高い関心を表している。韓国は，ソウルを中心とした京畿道地域に全人口の3分の1が居住している驚異的な首都圏集中国家であり，さまざまな地方出身者が

ソウルを中心に生活を営んでいる。地縁集団である郷友会は，地方から都市への移住が激しい韓国の特殊事情により，同郷者の親睦を図るために，あるいは，出身地域へのノスタルジア的な動機から，活発化しているという可能性も考えられたが，今回の調査の結果，地縁集団への参加は次第に弱化してきている傾向が見られた。しかし，このことは20代～30代において全体平均である14.8%より低い比率が示されていることが，全体的な衰微に見える結果と関係していると思われる。

ちなみに，ソウルや京畿道は，現在も毎年2百万人以上の人々が転入してきており，その集中化・巨大化は現在進行形である。韓国の統計庁の指標を見ると，ソウルへの人口移動は，朝鮮戦争直後から始まり，1970年代半ばにピークを迎え，それ以降，毎年2百万人以上の転入者数で推移している。当時，ソウルにおける爆発的な人口膨張は，水道や電気など基本的インフラの整備不足はもちろん，社会福祉に及んでは保障が追いついていない状況であり，上京してきた人は同じ出身地域の人々に物質的・精神的に依存せざるをえなかった。年配層において地縁関係の集まりへの参加率が高いのは，20～30代と比べて他の地域からソウルに移動してきた比率が高いため，お互いの依存度も強く，郷友会などの組織活動を通じてソウルでの新生活に適応していたこととも深く関係していると思われる（**図4-13**参照）。

（5）学歴が高いほど学縁集団への参加度が高い

次に，最終学歴と「学縁の集まり」「地縁の集まり」への参加率との関係を分析した結果について考察する。**図4-14**に示されているとおり，「学縁の集まり」に関しては，「大学・大学院」が60.7%，「高校」50.9%，「短大・高専」で37.7%，「小・中学校」で最も低い7.4%の参加率を示しており，学歴が高い人ほど活発な参加率を示していた。

Choi, Suk-Man（1990）は，1989年度の調査結果をもとに，血縁集団である宗親会および地縁集団である郷友会の場合，若年層より年配層，高学歴者より低学歴者，都市居住者より農村居住者の方がより積極的に参加しており，一方，

第4章　縁故主義の日韓比較

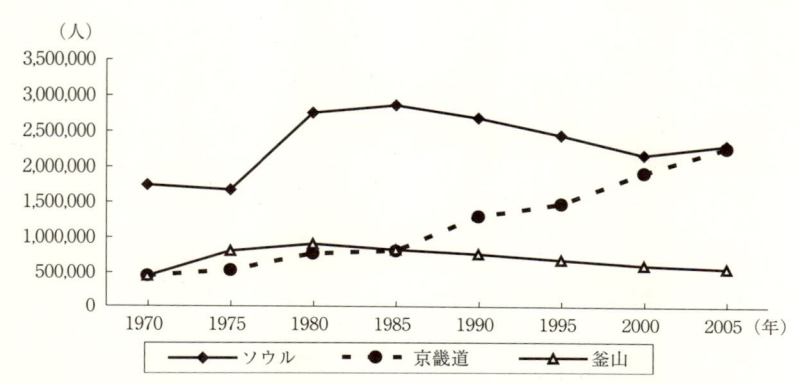

図4-13　1970年～2005年まで5年ごとのソウル・京畿道・釜山への転入人口数
（出所）　統計庁（http://kosis.nso.go.kr）資料の元に作成。

　学縁集団である同窓会は，若年層，高学歴者，都市居住者の方がより積極的に参加していることを明らかにした。学歴レベルはある程度年代と連動している傾向があり，「大学・大学院」在学ないしは出身者は比較的若年層であることが予想されるため，若年層ほど「学縁の集まり」によく参加する理由と同様な理由が適用される。
　一方，地縁の場合は，「小・中学校」の人で19.8%，「大学・大学院」で17.4%，「高校」14.3%，「短大・高専」で最も低く7.8%を示していた。最終学歴が「小・中学校」である人たちの「地縁関係の集まり」への参加率が高いことについては，彼らのほとんどが高校・大学校への進学率が低い年配である可能性が高く，上記の年代と連動して同様の要因が考えられる。
　とりわけ，学歴が「大学・大学院」である人において高い比率が示されたのは，また別の理由が考えられる。比較的高い学歴を持っている人は，社会的な活動範囲も広く活発である可能性が高く，地縁関係者と連携をはかるという道具的動機が強いためであると考えられる。このことは，第3章においても指摘したように，韓国における縁故集団への参加は，親睦という意味も大きいが，「社会生活を営むうえで助けになる」という直接的で道具的な動機が強く，地縁集団の力が弱まっている傾向が示されたものの，「大学・大学院」の学歴レ

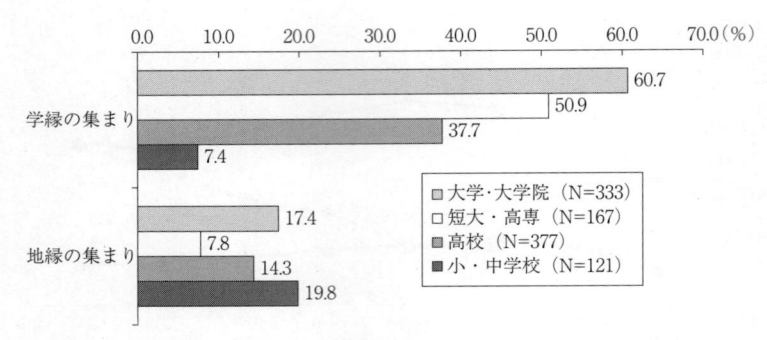

図 4-14 2005年：学歴から見た日常実生活における縁故集団への参加率〔韓国〕
（出所）調査Bの分析結果。

学縁の集まり
- 大学・大学院（N=333）: 60.7
- 短大・高専（N=167）: 50.9
- 高校（N=377）: 37.7
- 小・中学校（N=121）: 7.4

地縁の集まり
- 大学・大学院（N=333）: 17.4
- 短大・高専（N=167）: 7.8
- 高校（N=377）: 14.3
- 小・中学校（N=121）: 19.8

ベルの人は，全体より高い参加率を示していることから推察することができよう。

ひとつ残念だったのは，都市居住者と農村居住者における縁故集団への参加の相違については，橋元・金ほか［2006］の調査がソウル居住者限定の調査であったため，両者を比較することができなかった点である。今後の研究においては，調査対象を農村地域居住者に広げることで，居住地域による縁故集団への参加行動の実態を比較する必要があると考える。

注
(1) 調査では，「あなたが成功する上で下記の七つの要素のうち，最も重要であると思われる三つを記入してください」と尋ねた。
(2) 調査Bの概要に関しては，第5章の表5-1を参照。
(3) 七つの要素を用いて分析した結果は以下のとおりである。
　韓国において1番目の成功要因として取り上げられたのは，「能力」34.1％，「努力」30.8％，「血縁」15.3％，「学縁」8.0％，「1-3以外の人脈」5.7％，「運」4.4％，「地縁」1.7％の順であった。2番目に記入されたのは，「能力」29.7％，「努力」29.1％，「学縁」13.8％，「血縁」10.2％，「運」8.6％，「1-3以外の人脈」4.2％，「地縁」4.3％であった。3番目は，「運」29.6％，「能力」15.5％，「努力」15.3％，「血縁」11.3％，「学縁」10.2％，「1-3以外の人脈」9.9％，「地縁」8.2％の順で

あった。

　日本において1番目の成功要因として取り上げられたのは,「能力」で38.4%,次が「努力」36.9%,「運」10.4%,「血縁」9.3%,「1-3以外(血縁・学縁・地縁以外)の人脈」が3.8%,「学縁」1.3%,「地縁」0.0%の順であった。2番目に記入された順は,「努力」35.4%,「能力」34.1%,「運」14.3%,「1-3以外の人脈」8.9%,「血縁」3.6%,「学縁」3.1%,「地縁」0.7%であった。3番目においては,「運」50.2%,「1-3以外の人脈」15.0%,「努力」14.5%,「能力」11.2%,「血縁」6.3%,「学縁」2.7%,「地縁」0.2%の順であった。

　概して,韓国の場合は,成功の帰属要因として「能力」が取り上げられる比率が最も高く,1番から3番までのいずれかに取り上げた人は,79.1%であり,「努力」の75.2%を上回っていた。一方,日本の場合,それぞれの比率は,83.7%,86.8%であり「努力」の方に対する比率が若干高い。本論では取り上げなかったが,「運」に関しては,韓国42.6%,日本74.9%と大きな相違が見られたのが興味深い。

(4)　調査は,韓国のKBS(韓国放送システム)と延世大学,日本の毎日新聞の共同企画により,1997年7月,ソウル・東京・北京居住の1000名を対象にした「日中韓3国の国民意識調査」の結果である。質問は,「あなたは,成功するために次の要素(血縁・地縁・学縁)がどれほど影響があると思いますか」であり,「全く影響ない」から「非常に影響する」までの4段階のスケールによって行われた。図4-3に示されている数値は,選択肢のそれぞれに対して1点から4点を与え換算した平均値を算出したものである。

(5)　386世代とは,1990年半ばに流行していた言葉であり,当時30代で[2006年現在,36歳から46歳),60年代に生まれ,80年代に大学に通っていた世代の意味で使われている。彼らが大学に通っていた頃は,軍部政権の腐敗,「光州事件」への責任を問う学生運動が最も盛んだった時期で,大学での授業が正常に行われる日がほとんどないと言われるほどの盛り上がりであったという。

(6)　Mun, Suk-Namらの1989年の調査は,Mun, Suk-Nam [1990]が光州全南地域の成人男女を対象に行った我々の調査Cとは調査地域や対象が異なるため,時系列的に直接の比較はできないと思われるが,韓国における縁故主義的行動は広範囲にわたり行われていることを考慮し,2005年の調査結果と比較することにした。

(7)　Mun, Suk-Nam [1990]の研究によれば,全体回答者の70.2%が学縁中心の同窓会の必要性を感じており,20代の33.7%,30代の18.2%,10代9.8%,40代5.6%,50代1.2%の人が学縁の必要性を認識していることが明らかになっている。

第5章
オンラインコミュニティと縁故主義との関係

1 日韓のオンラインコミュニティ利用状況の比較

　第2章で紹介したとおり，戦後韓国の圧縮近代プロセスは，さまざまな政治過程，経済活動の過程において縁故主義が多くの場面で用いられることによって進められていた。第3章においては，韓国の近代化ととともに発達してきた縁故主義的集団が，血縁・地縁・学縁を媒介として形成された内集団のメンバー同士のみの閉鎖的人間関係を主とし，外集団との関係を区別したり，あるいはあえて関係を持たなかったりする「排他性」を有していると指摘した。言い換えれば，社会で決定的な影響力を持っている人々が，内集団を形成し閉鎖的かつ排他的相互作用を通じその内集団メンバーのみの権益を保護・増進してきたのである。韓国の縁故主義の問題点は，強力な影響力を持つ縁故的社会集団のこのような排他性であり，それゆえ，必然的に疎外層が生成されてしまい，結果的に社会不安要素となっていることにある。

　それでは，オンラインコミュニティの繁盛はこういった縁故主義といかなる関係性をもっているだろうか。これまで紹介した縁故主義に関する研究成果を総合するのであれば，韓国におけるオンラインコミュニティへの参加行動は，このようなソーシャル・ネットワークの復帰，つまり，現実世界における韓国特有の縁故主義的行動の延長として機能する可能性が想起される。この可能性は第三章において考察した，オンラインコミュニティが登場した1990年代後半の経済危機という社会的状況と相まってより一層その可能性を高めていたのか

もしれない。それは，縁故主義的関係は，社会的不確実性が高いほどより必要とされるものであるからである。

本章においては，日韓比較調査の結果をもとに，韓国のオンラインコミュニティへの参加行動の特徴を明らかにし，オンラインコミュニティと縁故主義との関係について考察する。特に，Kim, Yong-Hak [2003] は，縁故的社会集団とオンラインコミュニティとの関係を分析した興味深い研究結果を発表した。彼は，韓国におけるオンラインコミュニティに縁故を基本単位としたものが多いことに注目し，韓国社会で影響力が大きいと知られているエリート大学ほどオンラインコミュニティ上での活動が活発であることを実証的研究によって明らかにしたのである。次節においてその内容を紹介しながら，韓国のオンラインコミュニティへの参加と縁故主義との関係について考察する。その前に日韓のオンラインコミュニティ利用状況を概観する。

韓国のインターネット利用率は，2010年現在77.8%で，前年対比0.6%増加した数字である。（KRNIC [2010]）。2006年度より満3歳以上の人を対象にし，最近1カ月のうち一度以上インターネットを利用している人を「インターネット利用者」と定義した結果である。

2005年度においては，満6歳以上の国民の4,523万人のうち，3,301万人がインターネットを利用しているのであり，72.8%のインターネット利用率を示していた。[1]日本の場合，2005年現在満6歳以上の国民の約81.2%がインターネットを利用しており，前年度の73.3%を大きく上回る数値を示している[2]。ちなみにこれらの数値は携帯電話などのモバイル端末によるインターネット利用も含んだものである。

日韓におけるモバイルのみでのインターネット利用者を除いたインターネット利用者は，韓国の場合，71.6%，日本の場合，77.4%であり，ほぼ同じ普及率を示していた。

（1）日韓のオンラインコミュニティ利用状況に関する諸調査の概要

次に紹介する三つの調査を中心に，オンラインコミュニティの利用状況を概

第5章 オンラインコミュニティと縁故主義との関係

表5-1 調査の概要

	A. 2002年 学生調査	
	日 本	韓 国
有効票数	464票	482票
サンプル	早稲田大学（東京所在）現在在学中の大学生	高麗大学（ソウル所在）現在在学中の大学生
調査時期	2002年12月上旬及び2003年1月中旬	2002年12月上旬
男女比率	男（58.3%）女性（41.6%）	男（53.8%）女性（46.2%）
年齢平均	19.7歳	21.7歳
回収方法	授業中配布／授業中作成+翌週回収	授業中配布／授業中作成+翌週回収
共同研究者	橋元良明（代表研究者）・木村忠正・石井健一・金相美	
報告書名	橋元ほか（2003）.「インターネット利用に関する日韓大学生比較調査－インターネット・コミュニティを中心として」『東京大学社会情報研究所 調査研究紀要』	

	B. 2005年 東京都・ソウルにおけるインターネット利用に関する調査	
	日 本	韓 国
有効票数	455票	1013票
サンプル	首都圏在住の20歳〜69歳男女	ソウル在住の20歳〜69歳男女
年齢構成	20代（19.8%），30代（27.3%），40代（21.3%），50代（18.0%），60代（13.6%）	20代（23.6%），30代（25.2%），40代（22.2%），50代（14.7%），60代（14.3%）
調査時期	2005年12月上旬及び2006年1月中旬	2005年12月上旬
男女比率	男（50.6%）女性（49.5%）	男（49.6%）女性（50.4%）
年齢平均	37.8歳	37.1歳
回収方法	首都圏在住の人のランダムサンプリング	ソウル在住の人のランダムサンプリング
共同研究者	橋元良明（研究代表者）・石井健一・木村忠正・金相美・小笠原盛造・金仁培	
報告書名	橋元ほか（2006）.「調査からみたネット利用，対人関係，対人心理の日韓比較」『平成17年度科学研究費補助金 研究成果報告書』	

	C. 2005年 学生調査	
	日 本	韓 国
有効票数	547票	435票
サンプル	東京都内所在の大学に現在在学中の大学生	ソウル市所在の大学に現在在学中の大学生
調査時期	2005年11月上旬	2005年11月上旬
男女比率	男（52.6%）女性（47.4%）	男（48.6%）女性（51.4%）
年齢平均	20.6歳	22.5歳
回収方法	授業中配布／授業中作成・回収	授業中配布／授業中作成・回収
共同研究者	金相美（研究代表者）・橋元良明・Hwang, Yong-Suk	
報告書名	金相美（2006）.『サイバーコミュニケーションによるソーシャル・ネットワーク拡散と収斂に関する社会心理学的研究：日本と韓国社会におけるソーシャル・ネットワーク形成要因の比較を中心に』	

観する。

　筆者を含む共同研究グループは2002年から2005年にわたり，日本と韓国のオンラインコミュニティ利用と対人関係形成・維持に関する調査研究を実施してきた。有効票数及びサンプルの内容，調査時期，共同研究者名は前頁の**表5-1**を参考にしてほしい。調査Aと調査Cは，オンラインコミュニティの利用が最も活発である大学生を対象にした調査であり，中心的な利用者層を対象にした時系列的な利用率などの推移を分析することができる。

　調査Bは2005年に日本の首都圏と韓国のソウル在住の20歳から69歳の成人男性を対象にした調査であり，この調査によって，年代別利用率と利用形態を分析することができる。さらに，この調査においては縁故主義に対する評価・態度に関する質問項目及び縁故主義的集団への参加等の縁故主義関連に関する質問項目が含まれている。

　橋元・金ほか［2003，2006］は2002年から2005年にわたり，日本と韓国のオンラインコミュニティ利用と対人関係形成・維持に関する調査研究を実施してきた。序論においても紹介したとおり，調査AとCはオンラインコミュニティへの参加が最も活発である大学生層を対象にした調査であり，2002年と2005年現在の利用形態について経年変化をもとにオンラインコミュニティへの参加様態を比較することができる。[3]

　オンラインコミュニティに関する定義は，2002年に行った調査Aにおいては，「いろいろな人たちが情報，メッセージ，意見などを交換することのできるサイト」とし，アクセス・書き込みについて尋ねた。調査B及び調査Cにおいては，ブログやSNSなど個人が生成する，1対多のホームページ的性格の強いオンラインコミュニティが登場していることを考慮し，電子掲示板，グループでのブログ利用，mixiのコミュニティなどの例を取り上げ，「グループの情報交換・交流の場として作られているサイト」の利用状況について尋ねた。

（2）なぜ韓国ではオンラインコミュニティが繁盛するのか

　まず，調査Bによる日韓の首都圏在住の成人男女を対象にした質問紙調査の

第5章　オンラインコミュニティと縁故主義との関係

結果を以下に示す。

　韓国におけるオンラインコミュニティへのアクセス率は，2005年現在インターネット利用者のうち57.0%であり，半分以上の人が利用していることが明らかになった。さらに，オンラインコミュニティにアクセスしている人のうち，43.2%が書き込みをしていた。

　一方，日本の場合，オンラインコミュニティへのアクセス率は，2005年現在インターネット利用者のうち43.0%であり，韓国より少ない。さらに，オンラインコミュニティへの書き込み率は，インターネット利用者の26.0%に過ぎず，韓国の方が，日本と比べ，全体的なアクセス率も高いとともに，書き込み率は日本の二倍ほど高く，オンラインコミュニティへの積極的参加が目立っている（**表5-2**参照）。

　次に，韓国と日本の性別から見たオンラインコミュニティ利用行動について分析した結果を**図5-1**に示す。韓国の男性のオンラインコミュニティへのアクセス頻度は，インターネット利用者の61.1%，書き込み率はインターネット利用者の46.4%であった。女性のアクセス率は，52.5%で，書き込み率は39.7%であった。一方，日本の場合，男性のアクセス率が44.3%で書き込み率は28.4%である。女性の場合，それぞれ41.5%，23.1%を示していた。日韓ともに，女性より男性の方がオンラインコミュニティに積極的であることが示された。

（3）韓国のオンラインコミュニティ利用者は日本より若い

　調査Bを元に世代別によるオンラインコミュニティへのアクセス・書き込み率を見る（**図5-2**参照）。

　韓国の場合，20代のアクセス率が75.3%と最も高く4分の3の人がアクセスしていた。20代の次にアクセス率が高いのは，30代で53.0%，40代49.0%，50代34.8%，60代以上が21.1%の順であり，若年層ほどアクセス率が高い傾向が見られた。書き込み率においても，20代が最も高く61.7%で6割の人がRAM (Radical Access Member) として活動している。次が，30代で40.6%，40代

表5-2 日韓のオンラインコミュニティへのアクセス・書き込み率

2005年調査Bの結果	サイバーコミュニティへのアクセス率（％）	サイバーコミュニティへの書き込み率（％）
韓国（697）	57.0	43.2
日本（323）	43.0	26.0

(注) 母数は,「アクセス率」,「書き込み率」のいずれもインターネット利用者。
(出所) 調査Bの分析結果をもとに筆者作成。

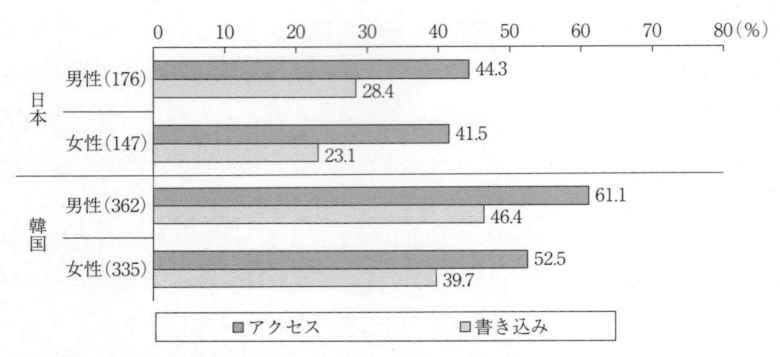

日本 男性(176) アクセス 44.3 書き込み 28.4
日本 女性(147) アクセス 41.5 書き込み 23.1
韓国 男性(362) アクセス 61.1 書き込み 46.4
韓国 女性(335) アクセス 52.5 書き込み 39.7

図5-1 性別から見た日韓のオンラインコミュニティへのアクセス・書き込み率
(注) （ ）の中はN。
(出所) 調査Bの分析結果をもとに筆者作成。

31.0％, 50代23.2％, 60代以上が15.8％の順であった。

日本の場合は, 20代のアクセス率が55.1％, 30代が49.5％と韓国と比べ, 20代と30代の間における差がそれほど大きくない。次が, 60代以上で40.0％, 40代が31.6％, 50代が30.0％の順であり, 韓国と比べ60代以上の人によるアクセス率が高いのが特徴であった。書き込み率に関しては, 20代が35.9％, 30代が29.3％, 50代が20.0％, 40代が18.4％, 最後に60代で15.0％を示していた。書き込み率においては, 韓国の同様若年層ほど積極的である傾向が示されたが, 概して韓国のオンラインコミュニティ利用者は日本より20代が多く含まれていることが示された。

第5章　オンラインコミュニティと縁故主義との関係

```
                   0    10   20   30   40   50   60   70   80（％）
      20代(78)                              55.1
                              35.9
      30代(99)                        49.5
                          29.3
日本   40代(76)                  31.6
                    18.4
      50代(50)                30.0
                      20.0
      60代以上(20)                40.0
                  15.0
      20代(235)                                     75.3
                                        61.7
      30代(219)                           53.0
                                40.6
韓国   40代(155)                       49.0
                        31.0
      50代(69)                  34.8
                    23.2
      60代以上(19)         21.1
                  15.8
                    □アクセス     ■書き込み
```

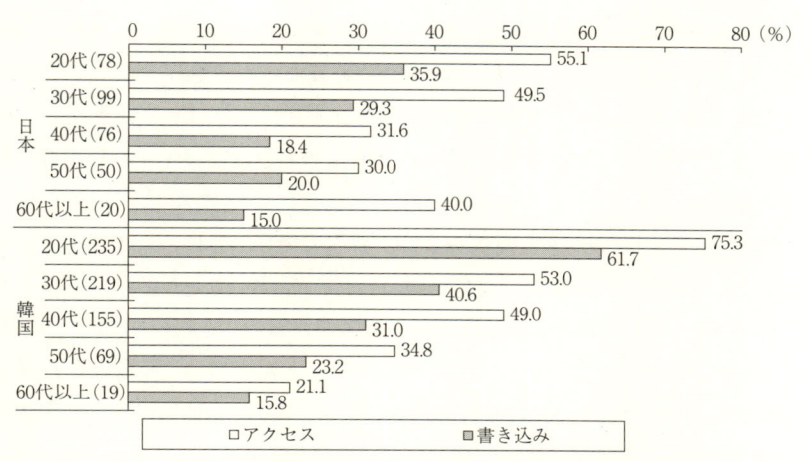

図5-2　世代から見た日韓のオンラインコミュニティへのアクセス・書き込み率
（注）（　）の中はN。
（出所）調査Bの分析結果をもとに筆者作成。

2　大学生調査による時系列的日韓比較

　韓国の場合，オンラインコミュニティの最も積極的利用者は，20代であることが明らかになった。次は，我々が2002年度と2005年度に行った大学生調査AとCの分析結果を比較し，日韓のオンラインコミュニティへのアクセス率と書き込み率の経年的推移について検討する。

　図5-3は2002年行われた調査Aにおけるオンラインコミュニティへのアクセス頻度を日韓で比較した結果を示したものである。

　2002年当時のオンラインコミュニティへのアクセス頻度は，日本の場合，「一日数回アクセスする（12.0％）」「一日一回くらいアクセスする（19.5％）」をあわせて一日一度以上アクセスする人は31.5％，「まったく利用しない」と答えた人が28.7％であった。これに対して韓国の場合，「一日数回アクセスする」と答えた人が36.6％，「一日一回くらいアクセスする」が37.0％で，一日一度

以上アクセスする人は合わせて73.6％であり，**韓国の方が２倍以上活発**に利用していることが示された。一方，韓国の場合，「まったく利用しない」と答えた人は2.2％に過ぎず，大学生の大半がオンラインコミュニティを利用している結果が示された。これに対し，日本の大学生の場合は28.7％が非利用者であることが示された。

次に，2005年の調査結果を見てみよう。韓国の場合，日に一度以上アクセスする人（「日に数回以上」及び「日に一回くらい」アクセスしている比率を合算した比率のこと）は，2002年73.6％から64.0％と微減したものの，「週に数回」アクセスする人は2002年の8.7％から2005年の23.8％と大幅に増加，及び非利用者の比率は2002年の2.2％から2005年の1.7％と減っており，全体的にみて利用頻度が増加していることが示された（**図5-4**参照）。

一方，日本の場合，オンラインコミュニティに「一日数回アクセスする（12.0％→15.6％）」「一日一回くらいアクセスする（19.5％→15.9％）」をあわせて一日一回以上アクセスする人は2002年の31.5％から変化が見当たらなかった。一方，「まったく利用しない」と答えた人は28.7％から33.3％とむしろ増加している傾向があった。

以上，日韓におけるオンラインコミュニティの利用行動状況に関して，我々が実施した調査結果をもとに分析した。

それでは，実際日本と韓国におけるオンラインコミュニティ参加における特徴をオンラインコミュニティへの利用動機研究の成果をもとに紹介し，さらに，韓国におけるオンラインコミュニティへの参加の特徴について先行研究をレビューしながら考察を行う。

では，人々は実際どのようなサイトによく参加し，どれくらい発信行動を行っているのか。さらに，人間関係形成が行われるサイトはいかなるサイトなのだろうか。次に見ていこう。

ここでは，調査Bの結果を中心にオンラインコミュニティの利用行動を具体的に把握・分析していく。

図5-5は，調査Bの結果であるが，グラフに示されているように，利用して

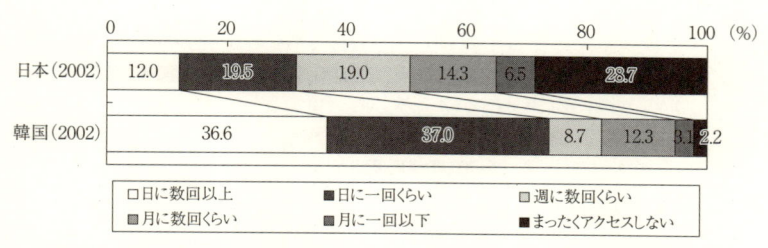

第5章　オンラインコミュニティと縁故主義との関係

図5-3　2002年日韓の大学生におけるオンラインコミュニティへのアクセス頻度
（出所）調査Aの分析結果をもとに筆者作成。

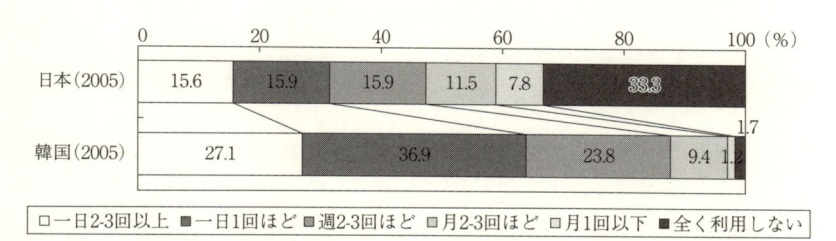

日本(2002): 12.0 | 19.5 | 19.0 | 14.3 | 6.5 | 28.7
韓国(2002): 36.6 | 37.0 | 8.7 | 12.3 | 3.1 | 2.2

凡例：□日に数回以上　■日に一回くらい　□週に数回くらい　■月に数回くらい　■月に一回以下　■まったくアクセスしない

図5-4　2005年日韓の大学生におけるよるオンラインコミュニティへのアクセス頻度
（出所）調査Cの分析結果をもとに筆者作成。

日本(2005): 15.6 | 15.9 | 15.9 | 11.5 | 7.8 | 33.3
韓国(2005): 27.1 | 36.9 | 23.8 | 9.4 | 1.2 | 1.7

凡例：□一日2-3回以上　■一日1回ほど　■週2-3回ほど　□月2-3回ほど　■月1回以下　■全く利用しない

　いるインターネットコミュニティの種類を複数回答で尋ねた結果，日本と比べ韓国の方が積極的に利用しているオンラインコミュニティは，「同窓の人が参加するサイト」（日本21.3％，韓国が59.4％），「同郷の人が参加するサイト」（日本6.4％，韓国15.9％），「(同窓・同郷以外の) 友人が参加するサイト」（日本23.4％，韓国42.3％），「同年齢・同期の人のサイト」（日本4.3％，韓国14.9％）など主に人間関係形成を目的としたサイトが多く，一方，「IT/PC関係の情報交換サイト」（日本31.9％，韓国18.1％），「商品・価額の情報交換サイト」（日本46.8％，韓国38.0％），「芸能・音楽・映画の情報交換サイト」（日本45.4％，韓国36.3％），「その他の情報交換サイト」（日本55.3％，韓国33.5％）などと，情報交換系統のサイトにおいては日本の方が韓国より積極的にアクセスしていることが明らかになった。

　日韓両国におけるオンラインコミュニティへのアクセスの傾向は，筆者のオ

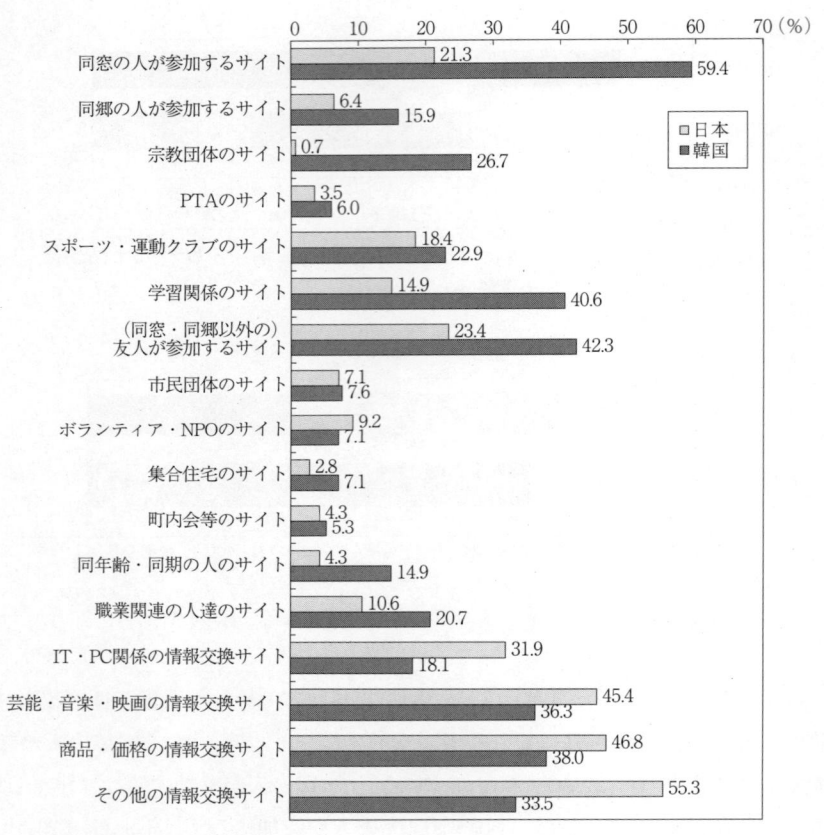

図5-5 日韓におけるオンラインコミュニティのカテゴリ別アクセス率
(出所) 調査Bの分析結果をもとに筆者作成。

カテゴリ	日本	韓国
同窓の人が参加するサイト	21.3	59.4
同郷の人が参加するサイト	6.4	15.9
宗教団体のサイト	0.7	26.7
PTAのサイト	3.5	6.0
スポーツ・運動クラブのサイト	18.4	22.9
学習関係のサイト	14.9	40.6
(同窓・同郷以外の)友人が参加するサイト	23.4	42.3
市民団体のサイト	7.1	7.6
ボランティア・NPOのサイト	9.2	7.1
集合住宅のサイト	2.8	7.1
町内会等のサイト	4.3	5.3
同年齢・同期の人のサイト	4.3	14.9
職業関連の人達のサイト	10.6	20.7
IT・PC関係の情報交換サイト	31.9	18.1
芸能・音楽・映画の情報交換サイト	45.4	36.3
商品・価格の情報交換サイト	46.8	38.0
その他の情報交換サイト	55.3	33.5

ンラインコミュニティ利用動機研究から予想される傾向と一致していた。日本の場合はオンラインコミュニティが情報探索の動機を満たすため，韓国の場合は人間関係を維持・強化の動機を充足させるために積極的に利用されていることが筆者らの研究により明らかになっている（金相美［2003］；橋元・金ほか［2006］）。

（1）学縁関連の社会関係資本の管理ツールとしてオンラインコミュニティ

　先行研究では，韓国のオンラインコミュニティにおいて，学縁関係の同窓会サイトが非常に盛んであることに注目し，実生活における学閥の関係を分析し，興味深い結果を見出している。縁故関係の中でも特に学縁を取り上げた理由は，以下のとおりである。すなわち，血縁の影響も大きいが範囲が小さいため，社会的影響力はそれほど大きいとは言えない。地縁の効果も学縁を差し引いた後の純粋な地縁効果は学縁より小さい（Kim, Yong-Hak [2003：99]）ことが指摘できる。

　我々の調査結果でも明らかであったように，インターネット上のオンラインコミュニティにおいて学縁関係のものが日本と比べても非常に盛んであることを指摘しておきたい。

　そして，Kim, Yong-Hak [2003] は，2002年現在，大学の序列によって分類された10の大学在学者・卒業者がオンラインコミュニティ上で如何に活発に同窓会活動を行っているのかについて調べ，大学ランキングとオンラインコミュニティ利用との関係について検討し興味深い結果を示した。以下にその調査内容・方法を簡単に紹介する。

　調査対象になった大学は，ソウル所在で入学試験の点数[(4)]で選考した第1位から第10位までの大学であり，表5-3で示したようにS大からH'大まで合計10校の大学をアルファベット・イニシャルで表示している。この大学入学試験の点数によって抽出された10個の大学は，韓国で常識的に受け容れられている大学の序列とほとんど差がなく，'偏差値が高い大学＝良い大学'という等式と合致していると見てよい。

　参考までに，アルファベット・イニシャルで示している大学の名前を推測すると，S大：ソウル大学，Y大：延世大学，K大：高麗大学，S'大：成均館大学，H大：漢陽大学，K'大：慶熙大学，D大学：東国大学，K"大：建国大学，D'大学：丹国大学，H'大学：弘益大学：これはあくまでも筆者の予測であり誤っている可能性もあることをここに断っておく。

　オンラインコミュニティ上における同窓会の活動を調べるために，分析対象

表5-3 2000年, 2001年度大学別修学能力試験の平均

	人文系	自然系	合計
S大	394	390	392
Y大	391	387	389
K大	391	384	388
S'大	385	381*	383
H大	382	382	382
K'大	379	372	376
D大	376	372	374
K"大	374	370	372
D'大	368	364	366
H'大	359	355	357

(注) ＊は, 2000年度と2001年度の平均を四捨五入した数値。
(出所) Kim, Yong-Hak [2003：110].

にしたのは，10代後半から30代の年代層が主に利用し，オンライン同窓・同門サイトが存在している3つの代表的なサイトで,「ダモイム (damoim)」[5],「アイラブスクール (iloveschool)」[6],「フリチェル (freechal)」[7] であった。この3つのコミュニティに存在する同窓会サイトのうち，上記の10の大学の名前でつくられたサイトを選別した。そして，この10の大学の卒業生・在学生の学縁構築活動がどの程度活発であるのかを，2002年4月第1週から第2週にわたり調査した。この研究の特徴は，韓国における「人的資本」を大学別入学試験の点数によって指数化したこと，「学縁」構築のための投資を，オンラインコミュニティへの加入者数，同窓会のオンラインコミュニティの数，活動レベルによって数値化したことである。なお，ここでいう「人的資本」とは，個人の特性・能力のことを指しており，大学入試の点数として示すことになっている。

ここで言う「人的資本」は本論の「社会関係資本」とはどのように相違しているのかを表5-4に示す。[8]「人的資本」は教育・訓練によって個々人において知識や技術の形態で蓄積され，労働市場における交渉力を増大させたり，賃金の上昇の機能を持つとされている。一方,「社会関係資本」は，行為者間の相互作用によるソーシャル・ネットワークの形態で蓄積され，情報の獲得・社会的連帯及び結束の創出の機能を持つ。韓国においては，大学入学試験の点数によって明確な大学の序列が存在しているため，個人の「人的資本」として大学

第5章　オンラインコミュニティと縁故主義との関係

表5-4　「人的資本」と社会関係資本の比較

	人的資本	社会関係資本
形成メカニズム	教育，訓練	行為者間相互作用
主な形態	知識，技術	ソーシャル・ネットワーク
蓄積場所	個人	社会的関係
機能	労働市場における交渉力増大，賃金上昇	情報の獲得，社会的連帯及び結束の創出

（出所）Kim, Yong-Hak [2003：105] を参照し作成。

入学試験の点数をその変数として設定していることは無理がないように思われる。

　Kim, Yong-Hak [2003] の研究結果によれば，2002年の韓国における最大のオンラインコミュニティを構成していたフリチャル（Freechal）サイトでは，同窓会が占める比率が全体の21％にも上っていることが明らかとなった。さらに，ソウル所在の上記10校を抽出し，それらの学校の在学・卒業者によって構成されているオンラインコミュニティの量を分析した結果，図5-6で示したとおり，一流大学ほど（x軸の左側ほど偏差値が高い）多くのオンラインコミュニティが生成されていることが示された。

　図5-6は，2002年度において最もよく利用されていた「ダモイム」と「アイラブスクール」というオンラインコミュニティの数を合算した数値と「フリチェル」のそれを大学別に比較したものである。

　次の図5-7で明らかなように，大学の序列とソーシャル・ネットワーク活動としてのオンラインコミュニティの数および会員数は，各大学で明らかに差があり，異なること，**大学の序列が高い学校ほどオンラインコミュニティの数・会員数も多い**ことが示された。大学序列とオンラインコミュニティ上における同窓会の数を相関分析した結果，$\rho = .891***$（※数値は順位相関係数　***：$p<.001$，以下同様），会員数との関係では，$\rho = .94***$といずれも高い相関関係性が認められた。

　オンラインコミュニティは，序列の高い大学の縁故，社会的に有力な縁故を管理・維持する一つのツールであると考えられる。続いて，学縁という縁故を維持するためにオンラインコミュニティがいかに利用され，縁故効率性の高い

```
    2,500
    2,000
    1,500
    1,000
      500
        0
           S大   Y大   K大   S'大   H大   K'大   D大   K"大   D'大   H'大
```

```
          ◆  合計
          ■  IloveSchool/Damoimコミュニティ合数
          ▲  Freechalコミュニティ数
```

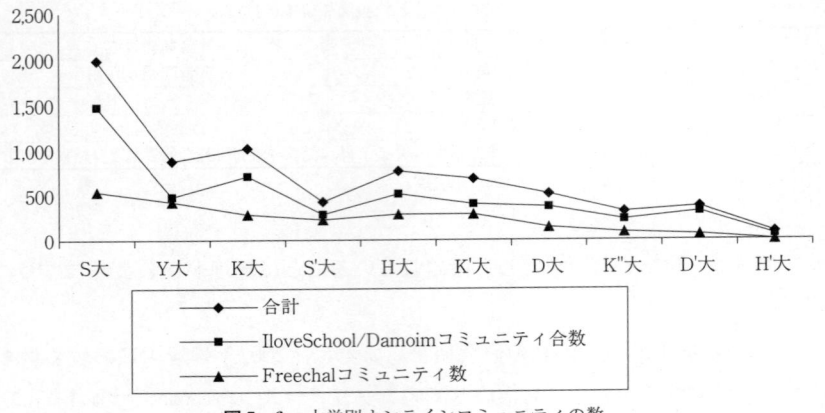

図5-6　大学別オンラインコミュニティの数

(出所)　Kim, Yong-Hak [2003:111].

一流大学のオンラインコミュニティが，そうでない学校に比べてより活発に運営されていることを実証的に検証した。

　このように名門大学ほどオンラインコミュニティでの活動が活発である傾向は，Freechalサイトが「最も活動が活発であるオンラインコミュニティ」であると評価した200位内にランクインした同窓会の活動に限定して分析を行っても同様であった。120万のオンラインコミュニティの中で200位内に入っているということは非常に積極的な活動が行われるサイトあるといえる。**表5-5**に示されているとおり，両者間の相関係数が全て0.91以上であり，序列の高い大学ほどオンラインコミュニティの活動が活発に行われていることは明らかであると結論づけることができる。

（2）なぜ大学序列が高いほどオンラインコミュニティ利用が活発なのか

　上記のような結果をどのように解釈すべきだろうか。

　Kim, Yong-Hak [2003] は，以下のような仮定を取り上げながら，韓国における大学序列とオンラインコミュニティの関係性を説明している。

　もし，オンラインコミュニティが単に情緒的な関係に対する欲求のために生

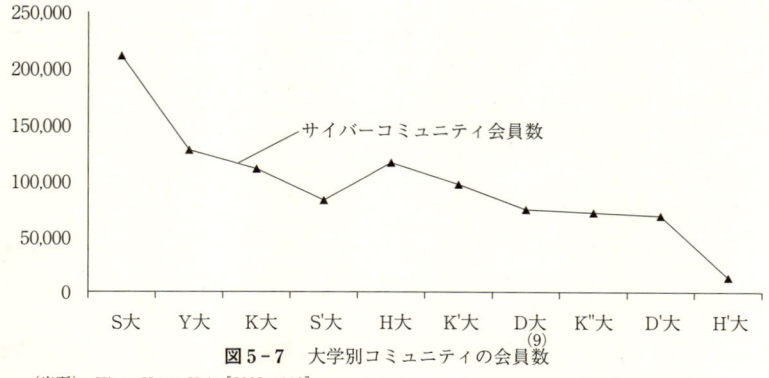

第5章　オンラインコミュニティと縁故主義との関係

図5-7　大学別コミュニティの会員数
(9)
(出所）Kim, Yong-Hak [2003：112].

成されるものであれば，大学別の相違を説明する手がかりがない。なぜなら，情緒的な絆は，誰にも存在するものであると見なしてもよいからである。仮説として，自分が属している大学に対するプライドが異なるから，ということが予測できる。すなわち，上位の大学に在学・卒業した者の方が学校に対する愛着が強いことが予想できるからである。彼らは，同窓生間の関係を通じて情緒的欲求を満たしながら，同時に，同窓生間において自らの社会的・経済的な営みにとって有用な関係性を維持し，構築できるという道具的必要性を，他の学校の人より強く感じているはずである（Kim, Yong-Hak [2003：113]）。

　もう一つの仮説は，上位の大学においては，多数の学生が進学するいわば「一流高校」が多く存在しており，これらが大学のオンラインコミュニティの基礎となっているという見方である。**図5-8**はこの仮説を支持している。図5-8は，先ほどのフリチャル（Freechal）サイトにおける，活動的な200位内に入っているオンラインコミュニティを対象に分析した結果であるが，地域，趣味，出身大学，宗教，大学内のオンラインコミュニティといったコミュニティ類型が，大学別にみて大きな相違があることが明らかになった。特に，図で見ることができるとおり，最も偏差値の高いＳ大学の場合，「出身学校」という共通項によって形成されたオンラインコミュニティの数が最も多く，後者の仮説を

143

表5-5 大学序列,高活動性オンラインコミュニティの数・会員数との相関関係

	大学序列	200位圏のサイバーコミュニティの数	200位圏のサイバーコミュニティの会員数
修学能力試験の点数	1.000		
200位圏のサイバーコミュニティの数	0.912**	1.000	
200位圏のサイバーコミュニティの会員数	0.915**	0.985**	1.000
N	10	10	10

(注) ** $p <= 0.01$。
(出所) Kim, Yong-Hak [2003:112].

支持している。つまり,上位大学の場合,同じ高校出身者が集まって活動することが多いのである。

　Kim, Yong-Hak [2003] の研究によって,韓国においては,大学入学試験のわずかな点数の差によって序列化された大学の名前が,入学後のソーシャル・ネットワークによって構成される社会関係資本に大きな差を引き起こすことが確認された。詳しくは後段にゆずるが,韓国ではオンラインコミュニティにおいてのみならず,実世界においても学歴が高い人ほど学縁を重視し,同窓会に積極的に参加している傾向が見られる。つまり,Kim, Yong-Hak [2003] の議論によれば,韓国のオンラインコミュニティは,韓国社会におけるソーシャル・ネットワークを垣間見る窓であると同時に,社会風土を映し出す鏡なのである。

　しかし,なぜ,大学の序列とオンラインコミュニティにおける同窓会活動の間にこうした顕著な差異が存在するのかについては,より深い分析が必要である。

　本章では,この問題を解決するため,オンラインコミュニティが登場した時期における韓国の社会文化的状況と縁故主義との関係について考察する。Kim, Yong-Hak [2003] は,「名門大学出身者」の「人的資本」の豊富さ(偏差値の高さ)が,社会関係資本の生成にも直接つながっている状況を,オンラインコミュニティでの活動を通じて検証した。しかし,Kim, Yong-Hak [2003] の調査では,学縁関係のオンラインコミュニティにおいてどのような活動が行わ

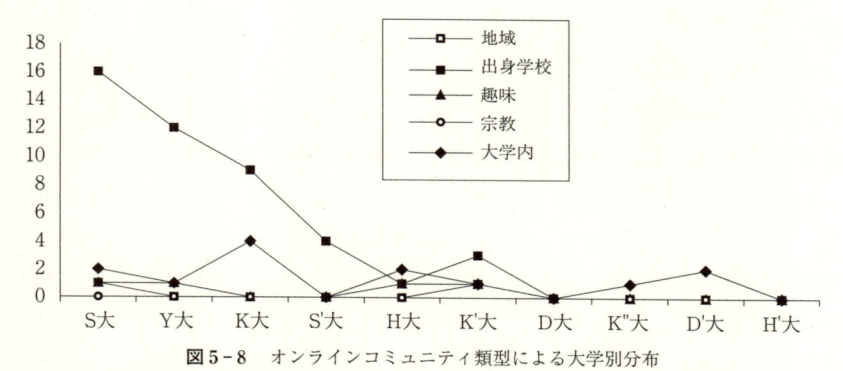

第5章　オンラインコミュニティと縁故主義との関係

図5-8　オンラインコミュニティ類型による大学別分布
（注）「出身学校」とは高校・中学・小学関連のサイト，「大学内」とは大学の中のサークル関係などのサイトのこと。
（出所）Kim, Yong-Hak [2003: 113].

れているのかは調べていないため，「人的資本」がそのまま「社会関係資本」の生成につながっているという主張はやや飛躍的であるといわざるを得ない。言えることは，「名門大学出身者」は，「非名門大学出身者」と比べ，オンラインコミュニティでの既存のソーシャル・ネットワークである学縁関連オンラインコミュニティにより積極的に参加しているということである。この積極的参加が果たして，縁故主義的行動であるかどうかはこの調査では不明である。さらに，彼の研究は，多種多様なオンラインコミュニティのうち，学縁関連のオンラインコミュニティへの参加のみに焦点を当てているため，情報縁形成を可能とするオンラインコミュニティへの検討が抜けたまま議論が進められている。

　オンラインコミュニティのもう一つの機能である情報縁の生成の側面，つまり，オンラインコミュニティへの参加と「新たな人間関係の形成・拡張」の面において「名門大学出身者」と「非名門大学出身者」の両者はどのような相違点をもっているだろうか。この問題に関しては，第六章と第七章において我々の調査結果をもとに分析し，社会関係資本の貧富によるオンラインコミュニティの機能の分化の可能性について考察する。

　Kim, Yong-Hak [2003] は，上記のように大学の序列とオンラインコミュニティ数及び参加会員数との間に正の相関があることを明らかにし，「入学試

験の点数によって分かれた大学入学以降のソーシャル・ネットワーキングによる社会関係資本の生成には大きな差が存在する」と主張した。繰り返しになるが，Kim, Yong-Hakは，オンラインコミュニティへの参加をそのまま社会関係資本の生成過程と見なしているため，主張においてやや飛躍が見られる。

　Kim, Yong-Hak［2003］は，「韓国社会において学縁が力を持っている理由は，特定大学出身者が社会的エリートの進出の道を独占しているからであり，大学の序列は，特定大学の教育の質や教育環境よりその大学出身者が各分野にどの程度進出しているのかに深く関係している」と指摘する。つまり，良い学縁を持つことは，さまざまな分野に進出した際，同じ学校出身者から何らかの助力を得られることを意味するとKim, Yong-Hakは指摘する（Kim, Yong-Hak ［2003：114］）。しかし，彼の主張においては，同じ学校出身者からどのような助力を得ているのか，またそこにオンラインコミュニティがいかなる関与をしているのかに関して具体的な実例が言及されていないため少々説得力が乏しいと思われる。

　つまり，Kim, Yong-Hak［2003］の主張どおりであれば，韓国におけるオンラインコミュニティ利用行動が，社会生活上での活用性を意識した人々によるソーシャル・ネットワークの選択的行動として可視化されるはずである。この問題－活用性を意識した人々による選択的行動の可視化可能性－については第七章で実証的分析によって明らかにする。

注
(1) この数値は，携帯電話やPDAといった無線端末による無線インターネット利用も含んだ数値であり，有線のインターネット利用者に限った場合のインタビュー利用率は71.6%である。
(2) http://www.soumu.go.jp/s-news/2006/pdf/060519_1_bt1.pdf
(3) 調査Aにおけるオンラインコミュニティは「いろいろな人たちが情報，メッセージ，意見などを交換することのできるサイト」と定義し，アクセス・書き込み行動についてたずねた。
(4) Kim, YongHak［2003］の研究は，韓国における「人的資本」を大学別入学試験

の点数によって指数化した。下記の表は，韓国の2000年，2001年度の大学入試試験（韓国語の正式名称：「大学修学能力試験」）の平均による大学の序列を示したものである。予備校が提供している2000年度，2001年度の大学別人文系，自然系の大学入試試験の点数を合算・平均し指数化した。この結果は，韓国で常識的に受け入れられている大学の序列とほとんど差が無く，表で見られるとおり，最上と最下の差は35点であり，上部の大学間の差は3-4点と僅少であると指摘されている。

(5) www.damoim.net
(6) www.iloveschool.co.kr
(7) www.freechal.com
(8) Kim, Yong-Hak [2003] を一部参照。
(9) Kim, Yong-hak [2003] は10個の大学の学生数及び歴史はコミュニティ会員数に影響を及ぼすほどの相違は無いと指摘している。

第6章
オンラインコミュニティへの参加と社会関係資本

1 オンラインコミュニティへの参加とソーシャル・ネットワーク

(1) 強い紐帯をより強化するオンラインコミュニティ

　前章においては，日本との比較を通じて韓国のオンラインコミュニティへの参加の特徴について考察し，さらに，大学入学試験点数によって指標化された大学の序列とオンラインコミュニティとの関係について分析したKim, Yong-Hak [2003] の研究結果を考察した。この結果によると，偏差値の高い名門大学出身者によって形成されている同窓生同士のオンラインコミュニティの数が，偏差値の低い大学のそれより多いこと，さらに，オンラインコミュニティに参加している会員数も名門大学のコミュニティの方が多いことが示された。しかし，Kim, Yong-Hak [2003] の調査結果では，オンラインコミュニティへの参加が実生活に役立つ人間関係の強化という道具的動機によるものなのか，どうかに関しては検証されたものではない。このことは，次章における橋元・金他 [2006] が実施した調査によって，より明確な形で検証されている。
　さらに，Kim, Yong-Hak [2003] の学縁を取り巻く悲観説は，オンラインコミュニティの既存の縁故関係の強化の機能という片方に注目した議論であり，新たな情報縁形成の機能は軽視されている。本章においては，オンラインコミュニティの種類を大きく二つに分け，それぞれの社会的機能について考察する。
　さて，ここではオンラインコミュニティと社会関係資本との関係についてこれまでの先行研究を考察する。オンラインコミュニティと社会関係資本との関

係について直接的に触れた研究はさほど多くないが，主にオンラインコミュニティへの参加が人々のソーシャル・ネットワークを縮小させるのか，拡大させるのかという影響面に焦点が絞られてきた[1]。例えば，Krautら［1998］及びNie & Erbring［2000］は，インターネット利用によって日常生活における対面コミュニケーションが減少し，抑うつ感と孤独感を高め，精神面での健康に負の影響を及ぼしていると主張した[2]。この研究成果は，比較的インターネット普及初期のものであり，インターネット利用時間が日常生活上における対面コミュニケーションの時間を剥奪したためであると推察される。一方，インターネットが他者とのコミュニケーションという動機をもって利用される場合，社会関係資本を高める効果があるという主張もある（Wellman & Haythornthwaite, 2002）。Wellmanは，インターネット利用のうち，特にEメールの利用に注目して，電話・対面コミュニケーションの利用頻度との間に正の相関関係があることを提示し，オンライン上でのコミュニケーションが主に身近な人々間で行われており生活満足感と深く関係していることを明らかにしている（Wellman & Haythornthwaite, 2002）。

オンラインコミュニティは，構造的には誰でも参加できる開放性の高いコミュニケーションツールであるが，しかし，必ずしも新しいソーシャル・ネットワークを形成するツールとして頻繁に用いられるわけではない。インターネットの利用を通じて新しい友人・知人の生成の経験を持っている人はそれほど多くなく，例えば，宮田［2005］の分析結果によれば，新しい人間関係生成の経験を持った人はネット利用者の6.8%に過ぎない[3]。つまり，オンラインコミュニティにおける人間関係は，趣味・関心および態度の類似性によってつながる弱い絆が強調されてきたが，ほとんどのオンラインコミュニティにおけるコミュニケーションは普段良く会う，もともと知っている人々との紐帯を維持するために機能する場合が多い。

「新たな人間関係の形成・拡張」機能としてオンラインコミュニティの機能を捉える場合，現実世界におけるソーシャル・ネットワークでは「つながっていない」社会関係を生成し維持するツールとしてオンラインコミュニティが定

義され，現実世界での社会関係の拡張機能を果たす。一方，後者の場合は，もともと「つながっている」ソーシャル・ネットワーク自体を管理し緊密化していくツールとして機能し，現実世界での社会関係の補完機能を果たす。これが，オンラインコミュニティにおけるソーシャル・ネットワークの大半を占めているわけである。

　以上の先行研究におけるオンラインコミュニティの機能をまとめると，強い紐帯を強化し，同質性の高い資源を蓄積するという結束ネットワーク型社会関係資本と，弱い紐帯を拡大し多様性の高い資源を保有する橋渡しネットワーク型社会関係資本のどちらも形成することが可能であるメディアであることが指摘できる（Norris［2003］；宮田［2005］）。

（2）オンラインコミュニティの四つのカテゴリ

　ここでは，オンラインコミュニティによって形成・維持される関係資本の種類を以下の四つのカテゴリに分類し，詳細な検討を行う。

Ⅰ　すでに知っている人（対面経験あり）あるいはすでに存在するグループが，オンラインコミュニティ上でコミュニケーションを続けることによって関係を維持する場合であり，頻繁なオフ会・小規模集合を通じて内輪のコミュニティが維持される。同じ学科・クラスの人々によって構成される同窓会が代表的な例である

Ⅱ　これまで面識のない，もともと存在していた組織が，オンラインコミュニティでの活動を通じて，オフライン活動が活性化・組織化される場合であり，例えば，ソウル在住の地方出身者による郷友会などがこれに当たる。

Ⅲ　これまで面識のない人々が，オンラインコミュニティ上でのコミュニケーションを通じてはじめて知り合い，オフ会などを通じて知り合いになる場合であり，趣味・関心事のコミュニティ，同世代コミュニティ，市民団体がこれにあたる。

Ⅳ　面識のない人々が，オンラインコミュニティでコミュニケーションを続

けているが，オフ会を行わずオンライン状態でとどまる場合であり，情報交換型コミュニティがこれにあたる。

　ⅠとⅡの場合，実世界においてすでに存在していた縁故関係を引きずった形で，そのような関係を維持・深化する機能を示す。韓国で最も多く存在しているのはⅠとⅡのオンラインコミュニティである。一方，Ⅲの場合，実世界におけるソーシャル・ネットワークを拡張し，新たなオンラインコミュニティを通じた人間関係形成・拡張の機能を示すものである。これによって形成された関係は，韓国社会において元々存在していた縁故関係の枠を越え，新たな情報縁的社会関係資本を創出できるものである。ⅣはⅢのオンラインコミュニティの中でも匿名性をそのまま維持する形で，対面経験を持たずにいるコミュニティを指しているが，日本における多くのオンラインコミュニティはこれに当たると思われる。

　韓国のオンラインコミュニティの最も大きい特徴は，上記のⅠ～Ⅲのように対面コミュニケーションたるオフ会(4)を前提とし，オンライン上での関係をオフラインにおいても活性化している点であるが，ⅠとⅡのようなオンラインコミュニティが高い比率を占めていることは次節で詳細に検討する。

　オンラインコミュニティは仮想空間におけるコミュニケーションでありながら，オフ会によって実世界での対面的コミュニケーションに発展する場合がある。ⅠとⅡの場合，既存の社会関係にもとづいて形成されているため，その人々の間における会合を改めてオフ会と呼ぶのは不適切なのかもしれない。つまり，サイバースペース上にとどまっていた人間関係を発展させ，面識のない人と出会う場を提供しているのが，本当の意味でのオフ会の存在意義であるからである。ただし，Ⅰの場合，オンラインコミュニティ上での頻繁なコミュニケーションを通じ，これまで以上に多くの会合ないしは小規模集合が活性化される可能性が予想されることを指摘しておきたい。実生活においてすでに対面関係を持っている，縁故関係の人々によって形成されているオンラインコミュニティは，形成前からすでに定期的あるいは非定期的集会が存在していること

第6章 オンラインコミュニティへの参加と社会関係資本

が推測される。つまり，オンラインコミュニティを通さなくても他の豊富なメディア・チャンネルを用い，頻繁な対面的経験を共有することができる。

　一方，日本の場合，Ⅰ～Ⅲのような性格のオンラインコミュニティより，Ⅳのような匿名性を前提とした「情報交換型コミュニティ」の形をしているものが多い。例えば，日本の「２ちゃんねる」というサイトは，日本最大の大型掲示板サイトであり，様々なテーマに基づいたスレッドが立ち，大勢の人々の発言で埋められている。日本の場合，オンラインコミュニティ上において，自分のアイデンティティを隠蔽し，匿名で活動する形態が一般的であり[5]，人間関係形成のためのオフ会が行われている様子はあまり見当たらない（むろん，オフ会自体は存在する[6]）。Ⅲ及びⅣのようなオンラインコミュニティ上におけるコミュニケーションは，最初の段階においては直接会うことを前提としているわけではない。日本の場合は，韓国と比べオンラインコミュニティでの匿名の書き込み頻度が高く，実際にCMC上で面識のない人と対面状況まで至る場合はまれであり，オンラインコミュニティへの参加行動は実生活とは関係の薄い行動であることが予想され，オンラインコミュニティの分類Ⅳの形態のものが多い。

　しかし，韓国の場合，オンラインコミュニティへのアクセス後，オフ会への活発な参加を通じて，CMC上でのコミュニケーション行動が実際の社会的関係に発展する傾向が強く，オンラインコミュニティの分類Ⅲの形態が多くなる。

2　オンラインコミュニティへの参加の社会的帰結

　ここでは，オンラインコミュニティによって人間関係の形成・維持が期待できる「関係重視型オンラインコミュニティ」について論じる。

（1）実名ベースの知り合い同士のコミュニケーション・ツール

　韓国におけるオンラインコミュニティは[7]，「共同体」「コミュニティ」「クラブ」「同好会」「Café」など，インターネットサービス会社ごとにその名称が異

なり，本論におけるオンラインコミュニティは，WWW（World Wide Web）登場後に出現したウェブ上のサイトをベースとし形成されたコミュニティを題材にしている。

韓国のオンラインコミュニティは，現在も存在しているFreechalとDaumの爆発的利用から社会的ネットワークへの影響面において注目を浴びるようになった。2001年1月コミュニティ機能を中心にオープンしたFreehalの「コミュニティ」，あるいは1999年5月からコミュニティ事業を開始したDaum社の「Café」に人々が集まるようになったのは，2001年半ばごろのことである。最近では，オンラインコミュニティで最も利用率が高いのはDaum社の「Café」だが，2001年当時に利用率が高かったのはFreechalの「コミュニティ」であった。(8)しかし，Freechalは2002年11月から有料化を宣言し，その後ユーザが減少したといわれている。(9)

韓国のオンラインコミュニティ利用とは，ほとんどがこういったインターネット事業体，主にポータルサイトを経営する事業者が提供するサービスの利用を意味しており，既述のとおり，オンラインコミュニティの研究，特にグループ型オンラインコミュニティの研究は，そのサービスの利用形態によって派生するさまざまな現象や影響面を分析することになる。なお，上記の韓国のオンラインコミュニティのDaumやFreechalを初めとするオンラインコミュニティは事前登録が必要となるシステムであり，その際に韓国民は「住民登録番号」の記入が要求されるのが通常である。

表6-1は調査Bの分析結果である。日韓において，最もよくアクセスするオンラインコミュニティに関して，そのメンバーの性格について質問した結果，「書き込みは大部分実名で行われる」と答えた人は日本が23.2％，韓国は45.1％である。また，「参加者は互いに知り合いの人が多い」という質問に関して，日本は33.6％，韓国は61.2％で韓国の方が2倍多いことが示されている。また，「インターネットに関係なく，以前からあった集まり」であると答えた人が，日本の場合が33.3％，韓国の場合が48.1％で，やはり韓国の方がその比率が高いことが確認できる。つまり，**韓国のオンラインコミュニティにおける**

第6章　オンラインコミュニティへの参加と社会関係資本

表6-1　オンラインコミュニティの属性（％）

	日本サンプル (n=129)	韓国サンプル (n=397)
a) インターネットに関係なく以前からあった集まり	33.3	48.1
b) 参加者は互いに知り合いの人が多い	33.6	61.2
c) 利用には事前に氏名等の登録が必要※	25.8	—
d) 書き込みは大部分実名で行なわれる	23.2	45.1
e) オフ会がある	36.6	54.9

（注）　c) は日本サンプルのみ。実際のサンプル数は設問によって異なる。
（出所）　橋元・金ほか［2006］の小笠原作成分p.36より引用。

コミュニケーションは，日本と比べ，知り合い同士及び既存のグループの人々の間で行われている傾向が強いことが予想される。

　この傾向は，2002年日韓大学生を対象に行われた調査Aによっても，確認することができる。例えば，最もよくアクセスするオンラインコミュニティの性格が，日本の場合「誰でも自由に読んだり書き込んだりできるサイト」であると答えた人が87.1％で9割弱である一方，韓国の場合，27.1％に過ぎない。しかも，「特定の人しか書き込みできないサイト」が日本の場合の9.6％に対し，韓国の場合は43.0％と半分弱を占めていることが示されている（図6-1参照）。ここでいう「特定の人しか読み書きできないサイト」とは，おそらく韓国の場合，オンラインコミュニティの運営者の承諾を得てからアクセス・書き込みができる閉鎖的サイトを意味する。つまり，このデータから考慮すれば，日本のオンラインコミュニティは，外部の人に対して開放性が確保されたコミュニケーション・ツールとしてカスタマイズされている傾向がある。一方，韓国の場合，オンラインコミュニティのメンバーの種類によって利用できるコンテンツに差をつける形態の，閉鎖的コミュニケーション・ツールとして利用されている傾向が読み取れる。宮田［2005］は，「オンライン・コミュニティはその構造やコミュニケーション特性を様々にカスタマイズできるので，そこでの社会ネットワークの性質や規模はコミュニティのカスタマイズのされ方によって異なる」と指摘しながら，「オンライン・コミュニティが新規のネットワークを形成できる場であること，次々とネットワークが追加されて拡大していくこ

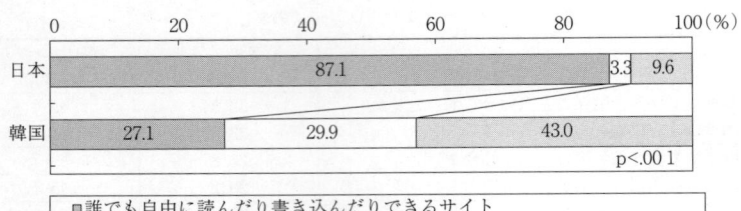

```
       0      20      40      60      80     100(%)
日本 |            87.1            |3.3| 9.6 |
韓国 |  27.1  |   29.9   |      43.0        |
                                    p<.001
```

□ 誰でも自由に読んだり書き込んだりできるサイト
□ 誰でもメッセージが読め、事前に登録すれば誰でも書き込みできるサイト
□ 特定の人しか読み書きできないサイト

図6-1 最もよくアクセスするコミュニティ・サイトの性格（Ⅰ）
（出所）調査Aの結果，橋元・金ほか［2003］の筆者作成p.288より引用。

```
     0   10  20  30  40  50  60  70  80  90  100(%)
日本 |     37.1     |  19.0  |      44.0       |
韓国 |      45.9      |    34.4    |  19.7    |
                                       p<.001
```

□ 実名で利用することが多い
□ 登録しているハンドルネームで利用することが多い
□ その場でつけたハンドルネームで利用することが多い

図6-2 最もよくアクセスするコミュニティ・サイトの性格（Ⅱ）
（出所）調査Aの結果，橋元・金ほか［2003］の筆者作成p.289より引用。

とが可能な開放的性質を持っている」と述べている（p.70）。宮田［2005］は，オンラインコミュニティのコミュニケーションの特徴を匿名，自己決定による関与が可能であり，水平的であると位置づけているが，韓国のオンラインコミュニティの構造は実証的データからみれば，日本と比べ匿名性に欠けたもので，自己決定による関与が困難な性質を持っているように思える（**図6-2参照**）。

韓国における初期のオンラインコミュニティに関する研究を行ったJang, Yong-Ho［2002］の研究成果を見ると，上記のような傾向がいかなるプロセスを経て進行していったのか，よりよく理解できる。Jang, Yong-Ho［2002］は，先ほど触れた「Freechal」の事例研究を通じて，「Freechalは，同窓会，郷友会，サークル，NGOなど，現実社会における各種コミュニティがイン

ターネット空間に移され，時間・空間的制約をなくした形で，旺盛な活動を行うように支援する事業の方向性を持っている」と指摘している[11]。そして，当初Freechalを中心として形成されていたオンラインコミュニティは，「実生活における人間関係をサイバー空間に延長した形として利用される」と結論づけている。彼によれば，**韓国のオンラインコミュニティは全く知らない人間関係から生じる新たなコミュニティであるというより，現実世界のネットワークを基点にし，そこから生成される実世界の人間関係の拡張**と言えるものである。つまり，韓国におけるオンラインコミュニティへの参加は，実世界で元々存在していたコミュニティ＝共同体がインターネット上に延長された形であるという特徴を有することが明らかで，この傾向は2001年のオンラインコミュニティの隆盛期のみならず，つい最近の2005年時点においても一貫した特徴である（橋元・金ほか［2006］）。本論が取り上げている学縁関係の同窓会コミュニティは，まさにそのカテゴリに当てはまるものであろう。

（2）同質的学縁集団のメンバーシップを強化する

　第5章の図5-5で示されているように，韓国において最も高いアクセス率を示しているオンラインコミュニティは学縁関係のメンバーからなるものである（韓国のアクセス率59.4％，日本21.3％）。学縁をベースとしたオンラインコミュニティは，小中高大学のそれぞれのレベルにおいて存在し，同じクラスあるいは同じ学科の同窓の集まりから，これまで顔を合わせたことのない同じ学校出身の先輩・後輩を含めた同窓生全体が集まる総同窓会まで，様々な規模のものがある。日本と韓国は全く同じ教育年数システムを持っているなど，社会構造上の類似性にもかかわらず，学縁関係のオンラインコミュニティへの関与面において大きな相違が示されている[12]。このことは，オンラインコミュニティ利用以前の問題として，実生活上における学縁関係のグループが，日本と比べ韓国の方が組織の数も多く，参加活動が活発化しているという現実を反映した側面がある。

　オンラインコミュニティ結成以前より，頻繁かつ様々な規模の会合の開催が

容易となり，以前ならば知り合えなかった先輩・後輩間のFace to Faceコミュニケーションも可能となる。新規参入に関しては，もとより「同窓」というメンバーシップという資格のもとで閉鎖的であるため，資格外の人間が参加できないのは言うまでもない。つまり，**学縁によるオンラインコミュニティは，メンバーシップへのアイデンティティ及び所属感を高める効果だけでなく，メンバー間のみで交換される情報の量が多くなっていくにつれ，より閉鎖的コミュニティとして発展する**，という循環がある可能性がある。

　オンラインでのコミュニケーションは，他者と継続的交流が期待されるとより活発なコミュニケーションスタイルを採用することが示されている（Walther [1996]；Walther & Boyd. [2002]。「縁故強化仮説」に基づけば，同窓会に対する従来の活用可能性を高く評価している人ほど，オンラインコミュニティへの書き込み・オフ会を通じて，間接的な関与が直接的な関与へと発展していく可能性が高いことが予想される。このとき，オンラインコミュニティは，同質感，メンバーシップへのアイデンティティ及び所属感，信頼の向上，コミットメント関係を維持・強化するツールとして発展し，結束ネットワーク型社会関係資本の性格を強く帯びたコミュニティ形成の方向に向かう。このことに関しては後述する分析結果によって明らかにする。

（3）情報交換型オンラインコミュニティでのオフ会の意義

　しかしながら，韓国のオンラインコミュニティが，既存の人間関係を維持・深化する機能だけを有するわけではない。オンラインコミュニティのもう一つの重要な機能は，「新たな人間関係（＝本論では，情報縁）の形成」である。これは，オンラインコミュニティ独自の重要な存在意義ともいえる機能であり，社会関係資本論が提示する橋渡しネットワーク型社会関係資本の生成機能として関心が高まっているところである。

　オンラインコミュニティへの参加は，普段生活をしている上では生成し難いと思われる無数の類似した趣味・関心事グループへのアクセスを可能とし，容易な形で情報交換が可能になるため，有効な情報メディアとしての機能を果た

第6章 オンラインコミュニティへの参加と社会関係資本

すことになる。こうしたコミュニティにおいては，年齢・性別・人種・社会経済的要因など，オフライン上での社会的制約を乗り越え，開放的で多様な人々とのコミュニケーションが可能である。情報交換型オンラインコミュニティにおいては，前述した既存の人間関係の維持・深化のツールとしてのオンラインコミュニティとは，全く性質の異なるコミュニケーションが行われる可能性が高い。一般論で言うのなら，前者の場合，すでにメンバー間の私的情報が共有されているため，日常会話からなる親密で全面的な関係維持のためのコミュニケーションが主に行われ，精神的安定につながる関係重視型コミュニティとして機能する。一方，後者の場合，匿名のメンバー間において共通した関心事に関する情報交換が主に行われ，情報交換欲求を充足させる部分的で一時的な情報交換を目的としたコミュニティの性格をもつ可能性が高いと思われる。また，一般的に後者のようなオンラインコミュニティへの参加は，出会い系のような例外的ケースを除けば，相互作用を通じて新たな人間との出会いを求めるといった動機は少ないことが予想される。しかも，このような「情報交換型コミュニティ」の場合，人間関係の形成のために重要である持続性という側面からすれば，Norris［2003］も指摘しているとおり，「マウスのクリックよりも容易に」当該コミュニティからの脱退・活動中止が可能であることや，匿名性がベースであるがゆえの信頼性不足の問題が依然として存在するため，「継続的関与」が困難であるという性質を持つ。

一方，同じく「情報交換型コミュニティ」でも韓国のオンラインコミュニティのように頻繁にオフ会が行われるのであれば，そこには新たな形の人間関係が生まれる可能性が高く，いったん顔を合わせたメンバーが私的情報を共有し始め，「関係重視型コミュニティ」で行われるようなコミュニケーションに発展してくことも容易に予想される。

橋元・金ほか［2006］は，日本と韓国におけるオンラインコミュニティへの参加と新たな人間関係形成に関する動機について分析し，以下のような結果を得た。人間関係形成のための動機に関しては，「新しい友人・知人を作るため」「新しい異性との出会いを求めて」の2項目によって質問を行ったが，いずれ

		0.0	20.0	40.0	60.0 (%)

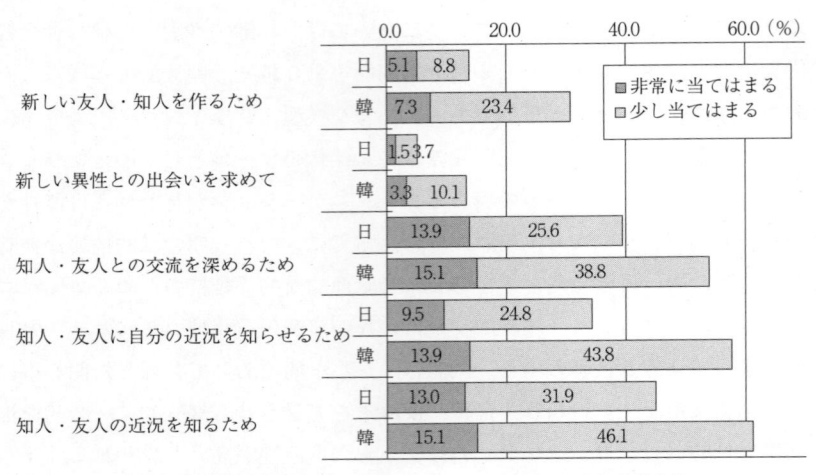

```
                              0.0      20.0      40.0      60.0(%)
新しい友人・知人を作るため    日  5.1  8.8           ■非常に当てはまる
                              韓  7.3  23.4         □少し当てはまる

新しい異性との出会いを求めて  日  1.5 3.7
                              韓  3.3  10.1

知人・友人との交流を深めるため 日  13.9  25.6
                              韓  15.1  38.8

知人・友人に自分の近況を知らせるため 日  9.5  24.8
                                    韓  13.9  43.8

知人・友人の近況を知るため    日  13.0  31.9
                              韓  15.1  46.1
```

図6-3 日韓におけるオンラインコミュニティへの参加動機比較
（出所）調査Bの分析結果。

も韓国の方が高い比率を示した。この理由としては，韓国の方が日本と比べ新たな人間関係への欲求が高く，インターネット上の情報に対する信頼度が高いこと，あるいは，現実世界で不足している人間関係を情報縁の拡大によって補足するという動機が取り上げられる。次に，既存の人間関係の維持・深化のための動機に関する質問である「知人・友人との交流を深めるため」「知人・友人に自分の近況を知らせるため」「知人・友人の知るため」の3項目においてもやはり韓国の方が高い比率を示していた（**図6-3**参照）。つまり，韓国の方が日本と比べ，人間関係の維持及び形成の両面に関して，高く評価している傾向が示されたのである。これらのデータから見れば，韓国における新たなメンバー間で行われるオンラインコミュニティでは，情報交換のみならず，人間関係形成・拡大のためのコミュニケーションが行われていることが予想され，このことが活発なオフ会の開催・参加行動につながっている可能性がある。

韓国における情報交換型オンラインコミュニティにおいて人間関係の形成・拡大が可能なのはオフ会の存在に起因する。日韓のオフ会の存在の有無およびその参加行動に関しては，橋元・金ほか［2003］が行った2002年度大学生調査

である調査Aによって明らかになっている。調査Aの結果によれば,「最もよくアクセスするサイト」についてオフ会の有無と参加の有無を聞いた結果,「オフ会がある」と答えた人は,日本が32.8%に対し,韓国が93.0%で,韓国の場合,9割以上のオンラインコミュニティにおいてオフ会が存在していた。オフ会への参加の有無に関して,日本の場合は18.8%に対し,韓国は70.0%と,圧倒的に韓国の方がオフ会の存在・参加率が高い結果が示された(橋元・金ほか,2003)。[13]

(4) 情報縁の形成における日韓比較

そこで,オンラインコミュニティによる新たな情報縁の形成に関して,下記のCMCにおける人間関係形成に関する先行研究を参照したうえで設問を設けた。

初期段階のCMC (Computer-Mediated-Communication) 研究において,CMCは非言語的あるいは物理的手がかりの不足 (Spears & Lea, 1992),社会的コンテキストの欠如 (Sproull & Kiesler, 1986) などといった要因が注目され,CMCという仮想空間は対人関係形成・発展のためにはあまり有効でないと認識されていた。しかし,その後のCMC研究では,実証的アプローチを通じて,CMC上においても多くの人々が個人的関係を形成・維持している証拠が提示され始める。Parkらは,論文"Making Friends in Cyberspace"でオンラインニュースを題材にし,60.7%の人がオンラインを通じて対人関係に発展したと答えており (Park & Floyd, 1996),また,MUDs (Multiple User Dimension) 状況においても回答者の73.7%が新しい友人ができたと答えていた (Utz, 2000)。この段階におけるCMC研究は,CMCを通じた新しい人間関係形成に注目し,CMC上でテキストをベースにしたコミュニケーションを交わした後,電話・メールなど他メディアを通じて連絡を取るなどし,対人関係の幅 (Bandwidth) を増やして直接対面にまで至るプロセスを経ていることを明らかにした。つまり,CMCを通じても,一般的に対面的な出会いの場面でおき得るような新たな人間関係形成が十分に可能であることが実証的な形で明らかになったのである。

表6-2 日韓大学生のオンラインコミュニティへの参加と情報縁（数値は人数）

調査AとCの結果（大学生）	平均（日本）		平均（韓国）	
	2002年	2005年	2002年	2005年
情報縁Ⅰ	0.5 (n=229)	1.8 (n=388)	5.2 (n=404)	5.2 (n=398)
情報縁Ⅱ	0.5 (n=219)	1.1 (n=412)	6.2 (n=399)	5.3 (n=412)

（出所）調査AとCの分析結果。

　我々の調査Bにおいては，上記のCMC研究の蓄積を参照し，オンラインコミュニティの種類を問わず，全体的なオンラインコミュニティ利用を通じた新しい人間関係である「情報縁」の生成に関して，次の二つの質問によって測定を行った。
　第一の質問は，①「オンラインコミュニティを通じて，インターネット上で初めて知り合い，Eメールや電話などで個人的に連絡を取ったことのある人の数」（以下，情報縁Ⅰ）と第二の質問は②「オンラインコミュニティを通じて，インターネット上で初めて知り合い，その後直接会ったことのある人の数」（以下，情報縁Ⅱ）である。

　2002年に行われた調査Aと2005年の調査Cの大学生調査の双方における情報縁形成の分析結果を見てみよう（**表6-2**を参照）。調査AとCの大学生調査の結果，情報縁Ⅰと情報縁Ⅱのいずれにおいても日本より韓国の方が多かった。2002年の大学生対象の調査Aにおいては，情報縁Ⅰの数が日本の場合0.5人であるに対し，韓国の場合5.2人と約10倍以上多いことが示された。2005年の大学生調査Cの結果においても，韓国が1.8人，日本5.2人と韓国の方が多い。また，情報縁Ⅱの数は，2002年の調査Aの結果においては，日本が0.5人，韓国が6.2人，2005年の調査Cの結果においては，日本が1.1人，韓国が5.3人と韓国の方が多い。
　調査Bは2005年に行われた20歳以上69歳以下の人を対象にした調査である。
　表6-3に示されているとおり，上記と似た結果が示され，情報縁Ⅰの数は日本が2.7人，韓国が4.2人，情報縁Ⅱの数はそれぞれ2.4人，3.2人であった。

第6章 オンラインコミュニティへの参加と社会関係資本

表6-3 日韓オンラインコミュニティへの参加と情報縁（数値は人数）

調査Bの結果	日本サンプル （n=137）	韓国サンプル （n=397）
情報縁Ⅰ	2.7	4.2
情報縁Ⅱ	2.4	3.2

（出所）橋元・金ほか［2006］の小笠原作成分30p引用（調査Bの分析結果）。

　このように，韓国は日本と比べオンラインコミュニティへの参加による情報縁の形成がより活発である傾向が見出されているが，これに関してSeo, Ie-Jong［2002］は興味深い意見を提示している。彼は，2002年以降衰退したFreechalの次に登場し，急激な成長を遂げたDaum社のオンラインコミュニティを題材に事例研究を行い，実世界にすでに存在する上記の分類Ⅰでなく，Ⅲ及びⅣの「情報交換型オンラインコミュニティ」に当てはまるサイトを対象に分析した。Seo［2002］は，Daumのオンラインコミュニティである「Café」のコミュニティ創設者を対象にインタビューを行った。オンラインコミュニティの初期の形態は，現実的空間においてすでに知っている比較的少ない数の友人・知人の集まりが，オンラインでコミュニティを作ることからスタートする傾向があることが示された。すなわち，韓国における初期オンラインコミュニティの大半は，このようにすでに実世界において社会関係を結んでいる人々が，オンラインコミュニティ上でコアメンバーとなり，その後，似た経験や関心事を持った新たな人々がコミュニティに参入し会員になるといった形が一般的であるという。(14) FTF状況においてある程度の親密化過程を経た人がスタートメンバーとして出発するため，最初のコミュニケーションは，内輪の中で'通じる'内容のものであることが予測される。さらに，直接的につながっていた小規模の知人どうしでのコミュニケーションに加え，友人の友人，知人の知人といった「ねずみ講」のように人間関係が連鎖していくことが予測できる。つまり，上記において分類したⅢおよびⅣに関しても，最初の段階においては，実は元々現実世界において結ばれていた小規模の人間関係から情報縁的に弱い絆に拡散されていくということになる。Seo, Ie-Jongの研究結果によれば，韓

国におけるオンラインコミュニティの分類Ⅲと分類Ⅳが分類Ⅱとも似た性格を持っており，このことがオンラインコミュニティ上での新たな人間関係を活性化したことが示唆される。

　Granovetter［1973］の定義によれば，分類Ⅱのような人間関係は，直接的な関係は持てないが，友人の友人，あるいは知り合いの知り合いといった関係である弱い紐帯のような結びつきによって成立していたのである。知り合いの知り合いは，全く知らない人より信頼を置きやすく，共通した知り合いを通じてつながっており，社会的背景といった情報の入手も容易である。(15) さらに，第一段階における知り合いが血縁・地縁・学縁関係のような縁故関係の人であるときは，それらの信頼度の度合いの高さから効果はなおさら高いはずである。

　序論で提示した楽観説においては，情報交換型オンラインコミュニティの普及により，情報縁が，現実世界での人間関係とは別に，それとは重ならない別途のソーシャル・ネットワークとして結束を高めていき，縁故関係とは別の人間関係の拡張機能を果たしていると考えられている。しかし，オンラインコミュニティによって形成される情報縁は，たとえ直接対面を伴ったとしても弱い紐帯として留まることが多いことが予想され，前述した学縁などの縁故に対抗できるような力は発揮しにくいと考えられる。

　さらに，情報交換型オンラインコミュニティが当初から橋渡しネットワーク型社会関係資本の形成を目指していても，オンラインコミュニティ内での同質感が高まることで新規参加者が参入しにくい状況，また同調圧力が高まり，参加者が反対意見や異なる考えを書き込めなくなる状況になると，結束型の性質を高めていく循環が生じやすいと指摘する。匿名の状況で知り合ったオンラインコミュニティの性質が，橋渡し型あるいは結束型により接近するのかは，そのコミュニティの目指す目的及び理念だけでなく，その後のコミュニティ内のコミュニケーションによって左右されるため，一概に結論を下すことはできないと思われる。オンラインコミュニティで形成された情報縁の影響力については，今後の実証的研究によってより明らかにする必要がある。

3 大学序列からみたオンラインコミュニティへの参加行動

次章における仮説の検証を行う前に，実際「名門大学出身者」と「非名門大学出身者」の二つのグループがどのようにオンラインコミュニティを利用しているのか，その参加行動の特徴を押さえておく必要がある。

(1) 変数の整理——学歴を測定する

「学縁」とオンラインコミュニティへの参加によるソーシャル・ネットワークの補完・拡張メカニズム，さらに，序論で設定していたオンラインコミュニティの縁故主義に与える影響について明らかにするという課題のため，筆者は以下のような方法で測定を行った。

本論で血縁・地縁・学縁の縁故関係のうち，「学縁」を取り上げる理由は，これまで考察してきたとおり，韓国における血縁・地縁・学縁の三つの縁故関係のうち，今日の韓国社会において影響力が大きく，最も重要な関係資本であり，活用可能な学縁とそうでない学縁との境界が比較的明確であるからである (Kim, Yong-Hak [2003])。

橋元・金ほか [2006] が行った調査Bにおいて，学歴を把握するために，"あなたが最終的に在学あるいは現在在学中である学校"について尋ね，最終学歴を回答してもらうことにした。出身大学を回答してもらうことは，非常なセンシティブな問題であり，今までこれを試みた調査は少なかった。この新しい試みによる興味深い結果は，次節に記されている。一方，残念なことだが，日本においてはプライバシーに関する意識が高く，このような設問は控えた方が良いと判断されたため，今回の結果は日本との比較はできない。さて，韓国限定ながら，調査の結果，合計95校の大学名が挙げられた。第五章で取り上げた Kim, Yong-Hak [2003] が提示した大学入試試験の点数の高低を参考にし，偏差値上位 5 校（ソウル大，延世大，高麗大，漢陽大，成均館大）の在学・出身者とそれ以外の大学の在学・出身者に分け，それぞれ「名門大学出身」「非名

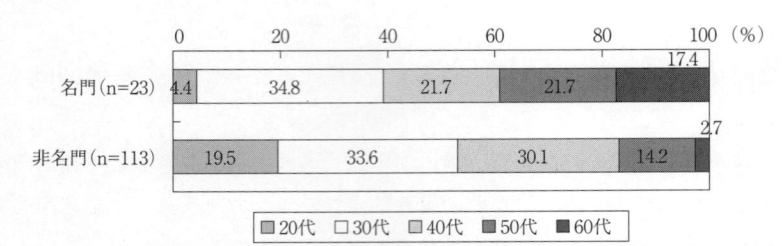

	0	20	40	60	80	100 (%)
名門(n=23)	4.4	34.8	21.7	21.7	17.4	
非名門(n=113)	19.5	33.6	30.1	14.2	2.7	

■20代　□30代　■40代　■50代　■60代

図6-4　「名門大学出身者」と「非名門大学出身者」の年代構成
（出所）調査Bの分析結果をもとに筆者作成。

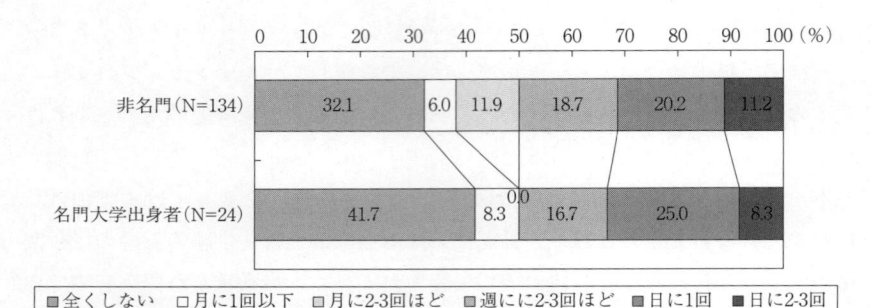

	0	10	20	30	40	50	60	70	80	90	100(%)
非名門(N=134)	32.1		6.0	11.9		18.7		20.2		11.2	
名門大学出身者(N=24)	41.7		0.0 8.3	16.7		25.0		8.3			

■全くしない　□月に1回以下　■月に2-3回ほど　■週にに2-3回ほど　■日に1回　■日に2-3回

図6-5　「名門大学出身者」・「非名門大学出身者」のオンラインコミュニティへのアクセス頻度
（注）母数は，インターネット利用者。
（出所）調査Bの分析結果をもとに筆者作成。

門大学出身」とに分類した。本論では，分析の便宜上，偏差値による分類により，大学校を「名門大学出身」「非名門大学出身」と名づけただけであって，それぞれの歴史や名声による分類ではないことを断っておきたい。ちなみに，今回の調査の回答者における「名門大学出身者」と「非名門大学出身者」の年齢構成は図6-4を参考にしてほしい。

（2）大学序列によるオンラインコミュニティへの参加行動

　「名門大学出身者」と「非名門大学出身者」におけるオンラインコミュニティへのアクセス頻度は図6-5のとおりである。オンラインコミュニティの非

第6章　オンラインコミュニティへの参加と社会関係資本

利用者（オンラインコミュニティに「全くアクセスしない」と答えている人）の比率は，「名門大学出身者」の方が41.7％で，「非名門大学出身者」の32.1％を上回る結果が示された。一方，「日に1回」以上というヘビーユーザ（「日に2-3回」「日に1回」の合計）に関しては，「名門大学出身者」が33.3％と，「非名門大学出身者」の31.4％より若干多い数値が示された。

　分析では，1ヶ月間の平均の差を分析するために，「全く利用しない」を0回，「月1回以下」を1回，「月に2〜3回くらい」を2.5回，「週に2〜3回くらい」を10回，「日に1回くらい」を30回，「日に2回〜3回以上」を75回という実数を代入し，平均の差を分析した。その結果，「非名門大学出身者」（n＝134）のオンラインコミュニティへのアクセス頻度は，月16.7回，「名門大学出身者」（n＝24）の場合15.5回と両者間において有意な差は認められなかった。

　次に，「名門大学出身者」と「非名門大学出身者」のオンラインコミュニティへの書き込み頻度について比較分析した。インターネットのサイトへのアクセス行動と書き込み行動は，そのコミュニティへの関与の程度問題に深く関係する。オンラインコミュニティへの参加といった積極的関与行動は，書き込み行動で測定することができると思われる。

　オンラインコミュニティにアクセスしている人のうち，書き込みの経験のある人は，「名門大学出身者」で85.7％，「非名門大学出身者」で79.1％であった（図6-5参照）。「日に1度以上」書き込みをするヘビーユーザの比率は，「名門大学出身者」で35.7％，「非名門大学出身者」24.2％と，「名門大学出身者」の方が多かった。しかし，実際1ヶ月平均の差を検証した結果，「名門大学出身者」（n＝14）が13.4回，「非名門大学出身者」（n＝91）が10.8回であり，アクセス平均と同様，t検定による有意差は認められず，ほぼ同じ水準であることが示された。

　ちなみに，「名門大学出身者」のうちオンラインコミュニティへのアクセスを全く行わない人が41.7％と半分近くであり，オンラインコミュニティへの参加者と非参加者の二極分化の様子が窺えた（図6-5）。これに対し，「非名門大学出身者」の場合，約3分の2の人が利用しており，「非名門大学出身者」の

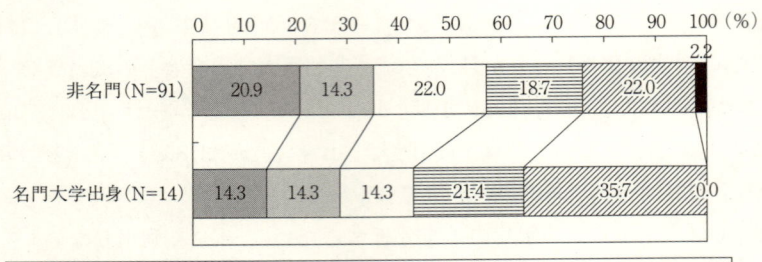

| | 0 | 10 | 20 | 30 | 40 | 50 | 60 | 70 | 80 | 90 | 100(%) |

非名門(N=91): 20.9 | 14.3 | 22.0 | 18.7 | 22.0 | 2.2
名門大学出身(N=14): 14.3 | 14.3 | 14.3 | 21.4 | 35.7 | 0.0

凡例：■全くしない　■月に1回以下　□月に2-3回ほど　▨週に2-3回ほど　▨日に1回　■日に2-3回

図6-6　「名門大学出身者」・「非名門大学出身者」のオンラインコミュニティへの書き込み頻度
（注）　母数は，オンラインコミュニティ利用者。
（出所）　調査Bの分析結果をもとに筆者作成。

方がオンラインコミュニティへの参加者率が高いことが示された。

図6-6は，両者のオンラインコミュニティへの書き込み頻度を示したものである。「名門大学出身者」の場合，1日1回以上書き込みをすると答えた人は，オンラインコミュニティ利用者の35.7％，次に週2-3回と答えた人は21.4％と，半分強の人が週数回以上書き込みをしていることが示された。書き込み頻度について，「名門大学出身者」が「非名門大学出身者」より高い理由に関しては，次の調査結果でも示されているように，「名門大学出身者」はオンラインコミュニティを通じて面識のある人々（学縁・地縁関係の人々）とのコミュニケーションを主に行っているため，匿名で行われるサイトと比べ書き込み行動が容易に行われていることが推測される。

次に，「名門大学出身者」と「非名門大学出身者」の情報交換型オンラインコミュニティ利用の特徴を概観する。調査Bを用い「名門大学出身者」「非名門大学出身者」における情報交換型オンラインコミュニティへの参加形態の相違を分析した。その結果を**図6-7**に示す。

まず，「スポーツ・運動クラブサイト」「IT/パソコン関連情報サイト」「商品・価額関連情報サイト」「その他の情報サイト」のアクセス率において，「名門大学出身者」の方が「非名門大学出身者」よりアクセス率が高い傾向が示された。一方，「習い事・学習関係サイト」「ボランティア・NPO活動サイト」

第6章　オンラインコミュニティへの参加と社会関係資本

		アクセス率	書き込み率

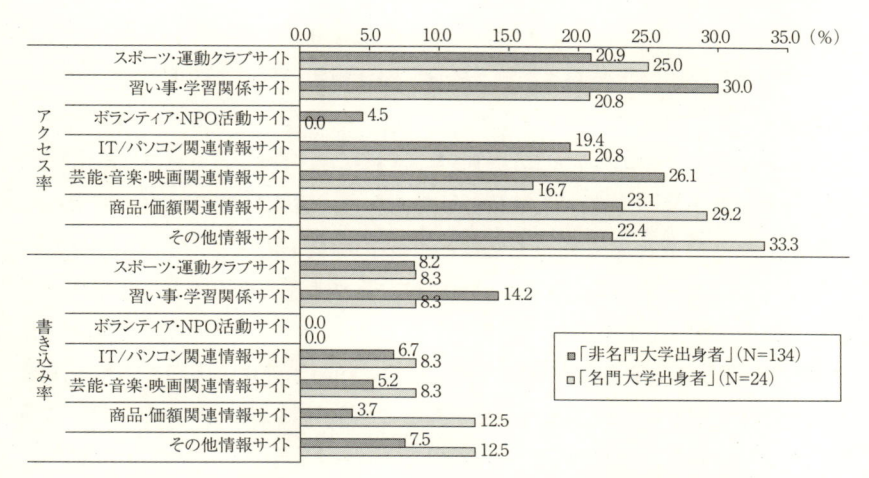

図6-7　情報交換型オンラインコミュニティへのアクセス・書き込み率の比較

アクセス率
- スポーツ・運動クラブサイト：20.9／25.0
- 習い事・学習関係サイト：30.0／20.8
- ボランティア・NPO活動サイト：0.0／4.5
- IT/パソコン関連情報サイト：19.4／20.8
- 芸能・音楽・映画関連情報サイト：26.1／16.7
- 商品・価額関連情報サイト：23.1／29.2
- その他情報サイト：22.4／33.3

書き込み率
- スポーツ・運動クラブサイト：8.2／8.3
- 習い事・学習関係サイト：14.2／8.3
- ボランティア・NPO活動サイト：0.0／0.0
- IT/パソコン関連情報サイト：6.7／8.3
- 芸能・音楽・映画関連情報サイト：5.2／8.3
- 商品・価額関連情報サイト：3.7／12.5
- その他情報サイト：7.5／12.5

凡例：■「非名門大学出身者」(N=134)　□「名門大学出身者」(N=24)

(出所)　調査Bの分析結果をもとに筆者作成。

「芸能・音楽・映画関連情報サイト」においては「非名門大学出身者」の方が「名門大学出身者」よりアクセス率が高い傾向が示された。書き込み率の場合，「習い事・学習関連サイト」は「非名門大学出身者」の方が「名門大学出身者」より高いことが示されたが，「IT/パソコン関連情報サイト」「芸能・音楽・映画関連情報サイト」「商品・価額関連情報サイト」に関しては「名門大学出身者」の方が高い比率を示していた。しかし，「名門大学出身者」と「非名門大学出身者」のアクセス・書きこみ率における統計的に有意な差は見られなかった（t検定の結果）。つまり，情報交換型オンラインコミュニティへのアクセス及び書き込み有無に関しては，「名門大学出身者」と「非名門大学出身者」の間に顕著な傾向は見出せず，オンラインコミュニティの内容によってそれぞれ異なるアクセス・書き込み率を示していた。

オンラインコミュニティにおける情報交換型に関しては，6.2節のオンラインコミュニティのカテゴリの分類において，「③これまで面識のない人々の集まりが，オンラインコミュニティ上でのコミュニケーションを通じてはじめて知り合い，オフ会などを通じて知り合いになる場合」と「④これまで面識のな

い人がオンラインコミュニティでコミュニケーションを続けているが，オフ会を行わずオンライン状態でとどまる場合」の二種類に分けて説明した。対面では出会うことが困難だった多様なネットワークをつなぐことを容易にできる点が，オンラインコミュニティに期待されていることであるように（宮田［2005］p71），全く知り合うチャンスのなかった人々が，情報交換のために集まったヴァーチャル世界を超えて，オフ会を通じた橋渡し型ネットワークの形成によって有用な情報が交換できるという点は，言うまでもなくインターネットの最も重要なメディア特性の一つである。

　図6-7で見られるような内容別カテゴリの分類結果では，実際そのサイトを通じて相互作用をしている人々が元々知り合いなのか，知らない人なのかは判断できない。また，全く知らない人々のコミュニケーションが行われているコミュニティでも，オフ会によって「知り合い」になっている人間同士でコミュニケーションが行われている可能性も排除できない。今回の調査Bにおいては，それぞれのサイト内のネットワークの性質については調査票の紙幅の関係上割愛せざるを得なかった。今後の研究においては，情報交換型オンラインコミュニティにおける社会ネットワークの特性についてより詳しい検討が必要とされる。

注

(1) オンラインコミュニティンラインコミュニティイバーコミュニティへの参加形態の相違により，CMC研究の発信地である米国の研究はさほど多くない。インターネットには多様な利用形態が存在するが，人間関係形成・維持の側面を担っている最も重要な形態はオンラインコミュニティンラインコミュニティであり，従来のインターネット利用に関する研究も本論では取り上げながら検討を行うことにしている。

(2) Nie & Erbring［2000］の研究は，1999年ランダムサンプリンによる米国人4113名に対しインターネット利用可能なWebTVを配布し利用後の効果を測定した。その結果，9割以上の人がEメール利用を中心としたインターネット利用形態を示しており，インターネットのヘビーユーザほど，家族外の社会活動の低下，家族・友

人とのコミュニケーション時間の縮小，友人・家族との通話時間の縮小，テレビなどの既存メディア利用時間の縮小の影響があると報告し，孤独感及び社会的孤立感が増加すると主張した。
(3) 宮田が提示した分析結果は，内閣府によって行われた調査の再分析結果である。内閣府の調査は，日本全国居住の15歳以上70歳未満の男女を対象に，層化二段無作為抽出法によって3500人を抽出し，調査期間は2001年8月30日から9月9日の間に郵送法で実施された。有効回答数は1339人，有効回答率は38.3%であった。
(4) 韓国のオフ会は，コミュニティの種類にしたがって定期的オフ会，非定期的オフ会などさまざまな次元において開催されているが，こうした活動が安定的な制度的基盤を整えていくうえで重要な要素となっている。結論的にいえば，韓国のオンラインコミュニティンラインコミュニティにおけるオフ会とは，新たな人間関係を築くステップと考えられている状況すら浮かび上がってくるのである。
(5) ただし，最近のmixiでの活動とは区別すべきである。
(6) http://off3.2ch.net/offreg/を参考にしてほしい。2ちゃんねるのオフ会は，「マトリックス・オフ」のように，ある種の「祭り」性を帯びたものが少なくない（鈴木謙介，2005，『カーニヴァル化する社会』）。
(7) 我々の調査におけるワーディングは，グループ型オンラインコミュニティンラインコミュニティであった。
(8) インターネット調査会社，Pollever社による「インターネット・コミュニティ利用実態及び満足度調査（調査期間：2004.4.13 ～ 2004.4.22）現在利用中のインターネット上のオンラインコミュニティンラインコミュニティは，Daum 88.2%で最も高く，Naverが31.9%，Cyworld20.7%，Sayclub15.4%，Freechal15.3%，その他12.7%，などの順（N=1,475,複数回答）。
(9) 2002年11月14日よりオンラインコミュニティンラインコミュニティの運営者（創設者）から3000ウォンを徴収することにしたことにより，急激にユーザが減ってしまう状況に向かうことになる。
(10) 上記のオンラインコミュニティンラインコミュニティを構成する人々に関する質問に関しては，韓国のオンラインコミュニティンラインコミュニティの場合，ほとんどのオンラインコミュニティンラインコミュニティがオフ会を有しているため，かつて面識のなかった'知らない人'がオフ会によって知り合いになった場合も多く，b)の「参加者は互いに知り合いの人が多い」と言った場合，元々知っている人のみで記入されたのか，オフ会を通じて知り合った人も含まれているのかは，不

明である。

⑾　Freechalは，事業戦略の面で，実世界における人間関係をサイバー空間に延長した形として利用する趣旨を持っていたため，オフラインの活動を支援する活動を行っていた。例えば，定期的集まりのための場所及び飲食店情報の提供，コミュニティメンバーの合宿費用一部負担などの支援がこれにあたる。Jang, Yong-Ho [2002] は，Freechalのオンラインコミュニティラインコミュニティを合計19個のカテゴリに分類し，2000年3月と2001年7月の間においてコミュニティの数が急激に増加していることを指摘した。しかし，コミュニティの数は多いものの，その中にはコミュニティとは言えない集まりも数多く存在し，例えば，一人のみで構成されているコミュニティも多数あることを指摘している。

⑿　もちろん，日本の学縁関連の集まりの場合，オンラインコミュニティラインコミュニティと言うツール以外にEメールをベースとしたメーリング・リストをよく利用していることは大いに考えられる。

⒀　ちなみに，調査Bの成人男女を対象に調査によれば，「最もよくアクセスするオンラインコミュニティラインコミュニティのオフ会の有無」に関して，日本が23.2％，韓国が45.1％と，韓国の方は半分弱の人がオフ会の有無を認識している。韓国のオンラインコミュニティラインコミュニティの最も大きい特徴の一つは，オンラインコミュニティラインコミュニティ利用におけるオフ会の高い存在率と参加の活発さであることが分かる。

⒁　しかし，例外も存在する。たとえば，「癌に勝つ人々」のように，個人がコミュニティを創設した後，新たに加入してきた熱狂的なメンバーがコアメンバーとなるようなケースもある。事例分析の限界でもあるが，何十万個も存在するオンラインコミュニティラインコミュニティの分析は容易ではなく，一般的形態といったときも，数多くの例外を考慮に入れなければならない。

⒂　ソーシャル・ネットワーク分析に貢献したGranovetter [1973 ; 1985] は，弱い絆の方が情報の結節点である渡り橋役割をしていると見なしている。Granovetterは，転職を望んでいる専門職に勤めている人の情報の流れを調査し，このような結果を示した。例えば，職場を探すときに，家族や身近な友人など強い関係にいる人より間歇的に関係が維持されていたり，間接的な関係性におかれている人，すなわち，大学同僚・前職場の同僚など周辺的人物に接触した方が新しい情報に接することが容易であるという話である。特定のネットワークの中にはさまざまな小集団が存在しており，彼らをつなげている弱い絆の位置に置かれている行為者（Local

第6章　オンラインコミュニティへの参加と社会関係資本

Bridge）を除去してしまうと，以前関係（Tie）を結んでいた小規模集団の両者は断絶されてしまい，結局両者間の情報の流れや取引の関係は分離されてしまう。例えば，韓国社会を一つのネットワークであると見なした場合，嶺南地域出身の企業の責任者は湖南出身の経営者を少数雇用している。つまり，この湖南出身経営者は，嶺南出身者の経営者と湖南地域のネットワークをつなげる弱い絆の間に存在するブリッジの役割を果たすことになる。学縁の類型も同じコンテキストで説明することができる。

第7章
オンラインコミュニティは縁故主義を強化するのか

1 縁故強化仮説と情報縁補完仮説

　本章においては，序章において設定した仮設を実証的アプローチを通じて検証するために，主に橋元・金ほか［2003］及び橋元・金ほか［2006］の調査結果を用いて結果を考察する。
　韓国社会においては，血縁・地縁・学縁を中心とした集団が多く存在し，そういった縁故集団に参加することは，社会生活を営むうえで役に立つという信念のもと採用される合理的な行動とされている。そのような，歴史的に信頼が蓄積されてきた互恵性のある共同体は，有用な社会関係資本として機能する。しかし，韓国における縁故主義は，特殊な近代化プロセスを経験するなかで，巨大な私的領域として公的領域以上の力を発揮し，地域主義や学閥といった社会的問題を助長する否定的効果をもたらしてきたのも事実である。本章ではオンラインコミュニティへの参加が縁故主義を解体もしくは強化するツールとして機能するという楽観あるいは「縁故強化仮説」があることを示し，この両意見を検証する仮説を立て検証を行う。ここで再び，序章で設定していたオンラインコミュニティの機能に関する仮説を掲載する。

　①「名門大学出身者」が「非名門大学出身者」より学縁関係のサイバーコミュニィに積極的に参加している
　②オンラインコミュニティへの参加と学縁の道具的有効性への評価が正の関係性をもつ

③情報縁の形成において「名門大学出身者」より「非名門大学出身者」が積極的であり，「名門大学出身者」か「非名門大学出身者」かという要素か情報縁の量を説明する重要な予測変数である
④　情報縁が多い人ほど縁故の道具的有効性を低く評価している

(1)「縁故強化仮説」支持条件の検証

「縁故強化仮説」が支持されるためには，有用な社会関係資本を持っている「名門大学出身者」がそうでない「非名門大学出身者」より学縁関係のオンラインコミュニティに積極的に参加していることが検証される必要がある。さらに，学縁関係のオンラインコミュニティへの参加が，学縁が社会生活上で有利であるという評価の下で行われている行動であることが検証されなければならない。この二つの仮説が同時に成立すれば，オンラインコミュニティが縁故関係を強化するツールであることが証明され，同時に「縁故強化仮説」も支持されることになる。ここでは，次の①と②を具体的な分析仮説として設定した。

①「名門大学出身者」が「非名門大学出身者」より学縁関係のオンラインコミュニティに積極的に参加していること
②オンラインコミュニティへの参加と学縁の道具的有効性への評価は正の関係性をもつこと

(2)「情報縁補完仮説」支持条件の検証

「情報縁補完仮説」が支持されるためには，オンラインコミュニティへの参加による情報縁の形成に「名門大学出身者」か「非名門大学出身者」かという要素が重要な説明変数となる必要がある。「情報縁補完仮説」は情報縁の形成を重視した議論であり，情報縁の形成によって縁故主義が弱化することを予測している。「情報縁補完仮説」の議論が正しいのであれば，「非名門大学出身者」と「名門大学出身者」の両者間における情報縁形成において，有効な縁故を持っていないことが予測される「非名門大学出身者」が，情報縁の拡大のた

めにより積極的に取り組む可能性があるからである。さらに，情報縁が多い人は縁故の道具的有効性を低く評価していることが予想される。この二つの仮説が同時に成立すれば，オンラインコミュニティへの参加による情報縁の形成が現実世界において不足している関係資本の補足として機能することが証明され，同時に「情報縁補完仮説」も支持されることになる。ここでは，次の③と④を具体的な分析仮説として設定した。

③情報縁の形成において「名門大学出身者」より「非名門大学出身者」が積極的であり，「名門大学出身者」か「非名門大学出身者」かという要素が情報縁の量を説明する重要な予測変数であること
④情報縁が多い人ほど縁故の道具的有効性を低く評価していること

これまでの章においては，韓国における縁故主義という規範が，対人関係及び組織形成原理として大きな役割を果たしていることについて考察し，とりわけ，そこに社会関係資本の偏在性が存在することについて述べた。つまり，本論において「名門大学出身者」と示しているグループは，高い活用性を有する縁故集団を持つこと＝豊富な社会関係資本を有する集団であり，彼らにとってオンラインコミュニティは，既存のネットワーク＝ここでは縁故を維持・深化するツールとして機能し，実生活上におけるソーシャル・ネットワークをより強化するものとして機能することが考えられる。一方，比較的活用性の低い縁故集団しか持てないグループ（本論では，上記の「名門大学出身者」以外の「非名門大学出身者」），あるいはそういった縁故集団に所属していないグループにとっては，ソーシャル・ネットワークを横に広げ，新たな人間関係としての「情報縁」の形成・拡張のためのツールとしてオンラインコミュニティを用い，実生活上におけるネットワークを拡張する傾向が予想される。

（3）重要項目の測定方法

仮説検証のための重要な項目は以下のとおりである。

(ア) 情報縁の測定：
　　A. 情報縁Ⅰ：「オンラインコミュニティを通じて，インターネット上で初めて知り合い，Eメールや電話などで個人的に連絡を取ったことのある人の数」
　　B. 情報縁Ⅱ：「オンラインコミュニティを通じて，インターネット上で初めて知り合い，その後直接会ったことのある人の数」(以下，情報縁Ⅱ)である。
(イ) 「道具的有効性」：
　「道具的有効性」を測定する質問は，「相手血縁関係であることは仕事上有利である」「相手が地縁関係であることは仕事上有利である」「相手が学縁関係であることは仕事上有利である」の3つの質問によって構成された
(ウ) 学縁関係オンラインコミュニティについて
　学縁関係のオンラインコミュニティは，会員の書き込みで構成される掲示板が設けられており，メンバーの日ごろの活動報告のみならず，メンバー間で構成される様々な規模のグループが結成され，スポーツなど趣味関連活動も行われている。コミュニティのメンバー間で行われる定期的・非定期的イベント，例えば，体育会，登山，ボーリングなどのスポーツイベント，冠婚葬祭などに関する情報が多く掲載されている。オンラインコミュニティに参加することによって，上記のような多くの活動に容易に参加することができ，メンバー間の親睦を深め個々の対人関係を維持・深化する役割を果たすだけでなく，集団への所属感・結束感を高める機能を果たすことが予想される。

2　「縁故強化仮説」の検証

　それでは，冒頭において設定した仮説の検証のための分析結果の考察に移る。
　まず，「縁故強化仮説」が支持されるのかどうかを調べるために以下の二つの仮説を検証する。

第7章　オンラインコミュニティは縁故主義を強化するのか

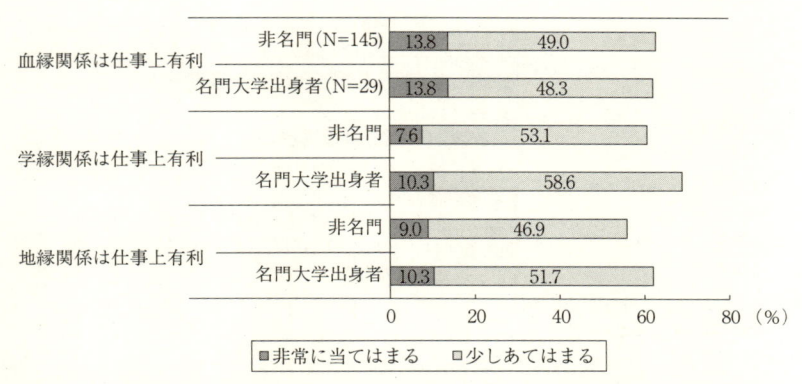

```
血縁関係は仕事上有利
  非名門(N=145)       13.8   49.0
  名門大学出身者(N=29)  13.8   48.3
学縁関係は仕事上有利
  非名門              7.6    53.1
  名門大学出身者       10.3   58.6
地縁関係は仕事上有利
  非名門              9.0    46.9
  名門大学出身者       10.3   51.7
                    0   20   40   60   80 (%)
         ■非常に当てはまる   □少しあてはまる
```

図7-1　「名門大学出身者」と「非名門大学出身者」における縁故の重要性への認識の相違
（出所）　調査Bの分析結果をもとに筆者作成。

仮説①：「名門大学出身者」が「非名門大学出身者」より学縁関係のオンラインコミュニティに積極的に参加している

仮説②：オンラインコミュニティへの参加と学縁の道具的有効性への評価が正の関係性をもつ

（1）オンラインコミュニティへの参加に積極的な名門大学出身者

　仮説①は，「名門大学出身者」と「非名門大学出身者」の間においては，縁故の活用性の程度が異なり，「名門大学出身者」が「非名門大学出身者」より学縁の「道具的有効性」を高く評価していることが前提となっている。このことは調査Bによって検証された（**図7-1**参照）。

　仮説①は，**図7-2**で示されたように，「名門大学出身者」が「非名門大学出身者」より学縁関係のオンラインコミュニティへのアクセス・書きこみ率の高いことで，支持された。

　特に，学縁関係のオンラインコミュニティへの書き込み率に関しては，「非名門大学出身者」は17.9％で「名門大学出身者」の方が33.3％と約2倍多く書き込んでいる傾向が示されたのである。

　この学縁関係オンラインコミュニティへの書き込み率については，t検定に

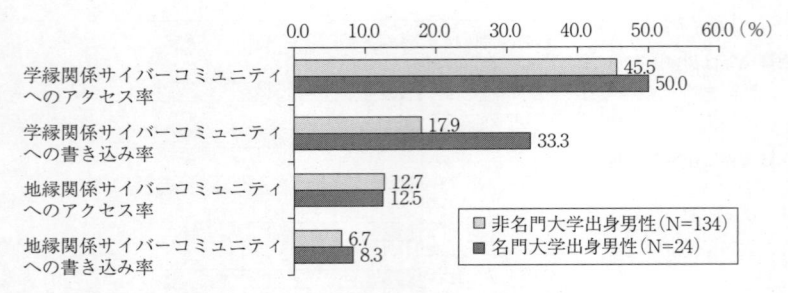

図7-2 「名門大学出身者」・「非名門大学出身者」(男性限定)のオンラインコミュニティへのアクセス・書き込み率の比較
(出所) 調査Bの分析結果をもとに筆者作成。

表7-1 韓国の「名門大学出身者」超名門／非名門大学出身者男性のオンラインコミュニティの相違の検定

	非名門大学出身者 (N：134)		名門大学出身者 (N：24)	t値
サイバーコミュニティ　書き込み 同窓会のサイト (%)	17.90	＜	33.33	−1.74　+

(注) 表はF検定によるF＜0.05のもののみ作成。t検定の結果：+p＜.10。
　　　t値はAspin-Welchの検定の結果であり、母数はインターネット利用者の男性。
(出所) 調査Bの分析結果をもとに筆者作成。

よって確認のための検証を行った。その結果、**表7-1**で示されているとおり統計的にも有意であることが示された。つまり、「名門大学出身者」の方が「非名門大学出身者」より学縁関係オンラインコミュニティに積極的に参加していることが示唆され、本論が予想していた仮説に一致した。今回の調査の分析上、「名門大学出身者」の男性に限定して分析した結果、その母数が24名と少なかったが、統計的には有意差が示された。しかし、仮説①の成立によって直ちに「縁故強化仮説」が支持されるわけではない。そのためには、次の仮説②が成立する必要がある。

(2) 学縁コミュニティへの参加動機

　仮説②について、オンラインコミュニティ参加と縁故の道具的有効性との関

表7-2 学縁関係のオンラインコミュニティへのアクセス・書き込み率と学縁の重要性評価との相関関係

	学縁関係は仕事上有利	
学縁関係のサイバーコミュニティへのアクセス率（N＝362）	－0.02	ns
学縁関係のサイバーコミュニティへの書き込み率（N＝362）	－0.04	ns

(注) 母数は韓国人男性限定。

係を分析する前に，名門と非名門大学出身者では「縁故の道具的有効性」についてどのように評価しているのかについて診てみよう。

分析の結果，「縁故の道具的有効性への評価」に関して，両者共に50％以上の人が縁故が道具的に有効であると評価している傾向が示された。「名門大学出身者」の方が「非名門大学出身者」より，学縁関係（「名門大学出身者」68.9％，「非名門大学出身者」60.7％）の有効性について高く評価している傾向が示された。このことは，比較的活用性の高い学縁関係の人脈を持っている「名門大学出身者」の方が，それらによる利得に関しても肯定的に見積もり，かつ評価していることが示され，「縁故主義的行動」を促す要因として機能する可能性が看取できる。つまり，「名門大学出身者」が縁故の道具的効用を高く見積もり，縁故関連オンラインコミュニティに積極的に取り組む可能性が高い。

表7-2は，「学縁関係のオンラインコミュニティへのアクセス」や「書き込み率」と学縁関係の「道具的有効性への評価」との相関分析を行った結果であるが，両者間には有意な正の関係性は認められなかった。

さらに，この相関分析の確認作業として，学縁サイトへのアクセス経験者と非経験者間，及び書き込み経験者と非経験者間における学縁の重要性評価点の相違に関する検証をt検定によって行ったが，先の相関分析と同様の結果が見られた。つまり，学縁関係オンラインコミュニティへの参加行動と，学縁の道具的動機とは直接的関係性は持たず，オンラインコミュニティの「縁故強化仮説」は否定される結果となった。当初，オンラインコミュニティの参加行動を縁故主義的行動として捉えていたことは妥当な解釈ではない可能性が示唆された。

仮説①と仮説②の結果を考えると，「名門大学出身者」が「非名門大学出身

表7-3 学縁関係のオンラインコミュニティへのアクセス・書き込み経験者及び非経験者の学縁重要性評価点の差の検定

	学縁関係は仕事上有利 （4点満点）	t 値
学縁関係のサイバーコミュニティへのアクセス経験者（N=134）	2.70	0.30ns
非経験者（N=228）	2.72	
学縁関係のサイバーコミュニティへの書き込み経験者（N=58）	2.66	0.46ns
非経験者（N=304）	2.72	

（出所）調査Bの分析結果をもとに筆者作成。

者」より学縁関係のオンラインコミュニティに積極的に参加している理由は，当初考えていた目的志向性の高い道具的動機というよりもむしろ出身大学に対する自負心や愛校心に起因する可能性が高いのではないかと思われた。

　Kim, Yong-Hak［2003］は，名門校のオンラインコミュニティの会員数が多いこと，大学序列が高い大学校ほど高活動性が示される結果を示し，その要因について，「名門大学出身者」は，「非名門大学出身者」と比べ同窓生間において自らの社会的・経済的な営みにとって有用な関係性を維持し，構築できるという道具的必要性を，他の学校の人より強く感じているからであるとの仮説を提示している。しかし，今回の我々の調査分析により，この第5章で提示した，「名門大学出身者」の方が「非名門大学出身者」より積極的に学縁関係のオンラインコミュニティに参加している理由が道具的動機によるものである」という，Kim, Yong-Hak［2003］の仮説は一部否定される形となった。

3　「情報縁補完仮説」の検証

　次に，「情報縁補完仮説」の検証を行う。「情報縁補完仮説」が支持されるためには次の仮説③と④が成立される必要がある。

　　仮説③：情報縁の形成において「名門大学出身者」より「非名門大学出身者」が積極的であり，「名門大学出身者」か「非名門大学出身者」かという要素が情報縁の量を説明する重要な予測変数であること

　　仮説④：情報縁が多い人ほど縁故の道具的有効性を低く評価していること

第7章 オンラインコミュニティは縁故主義を強化するのか

表7-4 韓国の「名門大学出身者」／「非名門大学出身者」男性の情報縁形成の平均差の検定

情報縁	非名門大学出身男性 (N:91)		名門大学出身男性 (N:14)	t値	
オンラインコミュニティを通じて初めて知り合い連絡をしたことのある人（人）	3.02	≒	1.64	2.61	n.s
オンラインコミュニティを通じて初めて知り合い直接会ったことのある人（人）	2.87	＞	1.07	3.92	*

t検定の結果：***p＜.001，**p＜.01，*p＜.05，⁺p＜.10，n.s.p＞.10。
(注) 表はF検定によるF＜0.05のもののみ作成。t検定の結果：**p＜.01，*p＜.05，⁺p＜.10，n.s. p≧.10。
　　　t値はAspin-Welchの検定の結果であり、母数はインターネット利用者の男性。
(出所) 調査Bの分析結果をもとに筆者作成。

（1）名門大学出身者は情報縁形成に消極的

　仮説③の検証のために、「名門大学出身者」と「非名門大学出身者」の情報縁の量を比較し、**表7-4**に示す。ちなみに、情報縁に関する分析は、あらかじめ回答の分布を確認し、100人以上という回答に関しては異常値として処理した後、本格的な分析を行った。

　分析の結果、情報縁Ⅰの「オンラインコミュニティで初めて知り合い、連絡を取ったことのある人」においては、「非名門大学出身者」の方が3.02名で、「名門大学出身者」の1.64名に比べて多いという結果が示された（有意差は無し、**表7-4**参照）。情報縁Ⅱの「オンラインコミュニティで初めて知り合い、直接会ったことのある人」においては、「非名門大学出身男性」の平均が2.87名であったのに対し、「名門大学出身男性」の平均は1.07名と、有意に「名門大学出身男性」の方が少ない結果が示された。参考までに、**表7-5**では「個人型オンラインコミュニティ（ホームページやSNS、ブログ）」を通じて情報縁Ⅰと情報縁Ⅱにおいても分析を行ったが、同じ傾向が示された。

　韓国の場合、「名門大学出身者」は、実生活上における同窓会活動においては「非名門大学出身者」より積極的に参加していることが仮説①で示された（それぞれの参加率は、82.8%、60.7%、t＝2.29,p＜..05で有意）。その反面、オンラインコミュニティを通じた新たな情報縁形成においては、「名門大学出身者」が「非名門大学出身者」より消極的に振舞う傾向が見られたのである。

表7-5 韓国の「名門大学出身者」/「非名門大学出身者」男性の情報縁形成の平均差の検証

情報縁	非名門大学出身男性 (N:91)		名門大学出身男性 (N:14)	t値	
個人型オンラインコミュニティを通じて初めて知り合い連絡をしたことのある人（人）	3.60	>	1.64	2.61	+
個人型オンラインコミュニティを通じて初めて知り合い直接会ったことのある人（人）	2.80	>	0.26	2.61	**

(注) 表はF検定によるF＜0.05のもののみ作成。t検定の結果：$^{**}p<.01, \ ^{*}p<.05, \ ^{+}p<.10$, n.s. $p≧.10$。
　　　t値はAspin-Welchの検定の結果であり、母数はインターネット利用者の男性。
(出所) 調査Bの分析結果をもとに筆者作成。

　「非名門大学出身者」にとってのオンラインコミュニティは，「名門大学出身者」と比べて，相対的に「情報縁」形成に積極的に活用されている結果が示され，仮説③の前半は支持される結果となった。一方，「情報縁補完仮説」が提唱しているように，情報縁が現実世界において不足している社会関係資本の補足のために形成されるものであれば，「名門大学出身者」か「非名門大学出身者」という要因によってその量が決まるはずである。この部分は仮説③の後半部分の検証となる。この問題の検証のために，オンラインコミュニティへの参加による情報縁の形成を目的変数とした時，この量を予測できる要素として「名門大学出身者」か「非名門大学出身者」が重要な予測変数となるかどうかを分析した。

　分析は，位階的重回帰分析の手法を用いた。

　第一段階の重回帰分析においては，情報縁Ⅱを目的変数とし，「年齢」「年収」といったデモグラフィック変数を投入し，寄与度を分析した。その結果，「年齢」及び「年収」共に目的変数を予測する変数として有意な意味を持たなかった。次の第二段階の重回帰分析においては，「年齢」「年収」を統制し，「名門大学出身者」か「非名門大学出身者」の変数を投入した。その結果，統制変数として投入していた「年齢」が弱いながら予測変数として残されたが，「名門か非名門か」という変数は有意義な変数として認められなかった[(1)]（表7-6参照）。この分析結果により，仮説③の後半の部分は棄却という形となった。「非名門大学出身者」においても出世志向性の高い群と低い群に分かれており，

第7章 オンラインコミュニティは縁故主義を強化するのか

表7-6 情報縁Ⅱを目的変数とした位階的重回帰分析結果

従属変数：情報縁Ⅱ	1段階	2段階
独立変数		
年齢	−0.12	−0.18⁺
年収	−0.03	0.06
名門／非名門		−0.10
N (Observation Used)	221 (DF=2)	105 (DF=3)
R^2 (%)	1.55	4.47
Adjusted R^2 (%)	0.65	1.63

（注） 数値は，標準化偏回帰係数（β）．母数は男性限定．
（出所） 調査Bの分析結果をもとに筆者作成．

後者の群において情報縁を求める志向が低いという可能性もあると思われる。

この二つの分析結果により，仮説③は前半，後半ともに棄却された。

（2）情報縁と縁故の道具的有効性との関係

仮説④の検証のために，情報縁と縁故関係の「道具的有効性への評価」との相関関係について分析した。つまり，「情報縁補完仮説」が支持されるためには，情報縁が多い人ほど，縁故関係の社会生活上における道具的有効性を低く見積もっている傾向が示される必要がある。しかし，**表7-7**で示したとおり，血縁・地縁・学縁の「道具的有効性への評価」と情報縁Ⅰもしくは情報縁Ⅱは，有意な相関関係が認められなかった。情報縁を強く求める人の一部が，元来縁故を重視する人であり，効果が相殺されたとも考えられる。

「情報縁補完仮説」の支持条件として提示した仮説③は一部支持及び仮説④は棄却され，オンラインコミュニティへの参加によって形成される情報縁によって縁故主義からの脱却がもたらされるということは，今回の調査の事実として妥当性を欠くことが分かった。この結果について，縁故関係の強化と情

表7-7 情報縁と縁故関係の道具的有効性への評価の相関関係

	情報縁Ⅰ	情報縁Ⅱ
血縁関係は仕事上有利	0.10ns	0.14ns
学縁関係は仕事上有利	0.04ns	0.02ns
地縁関係は仕事上有利	0.02ns	0.04ns

（出所） 調査Bの分析結果をもとに筆者作成．

縁故強化仮説支持条件	オンラインコミュニティが縁故関係を強化するツールとして機能	「名門大学出身者」が「非名門大学出身者」より学縁関係のサイバーコミュニティに積極的に参加していること	○
		オンラインコミュニティへの参加と学縁の道具的有効性への評価が正の関係性をもつこと	×
情報縁補完仮説支持条件	オンラインコミュニティが現実世界において不足している関係資本の補足として機能	情報縁の形成において「名門大学出身者」より「非名門大学出身者」が積極的であり、「名門大学出身者」か「非名門大学出身者」かという要素が情報縁の量を説明する重要な予測変数であること	△
		情報縁が多い人ほど縁故の道具的有効性を低く評価していること	×

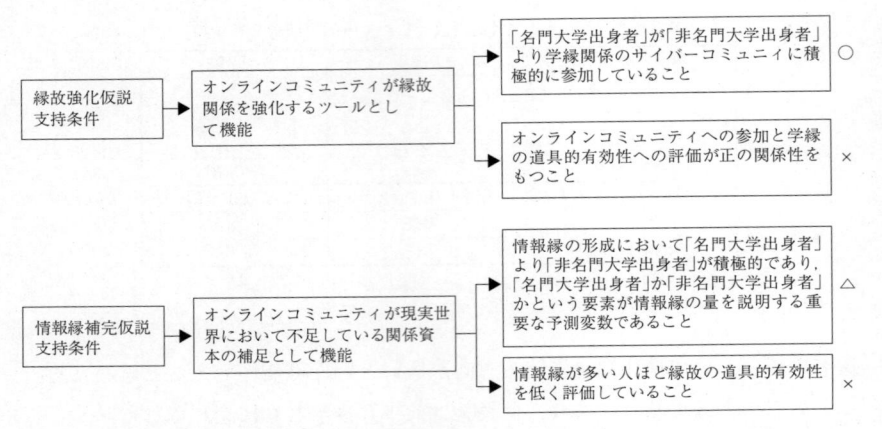

図7-3 「縁故強化仮説」及び「情報縁補完仮説」の支持条件に関する仮説の検証結果

縁補足のためのオンラインコミュニティの利用は必ずしも排他的行動ではないことが同時に示唆される。

さらに、本来ならばオンラインコミュニティへの参加によって形成された情報縁の機能は、一定の時間軸を置いた後、継時的パネル調査によって再び測定されるべきである。しかし、今回の調査は一回のみの調査であり、縁故関係を代替するかしないかという意味での情報縁の機能は測定していない。

以上、第七章で行った分析の結果をまとめると、以下のとおりである。

図7-3で示したとおり、オンラインコミュニティの機能に関しては、「縁故強化仮説」・「情報縁補完仮説」のいずれの仮説においても部分的のみ支持される形となり、縁故主義の強化・弱化の側面におけるインターネット自体の影響力は限定的なものであることが示された。

注
(1) 表7-6で示した重回帰分析の寄与度は第一段階で1.55%、第二段階で4.47%であり、予測変数を弁別する分析として必ずしも有意義なものとは言えない。しかし、本論では、「名門大学出身者」か「非名門大学出身者」かという変数の重要度を測

第7章　オンラインコミュニティは縁故主義を強化するのか

定するために，こういった分析を実行せざるを得なかったことを了承していただきたい。

終　章
韓国のオンラインコミュニティの行方

1　本書の結論

　オンラインコミュニティは，縁故主義を瓦解もしくは強化する影響力を持っているのだろうか。

　本書は，この問題意識のもと，縁故主義に及ぼすオンラインコミュニティの機能を明らかにすることを目的とした。本書の成果によると，韓国におけるオンラインコミュニティが縁故主義に及ぼす影響力は限定的なものであることが示唆された。本書が考察した内容を章ごとに要約すると以下のとおりである。

　第1章においては，本書における重要な分析概念である社会関係資本について，その概念に関する歴史的変遷及びそれらの構成要素に関して考察を行った。本章では，理論の枠組みとして第1章の表1-2の視点1「利用可能資源説」における社会関係資本の活用可能性を参照し，社会生活を営む上で重要な社会関係資本として縁故主義的関係が私的財であると設定している。社会関係資本は，(1)信頼（Trust），(2)規範（Norm），(3)ソーシャル・ネットワーク（Network）の三つの構成要素が相互作用する中で蓄積されるものであり，さらに，Putnam［1993, 2000］はネットワークをその性質および形態によって「結束ネットワーク型関係資本（Bonding）」と「橋渡しネットワーク型関係資本（Bridging）」として概念的定義を行った。この二つのネットワークの分類はオンラインコミュニティの社会的機能を考えるときに重要な概念となる。オンラインコミュニティにおいては，多様な資源が蓄積されるが，その資源の種類はコミュニティの種類（加入動機，結束の仕方など）によってさまざまであり，強い紐帯を

強化して同質性の高い資源を蓄積するという結束ネットワーク型関係資本を形成することもあれば，弱い紐帯を拡大した多様性の高い資源を保有する橋渡しネットワーク型関係資本を形成することもある。**韓国の場合，前者の結束ネットワーク型関係資本によって形成されるオンラインコミュニティが大半を占める**ことについて指摘した。結束ネットワーク型関係資本は元々の帰属集団内のネットワークで構成され，対面的で緊密なコミュニティである。このことに関してこれまでの社会関係資本論において(1)「社会関係資本の偏在性」(2)「結束ネットワーク型関係資本の排他性」に関する考慮が不足していることについて指摘し，韓国の例を取り上げた。韓国のように内輪的家族主義的価値観が強い文化圏においては，家族の範囲を超えた個人や集団を信頼しにくくなる可能性がある。社会関係資本論における「橋渡しネットワーク型関係資本」は，創出可能だとはされているが，「互恵性」による自発的動機がいかなるプロセスをもって確保できるのかについてはいまだ理論化されていないため，抽象的な議論に留まっているという問題点について指摘した。

　次の第2章から第4章は韓国の縁故主義及び縁故主義的行動に関する考察である。

　第2章においては，序章で簡単に行った「縁故主義」及び「縁故主義的関係」に関する概念的整理を再び行った後，韓国における「縁故主義」がいかなる歴史的プロセスをもって発展してきたのかについて考察を行った。「縁故」とは，韓国においては日常用語であり，血縁・地縁・学縁の三つの出身成分によって結ばれた関係性・所属感を意味し，これらをもとにつながっている人間関係を「縁故関係」と呼ぶことができる。「縁故主義」といったときは，「縁故をもとに内集団を偏愛し，反対に外集団を差別する集団間の固定観念や偏見であり，内集団に対する目的志向性」が存在することについて言及した。韓国における縁故主義に関する議論は大きく二次元に分けて捉えることができる。一つは，政治・経済エリートによって進行された近代化過程において縁故主義が血縁による通婚を通じて政経癒着，特定地域差別による地域主義としての地縁の発展，軍事クーデタによる陸軍士官学校の学縁が集権する過程である。もう

終章　韓国のオンラインコミュニティの行方

一つは，一般市民側における縁故主義の出現に注目した議論がある。第2章においては前者に焦点を絞り考察を行った。さらに，不景気といわれている韓国において，日本でもよく知られているような教育熱が存在し続けることの背景には，**良い「学歴」をもつことが社会生活を営む上で重要な「学縁」というネットワークを獲得するためでもある**ことについて指摘した。韓国の学縁は，極めて閉鎖的で情実人事の様相も著しい英国の例と比べれば相対的にはマイルドなものであるにもかかわらず，社会問題視される傾向が強く，その理由の一つとして，「平等化心理」を取り上げ，この心理の背景に良いとされる学縁を持っているエリート層の社会的道徳の不在という問題があることについて考察した。

　第3章においては，韓国の一般市民の日常生活において，縁故主義がいかに定着し，縁故主義に立脚した行動がどのような社会心理学的メカニズムを持っているのかについて検討した。そのために，本章では韓国人の縁故主義的関係の形成・共同体への参加に関する実証的研究成果を紹介・考察した。第二章で述べた「縁故主義」を通した少数の政治経済のエリート層による縁故を中心にしたやり取りは，その道具的利用価値の重要性を社会全般に行きわたらせ，組織原理・対人関係形成の原理として定着していくことになる。韓国人は，**他の集団への参加程度と比べ，縁故を基盤とした社会的ネットワークに，より活発に参加している**ことが明らかであった。韓国人にとって，「縁故主義」とは，克服されなければならない社会悪として意識レベルで否定的に理解されると同時に，実際には縁故集団への参加が顕著に見られ，行動レベルでは肯定的に捉えられる。日常生活を営むうえで現実的利益を得るための戦略的かつ理性的行動として，縁故主義が頻繁に現れるのである。いわば多くの韓国人は態度と行動の二重的構図を持っていると評せる。第2章においては，「平等化心理」が存在しエリートによって形成される縁故に対する批判をあらわにしていた。縁故主義は社会悪であると認識しながらも，戦略的に縁故主義的行動を選択せざるを得ない社会的構造が存在することを意味する。韓国社会は社会的不確実性が高い社会であるといわれている。縁故主義的関係によって結ばれている相手

には，将来の行動に対する不確実性が低いため取引費用が節約できること，そして，そのグループへのメンバーシップ自体が利益を与えてくれるという信念があり，メンバーシップに所属していないことによるデメリットが大きいという認知が形成されている。縁故主義的行動は，こういった縁故主義的関係の特性のゆえに維持されている理性的行動様式として存在する。

　第4章においては，実生活における縁故関係の重要性に対する評価及び実用性への評価，縁故関係の参加状況などについて，橋元・金ほか［2005］の日韓比較調査の分析の結果をもとにその内容を紹介した。同時に，韓国における1989年度の調査結果と照らし合わせながら，それらの変化の要因について検討を行った。調査の分析結果，韓国の方が日本より縁故主義が成功の帰属要因として重視される社会であることが示唆された。特に，「学縁」に関しては，韓国の場合32.0%の人が重要性を認識しているのに対し，日本の場合は7.1%に過ぎず，同じように学歴社会と呼ばれているものの，両国における成功要因としての学縁に関する評価に温度差が見られた。「成功の帰属要因」としての縁故への評価を男女別で見た結果，韓国では，男性の方が女性より「血縁」「学縁」「地縁」いずれの縁故の重要性についても高く見積もっているのに対し，日本は韓国と逆の傾向が見られた。日韓ともに社会活動の面から見れば，女性より男性の方が，活発であると考えられるが，この結果を見る限り，韓国における血縁・地縁・学縁を重視し，排他的に振舞うといった**「縁故主義」は男性社会においてこそ支配的な組織原理として機能している**可能性が高く，実生活上の社会での成功のために「縁故主義的関係」の形成・維持に積極的であることが示唆された。続いて，「縁故関係」の実用性に関する認識に関して分析した結果，韓国は日本に比べ，社会での成功の要件として，縁故の重要性が非常に高く評価されていることが示唆された。韓国における縁故主義は，生活文化の一部として定着しているため，近い将来のうちには簡単には弱まりにくいという指摘があったが（Mun, Suk-Nam ［1990］），地縁・学縁関係の共同体への参加に関する経年変化を分析した結果，両者における参加の度合いに大きな相違が存在していることが示された。興味深いことに，学縁関係の集まりへの参加

率に関しては，1990年度より2005年度の方が高い数値を示しており，時代の変化にかかわらず重要性が衰退していない。一方，地縁関係の集まりへの参加率は，弱まる傾向が見られ，地縁関係の重要性及び活用性は次第に衰退しつつあることがうかがえた。しかし，地縁に関する有効性は選挙といった政治過程においてこそ顕著になる傾向があり，参加率への低下をもってその影響力が弱まっているとは断言できない。

　次に続く第5章から第7章はオンラインコミュニティの機能に関する考察である。
第5章においては，オンラインコミュニティへの参加行動の日韓比較を行った。その結果，日本より韓国の方がオンラインコミュニティへの参加が活発であり，アクセス・書きこみ頻度が高いことを明らかにした。また，種類別で見れば，日本の方は情報交換，韓国の方は対人関係維持・形成を動機としてオンラインコミュニティを活用している傾向が示された。特に，韓国の場合，同窓関係のオンラインコミュニティへの参加率が最も高い。Kim, Yong-Hak [2003] は，韓国におけるオンラインコミュニティに縁故を基本単位としたものが多いこと，さらに，韓国社会で影響力が大きいと知られているエリート大学ほどオンラインコミュニティ上での活動が活発であることを取り上げ，オンラインコミュニティへの参加が縁故主義を強化するツールであることを提唱した。しかし，Kim, Yong-Hakの調査では，学縁関係のオンラインコミュニティにおける活動内容が看過されていたため，「人的資本（ここでは，偏差値）」がそのまま「社会関係資本」の生成につながっているという主張には飛躍があった。彼の研究によって言えることは，「名門大学出身者」は，「非名門大学出身者」と比べ，オンラインコミュニティでの既存のソーシャル・ネットワークである学縁ネットワークに積極的な活動をしているということであり，この行動が縁故主義によるものかどうかを明らかにしたわけではない。

　第6章においては，オンラインコミュニティの社会的機能に関する本格的な考察を行った。まず，オンラインコミュニティを①「関係重視型オンラインコミュニティ」及び②「情報交換型オンラインコミュニティ」に分類し，それぞ

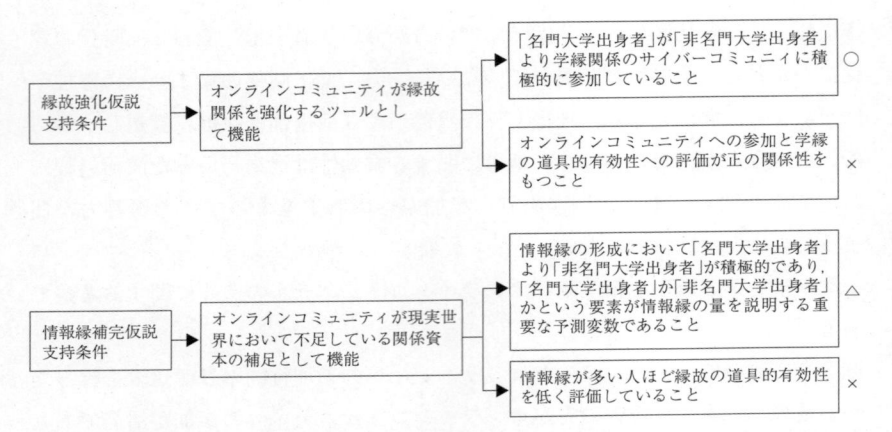

縁故強化仮説 支持条件	→	オンラインコミュニティが縁故関係を強化するツールとして機能	→	「名門大学出身者」が「非名門大学出身者」より学縁関係のサイバーコミュニティに積極的に参加していること	○
				オンラインコミュニティへの参加と学縁の道具的有効性への評価が正の関係性をもつこと	×
情報縁補完仮説 支持条件	→	オンラインコミュニティが現実世界において不足している関係資本の補足として機能	→	情報縁の形成において「名門大学出身者」より「非名門大学出身者」が積極的であり、「名門大学出身者」か「非名門大学出身者」かという要素が情報縁の量を説明する重要な予測変数であること	△
				情報縁が多い人ほど縁故の道具的有効性を低く評価していること	×

図終-1 オンラインコミュニティと縁故主義に関する「縁故強化仮説」及び「情報縁補完仮説」に関する仮説検証の結果

れの「縁故維持機能」と「情報縁形成機能」について考察した。①の場合、既存の人間関係の大半を占めている縁故関係の維持・深化機能を果たしている。②の場合、上記の①の縁故主義的関係より広い範囲にわたって似た趣味・関心事を共有する人々の情報交流を通じた横断的な関係構築の機能を果たしていることについて調査の結果をもとに考察した。

　第7章においては、**図終-1**で示されたようにオンラインコミュニティへの参加が「縁故主義」をより強化するという「縁故強化仮説」と弱体化する影響力として働くという「情報縁補完仮説」それぞれが支持されるための四つの仮説を設定し、それぞれについて実証的検証を行った。その結果、オンラインコミュニティの効用に関しては「縁故強化仮説」も「情報縁補完仮説」も支持されず、インターネット自体の影響力は限定的であることが示された。

2　成果の含意——インターネットの登場を取り巻く風景

　韓国社会においては主に血縁・地縁・学縁といった縁故主義的関係が、多くの社会理論家の予測とは異なり、産業化・資本主義の発展を経ながらも強固な

対人関係・組織形成原理として残存している（Kim, Yong-Hak［2003］）。そして，序論で提示したように，オンラインコミュニティはこういった縁故主義に対して，それらを解体する機能を有するという「情報縁補完仮説」と，むしろそれらを強化するツールとして機能するという「縁故強化仮説」が存在していた。

　本書は，オンラインコミュニティがもつ影響力に関するこうした価値観に対して中立的な視点をもち，実証的アプローチによってオンラインコミュニティの縁故主義に及ぼす影響力を検証することを試みた。オンラインコミュニティがもつ機能に関するいくつかの仮説を設定し，実証的に検討した結果，オンラインコミュニティの縁故主義に及ぼす影響力は限定的であることが示唆された。

　オンラインコミュニティの影響力を取り巻く悲観説・楽観説は，いずれの立場にしてもインターネットというメディアの影響力を過大視した傾向が見られる。韓国におけるインターネットは，その爆発的な普及の勢いのあまり，本論が取り上げた人間関係への影響のみならず，政治・経済・社会・文化など社会全般における影響力に関しても過剰に評価される傾向が見られる。例えば，2002年の大統領選挙，あるいは2004年国会議員選挙の際には，インターネットが韓国政治をドラマチックに変える影響力のあるメディアとして脚光を浴び，インターネットの強力効果論が韓国社会を揺さぶっていた。しかし，我々の調査結果によれば，インターネットによる投票行動への影響は，限定的なものであり，むしろその背後に存在する政治への有効性感覚（投票によって政治が変わるという信念の程度）や政治的傾向（保守・革新），政治への関心などが重要な要因であった（橋元＆金［2005］）。

　このように韓国において，インターネットの影響力が過大視されやすいのは，韓国でインターネットが登場・普及した時代の要求と深く関係していると思われる。韓国の現代史は，植民地支配からの解放，朝鮮戦争，「圧縮近代」と呼ばれるほどの経済発展，1987年の民主化運動による政権交代，IMF危機など，歴史的事件をキーワードで並べてみたとき，どれほどダイナミックな社会・文化的変動の波に襲われてきたか想像にかたくない。そうであれば，もちろん，

このような土壌の中で培われたメディア普及の歴史も，これらの諸要因を前提に語られなければならない。つまり，韓国におけるメディアの普及およびその影響力に関する議論は，上記のような韓国社会のダイナミックな現代史における歴史的変動の一環として捉えられ，それらメディアの力に対する過剰な評価が下されていることが指摘できよう。

　また，上記の楽観説と悲観説は，オンラインコミュニティへの参加による人間関係の維持・拡大機能のうちのいずれか一方にのみ重点をおいた議論となっており，それぞれが一方のみを強調した議論になっている問題を含んでいる。すなわち，楽観説は，オンラインコミュニティの「未知の人々との交流」による情報縁形成が可能であるというメディア的特性が強調された議論を中心に展開されている。楽観説におけるオンラインコミュニティは，匿名性を前提とした開放的な双方向コミュニケーションが可能なメディアであり，これまでの強い絆のバリアーから脱却し，水平的な関係における互恵性あふれる「橋渡し型ネットワーク」の形成に関する機能を大いに期待した議論が展開されている傾向がある。しかし，本研究では，韓国におけるオンラインコミュニティ参加行動は，実際のところ，既知の人々の関係を維持・強化するためのツールとして利用される側面がより強いことが示されている。つまり，オンラインコミュニティの縁故主義に対する楽観説は，こういったオンラインコミュニティの利用実体を軽視した議論だと言える。

　次に「縁故強化仮説」を展開したKim, Yong-Hakの研究については第四章においてすでに指摘したとおり，オンラインコミュニティを通じて行われている相互作用の焦点を，主にすでに存在する社会的関係—ここでは，同窓会—を維持・深化するツールとして発展されていることを前提としている。しかも，オンラインコミュニティへの参加をそのまま社会関係資本の生成過程と見なしており，彼の主張における論理展開に飛躍が見られた。

　すなわち，「情報縁補完仮説」及び「縁故強化仮説」のいずれにおいてもオンラインコミュニティの機能の片方を強調する議論が展開されてきたため，オンラインコミュニティと社会との関わりの全体像を把握することは困難であっ

たと思われる。

　また，研究方法という側面において，前者の「情報縁補完仮説」の場合は，縁故主義とオンラインコミュニティとの関係を実証的に分析した結果というより，主に新たな人間関係の形成・拡大といったオンラインコミュニティのメディア特性に注目した議論が行われてきたことが指摘できる。一方，後者の「縁故強化仮説」の場合は，オンラインコミュニティの社会的影響力に関して実証的検証を行った数少ない研究であり，この点は評価すべきであるが，それらの成果について過度に飛躍した解釈を行ったために客観性を確保することができなかったことが指摘できる。

3　今後の展望

(1) アジアにおける社会関係資本論の再考察

　本書は，韓国における縁故関係が社会生活を営むうえで最も重要な社会関係資本として機能していることに着目し，オンラインコミュニティへの参加との関係について考察を行った。

　血縁・地縁・学縁を根拠としたメンバー間においては，相互関係の反復的な経験が累積されることになる。このように反復され，累積された相互関係の経験は，信頼（Trust）関係を形成しやすい状況を醸成する。この側面から見れば，信頼は，取引きの不確実性から惹起される取引費用と情報費用を最小化するための相互関係の構築であると規定できる。特定の集団に属している個人は，メンバー間の取引きの経験が肯定的であった場合，所属集団に対する所属意識は一層強化され，メンバー間の多様な相互関係が反復され増強されていく。このように予測が容易な相互関係の保証への期待は，個人にとっては私有財の「社会関係資本」として機能する。韓国における集団主義文化の基本的形成要素である血縁・地縁・学縁と関わる信頼関係は，こういった社会関係資本という概念によって容易に説明しうる。しかも，良いとされる資本か否かという問題は，韓国における近代化・産業化過程において規定された韓国の特殊な社会

的条件に由来している。すなわち，韓国においては，結局どのような集団に属しているのかによって社会関係資本の保有の可否，あるいは量が決定されるのである。

本書では，上記のように縁故主義的関係が社会関係資本として機能する理由について言及すると同時に，韓国における縁故主義の生成・浸透過程に関しては，韓国の経済的近代化のプロセスからその要因を探る作業を行った。特に，第1章においては，社会関係資本論に関する批判的観点に基づき，家族主義が蔓延している韓国社会において，結束ネットワーク型関係資本が内向きで閉鎖的に機能した場合に生じる危険性について指摘した。だが，こういった社会において生成される開放的なネットワークが，結束ネットワーク型関係資本の強硬な信頼関係を乗り越える力を発揮できるか，という問題について疑問を残したままに議論を終わらせている。この問題は，後述するオンラインコミュニティによって生成される情報縁の機能の解明とも一脈相通する。

また，本書では，社会不安が公的領域への不信感を引き起こし，このことが縁故関係のような私的領域への依存をもたらすといった韓国社会における縁故主義の維持・拡散のメカニズムについて紹介した。しかし，この議論は実証的根拠が不足のまま議論が進められていると思われる。このことに関しては，社会関係資本の構成要素である信頼に関する後続研究において解明される必要があると思われる。

（2）情報縁の社会的帰結──パネル調査の必要性

韓国社会におけるインターネットの姿を現時点で切り取ることは難しく，今日においても最も影響力の強いメディアとして位置づけられ，その展開は現在進行形のものである。しかし，そのなかでも特に，人間関係の形成・維持のためのツールとして機能しているオンラインコミュニティへの参加行動は，他文化圏には類を見ない特殊な利用形態を見せており，これこそが筆者の問題意識の根幹となったものであった。本稿における日韓との比較でも明らかなように，韓国では一般にオンラインコミュニティの利用は積極的であり，人間関係の維

終章　韓国のオンラインコミュニティの行方

持・拡張，いずれにも強い欲求をもっている。本書では，既存の人間関係の根源になる縁故関係に焦点を絞り議論を進めてきたため，オンラインコミュニティへの参加によって新たに形成された情報縁の機能についてはあまり注目することができなかった。韓国のオンラインコミュニティは，オフ会が盛んに行われることから，サイバー上で初めて知り合った人々がその後のやり取りを通じて親密化が進み，現実世界における対人関係に変化を及ぼすことが予想される。本書におけるオンラインコミュニティの縁故主義に対する影響の「情報縁補完仮説」の論者は，こういった情報縁が縁故主義を瓦解できるとしたが，本稿の調査結果の限りでは否定される結果となった。Putnam（2000）は，オンラインコミュニティと社会関係資本との関係について，コンピュータ・コミュニケーションは，その匿名性と流動性という特徴により，コミュニティへの出入りが自由な，「立ち寄り」的な関係が促進されるため，物理的コミュニティに基づく社会的圧力が存在せず，コミットメント，誠実性，互酬性，信頼は発達しにくい環境である。この環境は社会関係資本の創造を阻む要因として働きうる。さらに，このことは本書における情報縁の縁故主義に対する影響力の少なさを一部支持するものと考えられる。

韓国の集団主義の特徴上，人間関係の基本的性格が家族主義に基づいて形成されているため，もともと縁故的関係でなくても時間の経過とともに親密化過程によって包括的かつ全面的な人間関係を築くことは可能である。つまり，情報縁においてもその関係が長期化するにつれてPutnumが存在しないと指摘した「社会的圧力」が生み出され，それによって情報縁についても，血縁・地縁・学縁と似た機能を果たす人間関係として拡大再生産される可能性も排除できない。さらに，このような関係が「擬似家族」的な愛着を持った関係として発展した場合，縁故関係が持つ強い絆（Strong Tie）の基本的特徴を完全に備えないまでも，強い絆が持つ弱点，つまり，ネットワークの規模・幅が狭いという限界を克服・補完する可能性もある。しかしながら，今日の韓国社会における不安定な状況を考慮するのであれば，例えば，高校の同窓関係のような信頼感・愛着を育んできた人間関係を上回るほどの機能を果たしうるか，さらに，

社会的不安が様々な場面で信頼を低下させることが予測されるゆえに，今のところ情報縁についての楽観的な観測は困難であると思われる。

　上記は私見にすぎず，明確に証明されている内容ではない。すなわち，情報縁的関係の機能に関しては議論の余地が残っており，既存の縁故的ネットワークのような社会的機能を代替するのか，あるいは補完するのか，という問題は次の研究問題としたい。今後の研究においては，パネル調査を実施することによって，オンラインコミュニティによって形成された新たな情報縁の行方についてより詳しい検討を行う予定である。

　さらに，本書は，オンラインコミュニティにおける人間関係形成・維持の動機に注目していたため，情報的動機ないしは娯楽的動機によって利用している人々の間で盛んに見られる互恵的な情報提供・交流行動や，NPOなど非営利的・非目的的オンラインコミュニティへの参加行動による社会的影響に関しては考察できなかった。韓国においては，既存メディアに対するオルタナティブメディアとしてのインターネットの機能が期待され，インターネットによる世論形成も活発に行われており，この背後には似た意見を持つ人々で構成されたオンラインコミュニティが果たしている役割も大きい。

　もちろん，そうは言っても，オンラインコミュニティというメディア的条件は，社会全般の構造的・制度的変化をもたらすほどの影響力を持つものではない。もし，そのような可能性があるとしてもそれはごく制限された部分的影響力に過ぎないと思われる。今後，筆者は人間関係の維持・形成機能のみならず，その他の重要なオンラインコミュニティの機能についても研究を継続していこうと考えている。積み残した課題はあまりに多いが，本書はその第一歩である。

Appendix 1
調査Aの単純集計表

【以下はBBS(掲示板)/サイバーコミュニティ関連についてお尋ねします】

問20 インターネットには、いろいろな人たちが情報、メッセージ、意見などを交換することのできるサイトがあります。あなたはそのようなサイトによくアクセスしますか？（○は一つ）日本：％（韓国：％）

1．日に数回以上　　　　　　　　　　　　　　　　12.0（36.6）
2．日に1回くらい　　　　　　　　　　　　　　　19.5（37.0）
3．週に数回くらい　　　　　　　　　　　　　　　19.0（8.7）
4．月に数回くらい　　　　　　　　　　　　　　　14.3（12.3）
5．月に1回以下　　　　　　　　　　　　　　　　6.5（3.1）
6．まったくアクセスしない（→問21へ）　　　　　28.7（2.2）

(問20で「1」から「5」と答えた方に)

問20-1 あなたはそのようなサイトで、自ら情報、メッセージ、意見などを書き込みますか？（○は一つ）日本：％（韓国：％）

1．日に数回以上　　　　　　　　　　　　　　　　4.2（9.3）
2．日に1回くらい　　　　　　　　　　　　　　　7.6（15.8）
3．週に数回くらい　　　　　　　　　　　　　　　23.8（26.5）
4．月に数回くらい　　　　　　　　　　　　　　　19.3（28.6）
5．月に1回以下　　　　　　　　　　　　　　　　20.4（16.7）
6．まったく書き込みしない　　　　　　　　　　　24.9（3.1）

問20-2 いろいろな人たちが情報、メッセージ、意見などを交換することのできるサイトで、あなたがこの1ヶ月に1度以上アクセスしたことのあるサイトについて

お聞きします。

そのサイトはどのような人の集まりですか？あてはまるものにいくつでも○をつけ、もっともよくアクセスするサイトに◎をつけて下さい。日本：％（韓国：％）

		○	◎
1．	同じ趣味・関心の人	56.0（75.6）	35.7（36.1）
2．	学校の同窓会関連の人	32.0（69.3）	18.7（26.8）
3．	大学の友人	48.1（69.8）	30.2（28.8）
4．	バイト・仕事関	4.9（13.0）	2.1（2.9）
5．	家族・親族	0.4（5.4）	0.0（0.3）
6．	同じ出身地の人	5.6（7.7）	1.7（0.3）
7．	友人や恋人を探す人の集まり	0.4（4.7）	4.3（4.5）
8．	特に関連のない人のあつまり（新聞社の掲示板など）	9.8（28.6）	7.2（0.3）
9．	情報などを交換できるサイトにはこの1ヶ月アクセスしていない	6.4（0.5%）	

（→　問21へ）

【問20-2で「1」〜「8」と答えた方にお聞きします】

問20-3　問20-2でお答えになったサイトは、あわせていくつぐらいですか。おおよその数をお書き下さい。日本（韓国）　　　　　　　　　　　3.1（6.6）個

【問20-4〜20-13は問20-2で「最もよくアクセスする」とお答えになったサイト（◎をつけたサイト）についてお聞きします。】

問20-4　そのサイトに参加しているのは、どのような人が多いですか？（○はひとつ）
　　　　日本：％（韓国：％）

1．インターネットと関係なく、もともとあなたが知っていた人　　67.9（72.7）
2．インターネットで知り合ってから、直接会ったことがある人　　2.1（9.1）
3．インターネットだけで知っている人　　　　　　　　　　　　　30.0（18.2）

Appendix 1　調査Aの単純集計表

問20-5　そのサイトは次の中のうち、どのような性格のサイトですか。A、Bそれぞれ
　　　　について、あてはまるもの一つ○をつけて下さい。日本：％（韓国：％）
A １．誰でも自由に読んだり書き込んだりできるサイト（完全公開）　　87.1（27.1）
　 ２．誰でもメッセージが読め、事前に登録すれば誰でも書き込めるサイト（書き込み
　　　制限）　　　　　　　　　　　　　　　　　　　　　　　　　　　 3.3（29.9）
　 ３．特定の人しか読み書きできないサイト（登録会員制）　　　　　　 9.6（43.0）
B １．実名で利用することが多い　　　　　　　　　　　　　　　　　　37.1（45.9）
　 ２．登録しているハンドルネームで利用することが多い　　　　　　　19.0（34.4）
　 ３．その場でつけたハンドルネームで利用することが多い　　　　　　44.0（19.7）

問20-6　あなたはそのサイトにどのくらいの頻度でメッセージの書き込みをしますか。
　　　　（○は一つ）日本：％（韓国：％）

１．日に数回以上　　　　　　　　　　　　　　　　　　　　　　　　　 4.1（6.5）
２．日に１回くらい　　　　　　　　　　　　　　　　　　　　　　　　 4.5（16.6）
３．週に数回くらい　　　　　　　　　　　　　　　　　　　　　　　　24.7（19.6）
４．月に数回くらい　　　　　　　　　　　　　　　　　　　　　　　　24.3（19.8）
５．月に１回以下　　　　　　　　　　　　　　　　　　　　　　　　　21.4（15.2）
６．まったくしない　　　　　　　　　　　　　　　　　　　　　　　　21.0（2.3）

問20-7　あなたはそのサイトにどのような内容の書き込みをすることが多いですか？
　　　　（○はいくつでも）
１．参加者に対する挨拶や近況報告　　　　　　　　　　　　　　　　　52.7（49.3）
２．知りたい情報を人に問い合わせる　　　　　　　　　　　　　　　　34.6（15.0）
３．自分が知っている情報を参加者に提供する　　　　　　　　　　　　41.5（41.5）
４．自分の感情や心境を表現する　　　　　　　　　　　　　　　　　　44.4（59.2）
５．人や学校・会社などに関する評判や批判を書く　　　　　　　　　　 8.8（17.5）

問20-8　あなたはそのサイトに参加するメンバーのオフ会に出席したことがあります

か？日本：％（韓国：％）

1. 参加したことがある　　　　　　　　　　　　　　　　18.8（70.0）
2. オフ会はあるが参加したことはない　　　　　　　　　14.0（23.0）
3. オフ会はない　　　　　　　　　　　　　　　　　　　67.3（7.0）

問20-9　そのサイトで、あなたはご自身に関する次のような情報を、サイトを訪れる他の参加者たちに広く知らせていますか。あてはまるものについていくつでも○をつけて下さい。

日本：％（韓国：％）	本当の情報を知らせている	架空の情報を知らせている	何の情報も知らせていない
（a）名前	48.7(84.9)	7.7(3.0)	43.6(12.1)
（b）電話番号	19.8(65.8)	1.3(7.0)	78.9(27.2)
（c）年齢	48.3(85.8)	1.7(3.3)	50.0(11.0)
（d）性別	57.1(90.4)	1.3(1.9)	41.6(7.7)
（e）学校名	47.0(83.5)	0.9(1.6)	52.2(14.9)
（f）Eメールアドレス	38.8(84.7)	1.3(3.5)	59.9(11.7)
（g）自分の趣味	51.7(82.8)	1.7(1.4)	46.6(15.9)

問20-10　そのサイトで、一般的に他の参加者は次のような情報を公開していますか。あてはまるものにいくつでも○をつけて下さい。（○をつけた人の比率）日本：％（韓国：％）

1. 名前　53.9（76.9）　　2. 電話番号　17.8（45.7）　　3. 年齢、47.0（78.7）
4. 性別　54.8（88.6）　　5. 勤務先．学校名　37.0（56.4）
6. Eメールアドレス　39.6（77.9）　　7. 趣味　45.2（51.8）
8. どれも公開しないのが一般的　20.4（9.1）

問20-11　あなたがそのサイトはあなたにとってどのように役立っていますか。それぞれ1から4のうち、一つだけ○をつけて下さい。

Appendix 1　調査Aの単純集計表

日本：％（韓国：％）	当てはまる	少し当てはまる	あまり当てはまらない	当てはまらない
a）つきあいの範囲が広がる	14.8(36.8)	29.1(33.7)	21.9(24.8)	34.2(24.7)
b）新しい情報が入手できる	42.7(44.1)	42.7(42.2)	9.6(11.9)	5.0(1.9)
c）自分のことを多くの人に知ってもらえる	8.4(16.6)	24.5(43.5)	25.3(31.1)	41.8(8.9)
d）人や学校・企業などのうわさを知ることができる	16.4(37.2)	37.8(42.8)	21.4(15.7)	24.4(4.4)
e）ストレスの解消になる	8.4(17.8)	16.4(38.6)	34.9(31.8)	40.3(11.9)

問20-12　そのサイトについて次のようなことはあてはまりますか。次の（1）～（12）についてそれぞれ1から4のうち、一つだけ〇をつけて下さい。

日本：％（韓国：％）	あてはまる	ややあてはまる	あまりあてはまらない	あてはまらない
a）そのサイトの参加者は、互いに仲間のように感じている	47.2(45.4)	29.4(37.4)	11.1(14.8)	12.3(2.4)
b）もし、そのサイトにアクセスできなくなったら寂しく感じるだろう	22.1(18.1)	34.5(36.9)	21.3(35.7)	22.1(9.4)
c）そのサイトに行くと私的な話まで公開する	18.7(24.2)	31.9(36.9)	19.2(28.6)	30.2(10.3)
d）そのサイトでは特定の関心を共有している	45.1(36.8)	32.8(42.2)	15.7(16.9)	6.4(4.2)
e）そのサイトへの参加が有料になっても利用し続ける	3.4(15.5)	11.1(26.5)	23.8(32.4)	61.7(25.6)
f）そのサイトを利用する時間はおしくない	14.0(21.6)	28.9(44.6)	42.1(28.6)	14.9(5.2)
g）そのサイトから得られる情報を信頼している	22.1(27.3)	43.0(47.8)	25.5(21.2)	9.4(3.8)
h）そのサイトの参加者は、互いに参加者がどういう人かを知っている	54.0(50.8)	11.5(28.0)	10.6(14.6)	23.8(6.6)
i）そのサイトでネット・マナー(ネチケット)が維持されることに、責任感を感じている	29.1(44.7)	31.2(32.3)	20.9(18.0)	18.8(4.9)
j）そのサイトで初めて知り合った参加者と直接会ったことがある	11.5(23.7)	6.4(13.9)	3.9(25.6)	78.2(36.9)
k）そのサイトの参加者のほとんどは継続的にアクセスする	33.8(40.5)	39.7(36.7)	16.215.8)	10.3(7.1)
l）そのサイトの発言には、根拠のないうわさ話や誹謗中傷が多い	8.5(4.2)	7.7(9.6)	16.2(36.6)	67.7(49.5)

問20-13
（a） そのサイトの参加者の中で、あなたがインターネット上で初めて知り合い、Eメールや電話で個人的に連絡をとった人は何人くらいいますか。
　　　　日本　0.48人　　韓国　5.18人くらい
（b） その中で直接会ったことのある人は何人くらいいますか。
　　　　日本　1.36人　　韓国　6.17人くらい

Appendix 2
調査Bの単純集計表

問11~問24ではAとB、2つのタイプのサイトの利用についておうかがいします。
問11~問18では、<u>A</u>のタイプのサイトの利用についておうかがいします。
 A．グループの情報交換・交流の場として作られているサイト　（電子掲示板、グループでのブログ利用、mixiのコミュニティなど）
 B．個人の情報発信の場として作られているサイト　（個人ホームページ、ブログ、Mixiなど）

問11　あなたは、グループの情報交換・交流の場として作られているサイトに、どのくらいの頻度でアクセスしていますか。「グループの情報交換・交流の場として作られているサイト」とは、たとえば問13にあげられているものとお考えください。（○は1つだけ）

（％）	日本（n＝323）	韓国（n＝697）
日に2~3回以上	13.0　平均(5.1)回／日	10.8　平均(3.8)回／日
日に1回くらい	15.8	16.1
週に2~3回	6.2	15.4
月に2~3回	5.9	8.5
月に1回以下	2.2	6.3
まったくしない(問19へ)	56.3	43.0
無回答	0.6	－

問12　あなたは、グループの情報交換・交流の場として作られているサイトに、どのくらいの頻度でメッセージを書き込んでいますか。（○は1つだけ）

(%)	日本(n＝141)	韓国(n＝397)
日に2～3回以上	5.7　平均(3.0)回／日	5.3　平均(2.9)回／日
日に1回くらい	12.8	16.9
週に2～3回	7.1	16.4
月に2～3回	15.6	17.6
月に1回以下	18.4	19.6
まったくしない	37.6	24.2
無回答	2.8	－

問13　あなたは、次の（ア）～（チ）のサイトにアクセスしていますか。また、それらのサイトにメッセージを書き込んでいますか。アクセスしているもの、書き込んでいるものにすべて○をつけてください。（○はいくつでも）次に、最もよくアクセスしているものに1つだけ○をつけてください。（○は1つだけ）

日本(n＝141) 韓国(n＝397)　　　　　　　　　　(%)		アクセスしている	書き込んでいる	最もアクセスしている
(ア)あなたが在学または卒業した学校の人が参加するサイト	日本	21.3	9.2	5.0
	韓国	59.4	26.7	18.9
(イ)あなたの同郷の人が参加するサイト	日本	6.4	4.3	1.4
	韓国	15.9	6.8	1.3
(ウ)宗教団体(教会など)のサイト	日本	0.7	－	－
	韓国	26.7	11.3	10.1
(エ)PTAのサイト	日本	3.5	0.7	0.7
	韓国	6.0	1.8	0.8
(オ)スポーツ・運動クラブのサイト	日本	18.4	5.0	7.1
	韓国	22.9	7.6	5.0
(カ)習い事・学習関係のサイト	日本	14.9	2.1	5.0
	韓国	40.6	17.4	13.1
(キ)(同窓会、同郷会以外の)あなたの友人・知人が参加するサイト	日本	23.4	10.6	7.1
	韓国	42.3	22.4	17.1
(ク)政治や社会問題に関わるグループのサイト(市民団体)	日本	7.1	2.1	2.1
	韓国	7.6	2.8	0.5
(ケ)その他のボランティア、NPO活動のサイト(自然保護など)	日本	9.2	2.1	4.3
	韓国	7.1	2.0	0.5
(コ)集合住宅(団地、マンション)のサイト	日本	2.8	－	－
	韓国	7.1	1.8	1.5
(サ)区民会、町内会、県人会、地域自治会のサイト	日本	4.3	－	－
	韓国	5.3	1.3	0.5
(シ)あなたと同年齢または同じ入社年度の人達のサイト	日本	4.3	1.4	－
	韓国	14.9	6.8	3.0
(ス)職業関連の人達が参加するサイト(商工会・業種組合・異業種交流会など)	日本	10.6	3.5	4.3
	韓国	20.7	10.3	6.8

Appendix 2　調査Bの単純集計表

日本(n=141) 韓国(n=397)　　　　　　　　（％）		アクセスしている	書き込んでいる	最もアクセスしている
(セ)IT・パソコン関係の情報交換サイト	日本	31.9	5.7	6.4
	韓国	18.1	7.3	2.5
(ソ)芸能・音楽・映画関係の情報交換サイト	日本	45.4	4.3	13.5
	韓国	36.3	10.8	5.3
(タ)商品・価格関係の情報交換サイト	日本	46.8	2.8	7.8
	韓国	38.0	8.3	7.3
(チ)その他の情報交換サイト（「2ちゃんねる」なども含む）	日本	55.3	12.8	24.1
	韓国	33.5	9.6	5.8
無回答	日本	4.3	51.8	11.3
	韓国	-	-	-

問14　問13で「最もよくアクセスしている」に○をつけたサイトについておたずねします。

同じ項目の中で複数のサイトにアクセスしている場合は、それらの中で最もよくアクセスしているサイトについてお答えください。

(ア)　どのくらいの頻度でアクセスしていますか。（○は1つだけ）

（％）	日本（n=141)	韓国（n=397)
日に2～3回以上	19.1　平均(4.1)回／日	22.7　平均(3.4)回／日
日に1回くらい	39.0	32.0
週に2～3回	16.3	25.4
月に2～3回	10.6	13.1
月に1回以下	8.5	6.8
無回答	6.4	-

(イ)　どのくらいの頻度でメッセージを書き込んでいますか。（○は1つだけ）

（％）	日本（n=141)	韓国（n=397)
日に2～3回以上	4.3　平均(2.8)回／日	6.5　平均(2.9)回／日
日に1回くらい	9.9	12.6
週に2～3回	7.8	16.6
月に2～3回	9.2	17.4
月に1回以下	14.2	19.9
まったくしない	48.2	27.0
無回答	6.4	-

(ウ)　それは、どのようなサイトですか。（A）～（E）の質問について、お答えください。（○は（A）～（E）それぞれ1つずつ）

		(A) インターネットに関係なく以前からあった集まりですか	(B) 参加者は、互いに知り合いの人が多いですか	(C) 利用には、事前に氏名などの登録が必要ですか	(D) 書き込みは大部分、実名で行なわれていますか	(E) オフ会がありますか
日本（n＝141）韓国（n＝397）（％）						
はい	日本	30.5	30.5	23.4	20.6	31.9
	韓国	48.1	61.2	×	54.9	54.9
いいえ	日本	36.2	60.3	67.4	68.1	55.3
	韓国	45.1	38.8	×	45.1	45.1
わからない	日本	24.8				
	韓国	6.8	×	×	×	×
無回答	日本	8.5	9.2	9.2	11.3	12.8
	韓国	−	−	×	−	−

＊×表示は選択項目なし、（C）欄は日本だけの質問

問15 あなたがふだんアクセスしている、グループの情報交換・交流の場として作られているサイトはあわせて何個ありますか。おおよその数をお書きください。

日本（n＝141）	平均 4.2 個	7.1 無回答
韓国（n＝397）	平均 4.2 個	− 無回答

問16（ア） あなたは、グループの情報交換・交流の場として作られているサイトを利用していて（見る、書き込むのいずれでもかまいません）インターネット上で初めて知り合い、Eメールや電話などで個人的に連絡をとった人は何人いますか。いない場合は「0」人とお答えください。

日本（n＝141）	平均 2.7 人（0人を含む） 平均 10.0 人（0人を含まない）	2.8 無回答
韓国（n＝397）	平均 4.2 人（0人を含む） 平均 10.2 人（0人を含まない）	− 無回答

（イ） あなたは、グループの情報交換・交流の場として作られているサイトを利用していて、インターネット上で初めて知り合い、その後直接会ったことのある人は何人くらいいますか。いない場合は「0」人とお答えください。

Appendix 2 　調査Bの単純集計表

日本(n＝141)	平均　2.4　人（0人を含む）	2.8	無回答
	平均　11.1　人（0人を含まない）		
韓国(n＝397)	平均　3.2　人（0人を含む）	－	無回答
	平均　9.6　人（0人を含まない）		

問17　あなたがグループの情報交換・交流の場として作られているサイトを利用する理由は何ですか（見る、書き込むのいずれでもかまいません）。あなたがアクセスしているサイト全般について、次の（ア）～（ナ）のそれぞれについてお答えください。（○は（ア）～（ナ）それぞれ1つずつ）

日本(n＝141) 韓国(n＝397)	(%)	非常にあてはまる	少しあてはまる	あまりあてはまらない	まったくあてはまらない	無回答
（ア）他では得られない情報を得るため	日本	46.8	36.9	6.4	8.5	1.4
	韓国	34.0	48.9	12.6	4.5	－
（イ）日常生活上の悩みや問題を解決する助けになる	日本	10.6	27.7	27.0	31.9	2.8
	韓国	9.6	42.3	30.2	17.9	－
（ウ）新しい考えを得るため	日本	21.3	40.4	21.3	14.9	2.1
	韓国	20.2	46.3	24.2	9.3	－
（エ）世の中の出来事を知るため	日本	21.3	36.9	23.4	15.6	2.8
	韓国	23.7	45.3	20.9	10.1	－
（オ）自分の気持ちや感情を表現するため	日本	6.4	15.6	26.2	48.9	2.8
	韓国	7.6	29.0	38.3	25.2	－
（カ）自分の考えを広く人に知ってもらうため	日本	3.5	12.1	29.8	51.8	2.8
	韓国	7.1	26.7	36.3	30.0	－
（キ）自分の存在を知ってもらうため	日本	4.3	7.8	24.8	60.3	2.8
	韓国	5.3	20.7	34.5	39.5	－
（ク）時間をつぶすため	日本	10.6	33.3	21.3	32.6	2.1
	韓国	9.6	41.6	25.2	23.7	－
（ケ）寂しさを紛らわせるため	日本	1.4	13.5	29.1	53.9	2.1
	韓国	4.5	19.1	29.7	46.6	－
（コ）くつろぎを得るため	日本	6.4	23.4	24.8	43.3	2.1
	韓国	5.5	24.9	29.2	40.3	－
（サ）楽しいと感じるから	日本	24.8	44.0	12.8	15.6	2.8
	韓国	20.7	42.8	19.1	17.4	－
（シ）刺激を得るため	日本	7.1	27.7	31.9	30.5	2.8
	韓国	6.8	24.4	33.5	35.3	－
（ス）面白いから	日本	34.8	41.1	7.1	14.2	2.8
	韓国	20.7	44.8	19.4	15.1	－

日本(n＝141) 韓国(n＝397)	(%)	非常にあてはまる	少しあてはまる	あまりあてはまらない	まったくあてはまらない	無回答
(セ)人との会話の話題を得るため	日本	7.1	22.0	27.0	41.1	2.8
	韓国	11.8	36.0	29.0	23.2	−
(ソ)悩みを忘れるため	日本	0.7	7.8	20.6	68.1	2.8
	韓国	4.8	17.6	32.2	45.3	−
(タ)習慣的に	日本	22.0	38.3	17.0	19.9	2.8
	韓国	14.6	38.3	24.2	22.9	−
(チ)新しい友人・知人を作るため	日本	5.0	8.5	24.1	59.6	2.8
	韓国	7.3	23.4	36.5	32.7	−
(ツ)新しい異性との出会いを求めて	日本	1.4	3.5	14.9	77.3	2.8
	韓国	3.3	10.1	25.9	60.7	−
(テ)知人・友人との交流を深めるため	日本	13.5	24.8	12.1	46.8	2.8
	韓国	15.1	38.8	20.7	25.4	−
(ト)知人・友人に自分の近況を知らせるため	日本	9.2	24.1	15.6	48.2	2.8
	韓国	13.9	43.8	20.2	22.2	−
(ナ)知人・友人の近況を知るため	日本	12.8	31.2	11.3	42.6	2.1
	韓国	15.1	46.1	17.6	21.2	−

問18　グループの情報交換・交流の場として作られているサイトでは一般に、他人を誹謗中傷するような書き込みが多いと思いますか、そう思いませんか。(○は1つだけ)

(%)	非常に多い	やや多い	あまりない	まったくない	無回答
日本(n＝141)	7.1	39.7	36.9	14.2	2.1
韓国(n＝397)	16.6	46.3	28.7	8.3	−

Appendix 2　調査Bの単純集計表

■　問19〜問24は（個人ホームページ、ブログ、mixiなど）
　　個人の情報発信の場として作られているサイトについておうかがいします。

問19　あなたは、個人の情報発信の場として作られているサイト（自分が作っているものを除きます）にアクセスしていますか。アクセス頻度について、（ア）〜（ウ）それぞれについてお答えください。（○は（ア）〜（ウ）それぞれ1つずつ）

アクセス頻度 日本（n=323） 韓国（n=697）	(%)	日に2、3回以上	日に1回くらい	週に2、3回くらい	月に2、3回くらい	月に1回以下	まったくアクセスしない	無回答
（ア）SNS(mixi、GREEなど) ＊韓国は（サイワールド）	日本	3.7	2.8	2.5	1.5	1.2	86.4	1.9
	韓国	15.1	11.0	8.9	6.5	4.9	53.7	—
（イ）ブログ(livedoorブログ、ココログなど) ＊韓国は（ブログのみ）	日本	5.9	8.7	8.4	5.3	6.8	62.8	2.2
	韓国	2.7	6.9	5.7	3.7	5.0	75.9	—
（ウ）その他の個人ホームページ	日本	5.9	10.8	8.0	8.0	10.5	55.4	1.2
	韓国	4.6	6.0	5.3	7.3	7.0	69.7	—

（ア）〜（ウ）いずれもアクセスしていない人は、問25へ

問20　あなたがふだんアクセスしている、個人の情報発信の場として作られているサイトについておうかがいします。あわせて何人のサイトを見ていますか。おおよその数をお書きください。

日本（n=159）	平均　12.4　人のサイト	5.7　無回答
韓国（n=386）	平均　11.8　人のサイト	1.9　無回答

問21　あなたは、個人の情報発信の場として作られているサイトにコメントなどを書き込んでいますか。書き込み頻度について、（ア）〜（ウ）それぞれについてお答

えください。(○は(ア)～(ウ)それぞれ1つずつ)

書き込み頻度 (%)		日に2、3回以上	日に1回くらい	週に2、3回くらい	月に2、3回くらい	月に1回以下	まったく書き込まない	無回答
(ア) SNS (mixi、GREE など) *韓国サイワルード	日本 (n=40)	7.5	7.5	25.0	20.0	7.5	30.0	2.5
	韓国 (n=323)	20.4	17.0	21.1	15.2	15.8	10.5	－
(ウ) ブログ (livedoorブログ、ココログなど)	日本 (n=116)	0.9	0.9	7.8	8.6	12.1	68.1	1.7
	韓国 (n=168)	4.2	12.5	12.5	9.5	22.0	39.3	－
(エ) その他の個人ホームページ	日本 (n=140)	0.7	2.1	5.0	6.4	19.3	65.7	0.7
	韓国 (n=211)	7.1	9.0	12.3	15.2	15.2	41.2	－

問22 (ア) あなたは個人の情報発信の場として作られているサイトを利用していて、インターネット上で初めて知り合い、Eメールや電話などで個人的に連絡をとった人は何人くらいいますか。(見る、書き込む、作るのいずれでもかまいません) いない場合は「0」人とお答えください。

日本(n=159)	平均 1.4 人(0人を含む)	－ 無回答
	平均 8.1 人(0人を含まない)	
韓国(n=386)	平均 3.9 人(0人を含む)	－ 無回答
	平均 10.6 人(0人を含まない)	

(イ) あなたは個人の情報発信の場として作られているサイトを利用していて、インターネット上で初めて知り合い、その後直接会ったことのある人は何人くらいいますか。いない場合は「0」人とお答えください。

日本(n=159)	平均 0.7 人(0人を含む)	－ 無回答
	平均 5.9 人(0人を含まない)	
韓国(n=386)	平均 2.3 人(0人を含む)	－ 無回答
	平均 8.8 人(0人を含まない)	

Appendix 2　調査Bの単純集計表

問23　あなたは個人の情報発信の場としてのサイトを自分で作っていますか。作っている方はサイトの更新頻度について、（ア）〜（ウ）それぞれについてお答えください。（○は（ア）〜（ウ）それぞれ1つずつ）

更新頻度 日本（n=159） 韓国（n=386）		(%)	作っていない	作っている						無回答
				日に2、3回以上	日に1回くらい	週に2、3回くらい	月に2、3回くらい	月に1回以下	まったく更新しない	
（ア）SNS	日本		76.1	−	1.3	8.2	3.8	1.3	6.9	2.5
	韓国		28.0	12.7	11.4	13.5	11.4	14.8	8.3	−
（イ）ブログ	日本		79.2	0.6	1.9	5.0	1.3	2.5	7.5	1.9
	韓国		48.2	2.1	5.2	2.8	3.6	7.3	30.8	−
（ウ）その他の個人ホームページ	日本		76.1	−	−	3.1	5.0	5.0	9.4	1.3
	韓国		44.8	3.9	3.4	5.2	4.9	4.4	33.4	−

問24　あなたが個人の情報発信の場として作られているサイトを利用する理由は何ですか。（アクセスする、書き込む、作るのいずれでもかまいません）次の（ア）〜（ナ）それぞれについてお答えください。（○は（ア）〜（ナ）それぞれ1つずつ）

日本（n=159） 韓国（n=386）		(%)	非常にあてはまる	少しあてはまる	あまりあてはまらない	まったくあてはまらない	無回答
（ア）他では得られない情報を得るため	日本		32.7	38.4	11.9	13.2	3.8
	韓国		17.6	45.3	25.1	11.9	−
（イ）日常生活上の悩みや問題を解決する助けになる	日本		5.0	16.4	27.7	47.2	3.8
	韓国		7.0	32.6	36.8	23.6	−
（ウ）新しい考えを得るため	日本		8.8	42.1	18.9	25.8	4.4
	韓国		9.3	44.6	32.4	13.7	−
（エ）世の中の出来事を知るため	日本		12.6	32.1	23.9	27.7	3.8
	韓国		11.9	47.9	28.5	11.7	−
（オ）自分の気持ちや感情を表現するため	日本		10.7	9.4	17.6	58.5	3.8
	韓国		12.7	33.7	30.8	22.8	−
（オ）自分の考えを広く人に知ってもらうため	日本		5.0	10.7	18.2	62.3	3.8
	韓国		11.1	29.0	35.0	24.9	−

日本(n=159) 韓国(n=386)	(%)	非常に あてはまる	少し あてはまる	あまり あてはまらない	まったく あてはまらない	無回答
(キ)自分の存在を知ってもらうため	日本	5.0	6.9	18.9	65.4	3.8
	韓国	9.8	25.6	33.9	30.6	—
(ク)時間をつぶすため	日本	8.8	30.2	20.8	35.8	4.4
	韓国	12.2	39.4	28.5	19.9	—
(ケ)寂しさを紛らわせるため	日本	0.6	5.7	22.6	67.3	3.8
	韓国	5.7	18.9	35.8	39.6	—
(コ)くつろぎを得るため	日本	5.7	20.1	23.3	47.2	3.8
	韓国	7.0	23.1	35.5	34.5	—
(サ)楽しいと感じるから	日本	23.3	41.5	15.1	16.4	3.8
	韓国	17.9	45.1	22.3	14.8	—
(シ)刺激を得るため	日本	8.2	25.2	23.3	39.0	4.4
	韓国	8.3	19.7	38.1	33.9	—
(ス)面白いから	日本	25.8	49.1	6.9	13.8	4.4
	韓国	18.4	49.2	20.5	11.9	—
(セ)人との会話の話題を得るため	日本	4.4	21.4	18.2	52.2	3.8
	韓国	11.4	37.8	31.1	19.7	—
(ソ)悩みを忘れるため	日本	0.6	3.1	17.0	75.5	3.8
	韓国	6.2	15.8	36.3	41.7	—
(タ)習慣的に	日本	13.8	35.2	22.0	25.2	3.8
	韓国	16.8	35.5	27.5	20.2	—
(チ)新しい友人・知人を作るため	日本	4.4	6.9	17.6	67.3	3.8
	韓国	10.1	21.0	34.2	34.7	—
(ツ)新しい異性との出会いを求めて	日本	1.3	2.5	13.8	78.6	3.8
	韓国	3.1	13.7	27.5	55.7	—
(テ)知人・友人との交流を深めるため	日本	10.1	23.3	8.8	54.1	3.8
	韓国	17.4	39.1	19.2	24.4	—
(ト)知人・友人に自分の近況を知らせるため	日本	6.9	18.2	11.9	59.1	3.8
	韓国	18.4	42.2	17.9	21.5	—
(ナ)知人・友人の近況を知るため	日本	13.8	25.2	9.4	47.8	3.8
	韓国	22.8	39.9	17.6	19.7	—

問36　あなたは現在、次にあげる集まりに参加していますか。参加しているものすべてに○をつけてください（インターネットだけの集まりは除きます）。（○はいくつでも）

Appendix 2　調査Bの単純集計表

	日本 (n=455)	韓国 (n=1,013)
(カ)あなたが在学または卒業した学校の人が参加する集まり(学縁)	36.3	43.7
(イ)あなたの同郷の人が参加する集まり(地縁)	6.4	14.8
(ウ)宗教団体(教会など)の集まり	6.4	30.3
(エ)PTAの集まり	12.7	11.9
(オ)スポーツ・運動クラブの集まり	18.2	18.2
(カ)習い事・学習関係の集まり	18.5	13.4
(キ)(同窓会、同郷会以外の)あなたの友人・知人が参加する集まり	31.6	31.3
(ク)政治団体(政治・社会問題についての集まり)	2.4	0.6
(ケ)社会運動のための市民団体の集まり	1.3	2.8
(コ)集合住宅(団地、マンション)の集まり	6.2	6.3
(サ)区民会、町内会、県人会、地域自治会の集まり	13.0	2.8
(シ)ボランティア、NPO活動(自然保護など)の集まり	4.0	6.9
(ス)あなたと同年齢または同じ入社年度の人達の集まり	16.7	9.4
(セ)職業関連の集まり(商工会・業種組合・異業種交流会など)	12.1	17.6
(ソ)同じ趣味の人が参加する集まり	30.5	16.2
(タ)いずれもない	18.2	12.6
無回答	0.7	−

問38　あなたは成功する上で、次の1から7のうち何が大事だと思いますか。大事だと思う順番に3つまで番号を書いてください。(調査では、1番目〜3番目までそれぞれ記入してもらった)

順番	国別	血縁 (家族・親戚)	学縁 (同じ出身学校の縁)	地縁 (同じ出身地の縁)	1〜3以外の人脈	努力	能力	運	無回答
1番	日本(n=455)	9.2	1.3	−	3.7	36.7	38.2	10.3	0.4
	韓国(n=1,013)	15.3	8.0	1.7	5.7	30.8	34.1	4.4	
2番	日本(n=455)	3.5	3.1	0.7	8.8	34.9	33.6	14.1	1.3
	韓国(n=1,013)	10.2	13.8	4.3	4.2	29.1	29.7	8.6	−
3番	日本(n=455)	6.2	2.6	0.2	14.7	14.3	11.0	49.5	1.5
	韓国(n=1,010)	11.3	10.2	8.2	9.9	15.2	15.5	29.6	−

問49　あなたは、次の(ア)〜(ス)の考え方についてどのように思いますか。あなたの考えについて、(ア)〜(ス)それぞれについてお答えください。(○は(ア)〜(ス)それぞれ1つずつ)

日本(n＝455) 韓国(n＝1,013)	(%)	非常にあてはまる	少しあてはまる	あまりあてはまらない	まったくあてはまらない	無回答
(ア) 何らかの組織や集まりに所属することは社会で生活する上で非常に重要である	日本	22.0	51.4	24.2	1.8	0.7
	韓国	31.8	57.7	9.8	0.8	-
(ウ) 相手が血縁関係であることは仕事上有利である	日本	5.5	42.6	43.7	7.5	0.7
	韓国	3.5	49.4	33.8	3.4	-
(エ) 相手が学縁関係であることは仕事上有利である	日本	2.9	37.6	50.1	9.0	0.4
	韓国	8.8	54.5	33.5	3.3	-
(オ) 相手が同じ出身地であることは仕事上有利である	日本	2.0	22.4	59.8	15.2	0.7
	韓国	8.1	49.4	37.7	4.8	-
(ク) 日本(韓国)社会で成功する上では、コネが大事な要素である	日本	10.5	51.2	31.0	6.8	0.4
	韓国	22.1	59.6	15.6	2.7	-
(ケ) 日本(韓国)社会で問題が発生した際には、コネが重要な解決法になる	日本	9.5	44.8	37.1	7.9	0.7
	韓国	18.2	61.4	17.6	2.9	-

【これからは、サイワールドに関してのみ、お聞きします。】(韓国のみの質問)

問C-1) あなたは、あなた自身のサイワールドのミニホームページを持っていますか？
　　　(○は1つだけ)

　51.6　持っていて、たまに更新している
　20.5　持っているが、ほとんど更新していない
　28.0　持っていない (問25へ)
　 －　無回答　　　　　　　　　　　　　　　　　　　　　　(n＝386)

問C-2) あなたがサイワールドで公開しているものの中で、あてはまるもの全てに○をしてください。(○は1つだけ)

　72.3　自己紹介　　　　　　　74.5　本人の写真
　33.8　日記等、本人の近況　　49.6　家族の写真
　39.9　本人の趣味　　　　　　54.0　会社の同僚や友人の写真
　 9.0　政治／社会問題に関する意見　　 －　無回答　　　(n＝278)

問C-3) あなたが作ったサイワールドを通じて、(1) よく連絡を取り合う相手は誰ですか？あてはまるもの全てに○をしてください。その中で、(2) もっともよく連絡を取り合う相手を1つだけ選び、○をしてください。

(n=278) (%)		(1) よく連絡を取り合う人	(2) 最もよく連絡を取り合う人
同居する	1. 婚家あるいは本家、実家側の家族／親戚	23.4	1.8
	2. 親家あるいは親庭、母方の実家側の家族／親戚	12.2	1.4
別居する	3. 婚家あるいは本家、実家側の家族／親戚	22.3	2.9
	4. 親家あるいは親庭、母方の実家側の家族／親戚	23.4	3.2
5. 普段よく会う友人／知人		89.9	66.5
6. 普段はあまり会わない友人／知人		64.7	12.9
7. 同じ学校／会社の人		64.7	10.4
8. サイワールドで初めて知り合った人		21.2	0.7
無回答		−	−

問C-4) あなたは、現在サイワールドでイルチョン（一寸）関係として登録している人は、全部で何人ですか？

(n=278)	平均 25.8 人(0人を含む) 平均 27.2 人(0人を含まない)	− 無回答

問C-5) あなたは、1週間に他人のサイワールドホームページにどのくらい書き込みますか？

(n=278)	平均 8.6 回程度(0回を含む) 平均 10.6 回程度(0回を含まない)	− 無回答

問C-6) あなたのサイワールドホームページには、他人が1週間にどのくらい書き込みますか？

(n=278)	平均 10.0 回程度(0回を含む) 平均 11.4 回程度(0回を含まない)	0.9 無回答

問C-7) あなたは、サイワールドのイルチョン（一寸）関係を公開していますか？

27.0　誰でも見られるように公開している。

48.2　イルチョン（一寸）関係である人にだけ公開している。

23.4　誰にも公開していない。

1.4　無回答　　　　　　　　　　　　　　　　　　　　　　　　　（n＝278）

問C-8) あなたがサイワールドを利用する理由は何ですか？（1）～（7）の各々の項目にあてはまると思うものを1つずつ選んで、○をしてください。

(n=278)　　　　　　　　　　　　　(%)	非常にそう思う	ややそう思う	あまりそう思わない	まったくそう思わない	無回答
1．現在の友人／知人と連絡を取るため	34.5	40.3	12.9	12.2	−
2．以前の友人／知人とまた連絡を取るため	16.2	36.7	25.2	21.9	−
3．家族や自分の写真を載せるため	16.9	52.2	14.7	16.2	−
4．自分の人気度が分かるから	5.0	17.6	39.9	37.4	−
5．将来の職場を探す際に必要な縁故を得るため	4.7	9.4	38.8	47.1	−
6．音楽／映画等のソフトを得るため	7.9	21.2	31.3	39.6	−
7．有名人とイルチョン（一寸）関係になれるから	3.2	7.6	30.9	58.3	−

Appendix 3
調査Cの単純集計表

※次はあなたのインターネット利用のうち、サイバーコミュニティと個人のホームページ（ブログ含む）サイト利用に関する質問です。

次のQ6)~C8)においては次のAとBの二種類のサイト利用に関する質問をします。

A) サイバーコミュニティ（Q6-Q10）
　（例：電子掲示板、グループでのブログ利用、mixiのコミュニティなど）
B) 個人ホームページサイト（Q11-C8）
　（例：個人ホームページ、ブログ、Mixiなど）

まず、Q6~Q10においては、サイバーコミュニティ（例：電子掲示板、グループでのブログ利用、mixiのコミュニティなど）に関する質問です。

Q6　あなたは普段（A）のインターネットのサイバーコミュニティをどれくらい頻度で利用していますか。インターネット・サイバーコミュニティへのアクセス頻度、書き込み頻度のそれぞれに（1）利用頻度、（2）利用する日の一日平均利用時間をご記入ください。（利用しない人は0とご記入）

利用類型	（1）サイバーコミュニティ利用頻度						（2）利用する日の一日平均利用時間
	全く利用しない	月1回以下	月2-3回ほど	週2-3回ほど	一日1回ほど	一日2-3回以上	
アクセス頻度	33.3	7.8	11.5	15.9	15.9	15.6	26.0(29.1)分
書き込み頻度	57.6	12.2	9.3	9.4	8.0	5.6	12.6(16.4)分

Q10 以下の質問はインターネットコミュニティ・サービス（例：電子掲示板，集団ブログ，mixiのコミュニティ　など）を利用する上で，人々との交流に関する質問です。

（1）あなたは、グループの情報交換・交流の場として作られているサイトを利用していて（見る、書き込むのいずれでもかまいません）インターネット上で初めて知り合い、その後Eメールや電話などで個人的に連絡をとった人は何人いますか。いない場合は「0」人とお答えください。

　　　　　　　□ 人　1.8（5.2）人

（2）あなたは、グループの情報交換・交流の場として作られているサイトを利用していて、インターネット上で初めて知り合い、その後直接会ったことのある人は何人くらいいますか。いない場合は「0」人とお答えください。

　　　　　　　□ 人　1.1（5.3）人

参考文献

Ajzen, I., & Fishbein, M. (1980) *Understanding attitude and predicting social behavior*. Englwood Cliffs; Prentice-Hall.

Allport, G. W. (1961) *The nature of prejudice* (原谷達夫・野村昭訳「偏見の心理」(1968), 培風館)

An, Byung-Young (2002)「金大中政府の改革政治と縁故主義」『季刊 思想』14 (2)

An, U-Hwan. (2005)『家族内社会的資本と学業達成との関係』韓国学術情報社

Anderson, B., & Tracy, K. (2001) "Digital living: The impact (or otherwise) of the Internet on everyday life". *American Behavioral Scientist*, 45 (3), 456-475

有田伸 (2006)『韓国の教育と社会階層「学歴社会」への実証的アプローチ』東京大学出版会

An, Shin-Ho. (2000)「投票行動における縁故主義 (Ingroup Favoritism In Voting)」『韓国心理学会誌 社会問題編』6(1)

Bae, Jong-Gun.& Lee, Mi-Yong. (1988)『韓国教育の実体：国民は教育についてどう思っているのか』, 教育科学社

Berger, C. R., & Calabrese, R. J. (1975) "Some explorations in initial interaction and beyond: Toward a developmental theory of interpersonal communication". *Human Communication Research*, Vol.1, 99-112.

Bourdieu. Pierre. (1986) "The Forms of Capital, " in Richardson, John G. Ed, *Handbook of Theory and Research for the Sociology of education*, New York: Greenwood Press, 241-258

Buss, A. H. (1986) *Social behavior and personality*. Hillsdale, New Jersey: Lawrence Erlbaum Associates. (小渕憲一監訳 (1991)『対人行動とパーソナリティ』北大路書房)

Burt. R. S. (1992) *Structural Holes: The Social Structure of Competition.* Cambridge, MA: Harvard University Press

Cha, J. H. (1990. July) "Aspects of Individualism and Collectivism" in Korea. Presented at the International Conference on Individualism and Collectivism: Psychocultural Perspectives from East and West.Seoul.Korea (英語)

Cho, Gyang-Myung (2005)『韓国言論者主の婚脈に関する研究』高麗大学修士論文

Choi, S., & Choi, S. H. (1990. July) "We-ness : The Korean Discourse of Collectivism". Paper Presented at the International Conference on Individualism and Collectivism: Psychocultural Perspectives from East and West.Seoul.Korea (英語)

Choi, Man-Gi (1989)「韓国に進出した日本企業の経営特徴に関する分析模型と研究方向：文化決定論的アプローチによる概念的研究」.『経営経済』(KeyMyung 産業経営研究所) 22集

Choi, Suk-Man (1990)「韓国社会における縁故主義的態度と行動の不一致現象に関する研究」『地域社会の縁故主義』一進社

─────(1995)「韓国人の縁故主義の実態と展望」『比較韓国学』Vol.1.115-130

Choi, S., & Choi S. H. (1990. July) "We-ness: The Korean discourse of collectivism. Paper Presented at the International Conference on Individualism and Collectivism"; Psychocultural Perspectives from East and West, Seoul. Korea.

Coleman, James, (1988) "Social Capital in the Creation of Human Capital". *American Journal of Sociology* 94, 95-120

─────(1990) *Foundation of Social Theory.* Harvard University Press

Collins, R. (1971) "Functional and Conflict Theories of Educational in Stratification."36(6), 1002-1019

─────(1979) The Credential Society. Academic Press (新堀通他監訳 (1984)『資格社会』有信堂)

Dimminck, John, S. Kline & L. Stafford (2000) "The Gratification niches of Personal e-mail and the telephone: Competition displacement and complementarity". *Communication Research*, 27（2）, 227-248

Dubrovsky, V. J., Kiesler, S., & Sethna, B. N. (1991) "The equalization phenomenon: status effects in computer-mediated and face to face decision making groups". *Human-Computer Interaction*, 6, 119-146

Eun,Haejung（2001）『インターネット時代の受け手研究——受け手の能動性を中心に』韓国放送振興院研究報告書

Ferguson, D. A. & E. M. Perse (2000) "The World Wide Web as a functional alternative to Television". *Journal of Broadcasting and Electronic media*, 44（2）. 154-174

Fishbein, M., & Ajzen, I. (1975) *Belief, Attitude, Intention, and Behavior: An Introduction to Theory and Research*. Reading, MA: Addison-Wesley

Fisher, B., Magolis, M. & Resnick, D. (1996) "Breaking Ground on Virtual Frontier; Surveying Civic Life on the Internet". *The American Sociologist*, 27（1）

Fukuyama, Francis (1995) *Trust The Social Virtues and the Creation of Prosperity*. A division of Simon & Schuster Inc

Gong, Jung-Ja（1989）「韓国大企業家家族の婚脈に関する研究」梨花女子大学博士論文

Granovetter, Mark S. (1973) "The Strength of Weak Ties", *American Journal of Sociology* 78（6）, 1360-1380

——— (1985) "Economic Action and Social Structure: The Problem of Embeddedness". *American Journal of Sociology* 91（3）, 481-510

Gu,yunjin（2001）『サイバー空間の対人関係性向に関する研究——対象の事前親密可否を中心に』高麗大學校

Hamilton, G. (1985) "Why no Capitalism in China? Negative Questions in Historical, Comparative Research", *Journal of Asian Perspectives* 2

Han,Gyu-Suk. (1990)「対人行動に及ぼす縁故主義の影響」『地域社会の縁故主義』一進社

Hanifan, Lyda J. (1916) "The Rural School Community Center," *Annuals of American Academy of Political and Social Sciences*. Vol.67, 130-138

Hattori Tamio.（1986）「韓国と日本の大企業のグループ比較」．Lee, Hak-Jong & Jung, Gu-Hyun編『韓国企業の成長戦略と企業の構造』大韓商工会議所

服部民夫（1992）『東アジアの国家と社会4　韓国　ネットワークと政治文化』東京大学出版会

Hofsted, G.（1983）"National cultures in four dimensions: A research—based theory of cultural differences among nations". *International Studies of Management and Organization*, XII, 46-74

Hong, Dong-Shik（1989）「縁故主義と地域感情」韓国社会学会主催『韓国の地域主義と地域葛藤』学術大会発表論文

篠原一光・三浦麻子（1999）「WWW掲示板を用いた電子コミュニティ形成過程に関する研究」『社会心理学研究』vol.14, 144-154

堀洋道・山本真理子（2001）『心理測定尺度集』Ⅰ—Ⅲ

橋元良明・石井健一・木村忠正・辻大介・金相美（2002）「『インターネット・パラドクス』の検証——インターネットが精神的健康・社会的ネットワーク形成に及ぼす影響」『東京大学社会情報研究所　調査研究紀要』No. 18

橋元良明・石井健一・木村忠正・金相美（2003.12）「インターネット利用に関する日韓大学生比較調査——インターネット・コミュニティを中心として」『東京大学社会情報研究所調査研究紀要』20号

橋元良明・辻大介・石井健一・木村忠正・金相美（2004.3）「パネル調査によるインターネット利用の影響分析」『東京大学社会情報研究所調査研究紀要』21号

橋元良明・石井健一・金相美・小笠原盛造・金仁培（2006）「調査からみたネット利用，対人関係，社会心理の日韓比較」『平成17年度科学研究費補助金（基盤研究（B）（一般）研究成果報告書）』

橋元良明・石井健一・木村忠正・金相美・小笠原盛浩・金仁培（2007.3）「ネット利用とオンライン・コミュニティの日韓比較」『東京大学社会情報研究所調査研究紀要』21号

Im, Hee-Sup（1987）『社会変動と文化変動』，Seoul, Nanam社

Im, Tae-Sup編（1995）『情、面子、ヨンジュル、そして、韓国人の人間関係』HANNARAE.（韓国語）

相川充（2000）『人付き合いの技術』サイエンス社

参考文献

相川充・津村俊充(1996)『社会的スキルと対人関係』誠心書房

五十嵐祐(2002)「CMCの社会的ネットワークを介した社会的スキルと孤独感との関連性」『社会心理学研究』17, 97-108

池田謙一(1997)『ネットワーキングコミュニティ』東京大学出版会

Jacobs, Jane (1961) *The Death and Life of Great American Cities*, New York: Random House

Jang, Ha-Yong (2006)「韓国言論人の社会関係資本としてのネットワーク形成に関する研究:影響要因と構造的等位性を中心に」『韓国言論学会』50(5), 243-266

Jang, Yong-Ho (2002)『現代社会において共同体は可能か――個人の自由と共同体的結束の間において (Understanding and Quest of Community)』AKANET (韓国語)

Jeanine Warisse Turner, Jean A. Grube, & Jennifer Meyers. (2000) "Developing an Optimal Match Within Online Communities: An Exploration of CMC Support Communities and Traditional support", *Interpersonal Communication* 51-52

Kagitcibashi, C. (1990. July) "A critical appraisal of Individualism-collectivism; Towards a new formulaion". Paper Presented at the International Conference on Individualism and Collectivism; Psychocultural Perspectives from East and West, Seoul, Korea

金光淳(2003)『社会ネットワーク分析の基礎 社会的関係資本にむけて』勁草書房

Kang, Dae-Gi (2001)『現代社会において共同体は可能か』AKANET

Kang, Mieun. (2000)「インターネットと既存メッセージ利用の相互関係に関する研究」『放送研究』50(韓国語)

Katz, James E. (1999) *Connections*: Social and Cultural Studies of the Telephone in American Life, Transaction Publishers.

Kavanaugh, A. L., & Patterson, S. J. (2001) "The impact of community computer networks on social capital and community involvement". *Behavioral Scientist*, 45(3), 404-418

Kiesler, S., Siegel, J., & Mcquire, T. W. (1984) "Social psychological aspects of computer-mediated communication". *American psychologist*, 39 (10), 1123-1134

Kim,Dae-Hwan (1980)「伝統的共同体意識と市民倫理」『学術連合報告論叢』第2集, 精神文化研究院

Kim,Gi-Tae編 (1993)『韓国経済の構造』Hanul社

Kim,Gywang-Su (1990)「縁故主義と政治的選択行為」『地域社会の縁故主義』一進社 (韓国語)

Kim, Kwang-Chung & Kim, Shin (1989) "Kinship Group and Patrimonial Executives in Developing Nation: A case study of Korea," *Journal of Developing Areas* 24, 27-45

Kim, Man-Hum (1987)『韓国社会における地域葛藤の構造』韓国社会研究所 (韓国語)

Kim, Sang-Bum (2004)『学閥社会――社会的主体性に対する哲学的探求』ハンギル社 (韓国語)

Kim, Sang-Tae. (1999)「地域・縁故・情実主義」『歴史批評』No.2

Kim, Sun-Up. (1991)「縁故主義の分析的意義」『社会と文化』6(2), 317-342

Kim, Yong-Hak. (2003)「韓国社会の学縁――社会資本創出における人手資本の役割」『我々にとって縁故とは何か』伝統と現代シリーズ23号 (韓国語)

Kim, Yujung (1998)『コンピュータ媒介コミュニケーション』コミュニケーション・ブクス (韓国語)

Kim, Tae-Gil (1979)『韓国人の価値観研究』パクヨン社 (韓国語)

Kim, Won-Ho編 (2002)『国家戦略の大転換』サムソン経済研究所 (韓国語)

Koku, E., Nazer, N., & Wellman, B. (2001) "Netting scholars: Online and offline. *American Behavior Scientist*, 44 (10), 1752-1774.

Kraut, R, Patterson, M., Lundmark, V., Kiesler, S., Mukophadhyay, T., & Scherlis, W. (1998) "Internet Paradox: A Social technology that reduces social involvement and psychological well-being?", *American Psychologist*, 53, 1017-1031.

Kraut, R., Mukhopadhyay. T., Szcyzypula, J., Kiesler, S., & Scherlis, W. (1998)

参考文献

"Communication and information: Alternative uses of Internet in households". In Proceedings of the CHI 98. 368-383. New York : ACM.

笠木里史・大坊郁夫（2003）「インターネット掲示板における情報探索的コミュニケーション」『社会言語科学会第12回大会発表論文集』2003.10.4-5大阪大学コンベンションセンター

韓国インターネット情報センター（KRNIC）（2005）『韓国インターネット統計集』（韓国語）

川浦康至・山下清美・川上善郎（1999）「人はなぜウェブ日記を書き続けるのか——コンピュータ・ネットワークにおける自己表現」『社会心理学研究』第14巻，133-143

川上善郎（1993）「電子会議を支えるROMとRAM」川浦康至編『現代のエスプリ306　メディアとコミュニケーション』119-126，至文堂

川上善郎・川浦康至・池田謙一・古川良治（1989）『パソコン通信と情報行動——パソコン通信の現状に関する調査研究Ⅱ』，電気通信政策総合研究所

─────（1991）『電子コミュニティと人間関係』電気通信政策総合研究所

─────（1993）『電子ネットワーキングの社会心理——コンピュータ・コミュニケーションへのパスポート』誠信書房．

金官圭（1996）「パソコン通信におけるコミュニケーションの特徴とその利用に関する研究」『マス・コミュニケーション研究』No.49

─────（1999）「CMC（computer-mediated communication）における印象形成に関する探索的研究」『社会心理学研究』第14巻，123-132

金相美（2003）「インターネット利用に関する日韓大学生比較研究——利用動機・効用の分析を中心に」『マス・コミュニケーション研究』No.63，112-129

─────（2004）「オンライン・コミュニケーション利用と社会的スキル——日韓大学生調査を中心に」，『社会情報学研究』8（2），13-26

─────（2006.9）『サイバーコミュニケーションによるソーシャル・ネットワークの拡散と収斂に関する社会心理学的研究——日本と韓国社会におけるソーシャル・ネットワーク形成要因の比較を中心に』（財）大川財団研究助成金研究報告書

Lee, Dong-Shik（1980）「伝統的家庭倫理と現代家庭の諸問題」『伝統的価値観と新

たな価値観の成立』精神文化研究院

Lee, Gyu-Tae (1982)『韓国の行政文化』ソウル；高麗大学校出版部

Lee, Hun-Gu (2002)『縁故主義』法文社（韓国語）

Lee, Jong-Han (1994)「縁故主義が韓国社会の発展に及ぼす影響とそれに対する対案模索」『韓国心理学会――社会問題編』1(1)，83-94（韓国語）

Lee, Ju-Heon (2006)『MEGATREND KOREA』ハンギル社（韓国語）

Lee, Jung-Gu (1990)「非公式組織と縁故主義――光州・全南地域の公立学校の教師を中心に」Mun, Suk-Nam他『地域社会の縁故主義』ソウル，一進社（韓国語）

Lee, Seung-Hwang (2004)「韓国における家族主義の意味と起源，そして変化可能性」『儒教思想研究』第20号，45-66（韓国語）

Lee, Sun-Mi (2004)「資源結社体が個人間信頼の象徴的制度なのか？」『韓国社会学』38(5)，81-108（韓国語）

Loury, Glenn (1977) "A dynamic Theory of racial Income Differences," in Wallace, Phillis A. and Annette M. LaMond eds. *Women, Minorities, and Employment Discrimination*, Lexington, MA: Lexington Books, 153-186

Malcom. R. Parks &, Kory, Floyd (1996) "Making Friends In Cyberspace", *Journal of Communication* 46(1), 80-97

Mun, Suk-Nam (1990)『地域社会の縁故主義』一進社（韓国語）

宮田加久子 (2005)『きずなをつなぐメディア――ネット時代の社会関係資本』NTT出版

モバイル・コミュニケーション研究会 (2003)『ネットヘビー社会韓国の実像』

Nan Lin& Karen Cook& Ronald S. Burt (2001) *Social Capital Theory And Research*, Walter De Gruyter Inc, New York.

Nie, N. H. & Erbring, L. (2000) Internet and society：*A preliminary report*. Stanford, CA: Stanford Institute for the Quantitative Study of Society. http://www.stanford.edu/group/siqss/Press_Release/Preliminary_Report.pdf

Norris, P. (2000) *Digital divide: Civic Engagement, information poverty, and the Internet worldwide*. Cambridge: Cambridge University Press

―――― (2003) Social Capital and ICTs: Widening or reinforcing social networks? Paper presented at the International Forum on Social Capital for Economic Revival held by the Economic and Social Research Institute, Cabinet Office, Tokyo in Japan, 24-25th March 2003. Session5. Social Capital and ICTs. http://www.esri.go.jp/en/workshop/030325/030325paper6-e.pdf.

Notess, G. R. (1999) "Communications and Community on Web Sites," *Online*, Vol. 23, No.4.

内閣府国民生活局 (2003)『平成14年　内閣府委託調査　ソーシャル・キャピタル――豊かな人間関係と市民活動の好循環を求めて』http://www.npo-homepage.go.jp/report/h14/sc/gaiyou.htmlを参照

Oh,taeyung (2002)『オンライン・コミュニティ (Online Community) の会員忠誠度に及ぼすコンテンツ特性に関する研究』, 経営情報学科修士学位論文　ソウル, 韓国外国語大学院

Paparachiarissi, Zizi. & A. M. Rubin (2000) "Predictors of Internet Uses". *Journal of Broadcasting & Electronic media*, 44 (2), 175-196

Pierre Levy (1997) *Cyberculture*, Paris; Les Editions Odile Jacobs, Kim, Dong-Yun.&Cho,Jun-Hyung訳 (1992)『サイバー文化』ソウル文芸出版社

Portes, A. & Landolt, P. (1996) The downside of social capital. *The American Prospect*.26, 18-21

Putnam, R. D. (1993) *Making Democracy Work: Civic Traditions in Modern Italy*,（河田潤一訳（2006）『哲学する民主主義――伝統と改革の市民的構造』NTT出版）

―――― (2000) *Bowling alone: The collapse and revival of American Community*. New York: Simon & Shuster.（柴内康史 (2006)『孤独なボウリング――米国コミュニティの崩壊と再生』柏書房）

Rotter, J. (1967) A new scale for the measurement of interpersonal trust. *Journal of Personality*, 35, 651-665

Rubin, A. M. (1984) "Ritualized and Instrumental and Television Viewing". *Journal of Communication*, 143(3), 67-77

Rutter, D. R. (1987) *Communication by Telephone* Oxford [Oxfordshire]; Tokyo：Pergamon Press

Seo, Ie-Jong. (2002)『インターネットコミュニティと韓国社会』HANUL ACADEMY（韓国語）

Seo, Jin-Wan. & Park, Hee-Bong（2003）「インターネット活用と社会資本」『韓国製作学会報』12(1)（韓国語）

Shin, Eu-Hang, & Song, Hyo-Hwan.（2003）「集団主義とソーシャル・ネットワーク」『我々にとって縁故主義とは何か』伝統と現代シリーズ23号

Short, J., Williams, E., & Christie, B. (1976) *The Social Psychology of Telecommunication*. London; New York : Wiley

Shultz T. (1961) "Investment in Human Capital". *American Economic Review*. Vol. 51. 1-17

Siegel, J., Dubrovsky, V., Kiesler, S., & McGuire, T. W. (1986) "Group processes in computer-mediated communication". *Organizational Behavior and Human Decision Processes*, 37, 157-187

Song,Bok. (1997)『開かれた社会と保守』MyongGyung社

Sproull, L. & Kiesler, S. (1986) "Reducing social context cues: electronic mail in organizational communication". *Management Science*, 32, 1492-1512

Spears, R., &Lea, M. (1992) "Social Influence and the Influence of 'social' in Computer-meditated communication" in Lea, Martin (ed.) *Context of Computer-mediated Communication*. Harvester Wheat sheaf., .30-65

Song,Ho-Gun (2003)『韓国、何か起きているのか――世代、その葛藤と調和の美学』サムソン経済研究所

――――（2006)『韓国の平等主義』サムソン経済研究所

Song, Jae-Ryong. (2002)「家族主義と韓国社会における'ライフスタイル'の類型：二つの言葉のゲームの間（Familism and 'Forms of Life' in Korean Society)」『現像と認識』, 26(1, 2)

Suk, Hyun-Ho (2000)『現代韓国社会の性格論争――植民地，階級，人格倫理』伝統と現代

ソウル大学・社会発展研究所（1996)『転換期 韓国社会の国民意識と価値観に関する調査研究――調査研究結果報告書』

ソウル大学社会発展研究院&KBS（2002)『一流国家に向かう国民意識調査』

ソウル大学社会発展研究院&サムソン経済研究所(2003)『韓国社会の国民意識と価値観に関する調査研究』ソウル大学

ソウル大学社会科学研究院(1998)『現代韓国人の意識と慣行に関する調査』

竹内洋(1995)『日本のメリトクラシー 構造と心性』東京大学出版会

――― (1999)『日本の近代12 学歴帰属の栄光と挫折』中央公論新社

Tidwell, I. C., & Walther, J. B. (2002) "Computer-Mediated communication effects on disclosure, impressions, and interpersonal evaluations: getting to know one another a bit at a time". *Human Communication Research*. Vol. 28, 317-348

高木修(2001)『対人行動の社会心理学』北大路書房

神山貴弥・藤原武弘訳(2002)『個人主義と集団主義――二つのレンズを通じて読み解く文化』) Triandis, Harry C. (1995) *Individualism And Collectivism*. West view Press, Inc.

辻大介(1997)「「マス・メディア」としてのインターネット――インターネット利用者調査からの一考察」『マス・コミュニケーション研究』No50

Wallace, P. (1999) "Liking and Loving on the net", *The psychology of Interpersonal Attraction*, Cambridge University Press, 133-156

Walther, J. B. (1992) "Interpersonal effects in computer-mediated Interaction: A relational perspective" *Communication Research*, 19.50-88

――― (1993) "Anticipated ongoing interaction versus channel effect on relational commutation in Computer-mediated interaction". *Human Communication Research*, 20 (4), 473-501

――― (1996) "Computer-mediated Communication", *Communication on Research* 23(1), 3-43

Walther, J. B. & Burgoon, J. K. (1992) "Relational communication in Computer-mediated interaction". *Human Communication Research*, 19, .50-88

Walther, J. B., & Boyd, S. (2002) Attraction to computer-mediated social support. In C. A. Lin & D. Atkin (Eds.), *Communication technology and society: Audience adoption and uses* (153-188). Cresskill, NJ: Hampton Press

Wellman, B (1979) "The Community Question: The Intimate Networks of East Yorkers". American Journal of Sociology 84, March, 1201-31

Wellman, B., & Frank, K. (2001) "Network capital in a multi-level world: Getting support from personal Communities". In N. Lin, K. Cook, & R. Burt (Eds.), *Social Capital: Theory and Research* (233-273). Hawthorne, NY: Aldine de Gruyter

Wellman, B. and Haythornthwaite, C. (2002) *The Internet in everyday life*. Oxford, UK: Blackwells

山岸俊男（1998）『信頼の構造――心と社会の進化ゲーム』東京大学出版会

Yu, Ie-Yong（2002）「韓国の地域主義――社会各分野の指導部の人事構成に表れる地域編重度」『我々にって縁故とは何か』伝統と現代シリーズ23号

Yu, Suk-Chun & Jang, Mi-Hae（1988）「韓国における非営利・非政府部門と社会発展――縁故集団を中心に」『東西研究』10(2)121-144（韓国語）

────（2002）「社会資本と韓国社会」『社会発展研究』87-125

Yu, Suk-Chun（1998）「生活様式と社会意識」『社会発展研究』No.2. 69-90（韓国語）

Yu, Suk-Chun & Jang, Mi-Hae & Bae, Young.（2002）「社会資本と信頼――韓国、日本、デンマーク、スウェーデンの比較研究」『東西研究』14(1), 101-135

Yu, Suk-Chun訳.（2003）『社会資本――理論と争点：Social Capital: Theories and Issues』Seoul, Green社（韓国語）

Yun, Min-Jae（2004）「信頼と社会資本に関する社会的理解」『信頼研究』14(1), 3-35

────（2006）「韓国社会団体のネットワーク生成と社会的資本」『韓国社会の変動とネットワーク』Song, Ho-Gun & Kim, U-Shik & Lee, Jae-Yul編著．ソウル大学出版部

安川一（1998）「サイバースペースへのアプローチ――CMCをどう思考するか」『一橋論叢』（一橋大学一橋学会）120（4），586-598

あとがき

　本書は，社会心理学的観点から，韓国社会でしばしば議論される縁故主義が，インターネット上のサイバーコミュニティへの参加とどのような関連をもつかについて実証的検証研究をまとめた筆者の博士論文を元に刊行されたものである。

　社会関係資本論は，政治学・経済学・社会学など他の様々な学問分野における日本の研究者たちにとっても十分魅力的なドグマを内包している。韓国のアカデミーにおいても社会関係資本に関する研究は様々な分野において量的・質的蓄積が行われている。メディア学においてはサイバーコミュニティへの参加と社会関係資本の関係性に関する議論が存在しているものの，実際にこの両者間の関係が明確に検証されたとは言い難い。この命題の解答を探るための有効な方法の一つとして，私的レベルの社会関係資本である縁故主義的関係に注目する必要があると考えた。

　本文で言及している通り，社会関係資本に関する楽観的展望をそのまま韓国社会に適用することは危険である。韓国の家族愛や厚い人間関係は西洋の研究者の目には信頼に満ちた共同体に映るかもしれない。しかしながら，韓国の家族的人間関係は「圧縮近代」を通じて強化されてきた，位階的で集団主義的性格の強い「縁故共同体」と表皮一体であり，このような縁故集団が強くなればなるほど，排他的・閉鎖的な社会・文化になるといったアイロニカルな状況が生まれてしまう。社会関係資本の理論を適用する際は必ず，当該社会の風土を理論適用の出発点から考慮する必要がある。韓国におけるインターネットの利用との関係においては，オフラインで形成された縁故集団がオンラインでそのメンバーシップが強化される傾向が強く，ネットによる開かれた関係性の構築といった方向には向かっていないことを指摘した。IT強国と呼ばれる韓国社会

が，インターネットを中心とした高度の情報化社会への進行を，社会関係資本の蓄積の最大化に役立て，真の意味の「幸福（Well-being）社会」に発展する可能性，もしくはその方策については，今後，マクロ・ミクロ的アプローチによる精緻な研究に取り掛かる必要がある。

　上記同様の質問を日本のケースに当ててみよう。日本はいわゆる「安心社会」から「信頼社会」への転換を求められている。ここで言う「安心社会」とは，従来の日本社会において，各個人が属していた単一集団内の安心保障型の組織ルールが有効に作動する社会を意味する。すなわち，集団形成が行われる際の既存の規範によって形成された人間関係に安住し，その内部規律を守り，集団内の協力や信頼を維持する社会である。このようなシステムは過去の日本経済社会の要であり，少なくとも1980年代までは問題無く機能していたルールである。それぞれの個人が自分の属しているセクター内において一生懸命に働いてくれさえすれば，日本社会はうまく運営されるだろうと言う信念も，強いて言えば，この安心社会を構成する人々の社会心理である。しかし，グローバル化，情報化に代弁される21世紀の変革の時代においては，このような「日本式」だけでは運営が十分に上手く出来なくなってきていると言われている。特に，情報化の進展により，個々人が一つの組織のみでなく，人々の数のように多数のネットワークに属する可能性が開かれ，情報共有の方式も変化したが，これら変化に対応した社会運営が日本では十分になされていない。このことはすでに世界的競争力の低下，財政悪化，失業率及び犯罪率の増加と言った実証的数値として示され，日本国民の喪失感や虚脱感を高めている。さらに，日本は他文化圏と比べ，犯罪率の低い安全な国であるにもかかわらず，国民の治安に関する不安感，近所に対する不信感が相当高い。

　一般的信頼，互恵性という規範，ネットワークの蓄積こそが，安心や安全を望む社会風土が強い日本社会において万能薬としての潜在力を持ち得ると考える。『既存の集団』という単位に埋没せず，新たに開かれた社会関係資本を構築するための社会的運動が喫緊の課題であると考える。

　社会関係資本の蓄積は地域社会における水平的で開放的ネットワークの形成

あとがき

　を促進し，信頼と互恵性の規範のもとで豊かな人間関係及び市民活動における好循環を建設できる重要なカギとなることと確信する。

　本書を通じて社会関係資本論に関する議論がより活発化・成熟化されることを強く望む。

　本書の刊行にあたっては，ミネルヴァ書房の東寿浩氏に大変お世話になりました。また，大学院の恩師である東京大学大学院情報学環の橋元良明教授には，意見交換・討議を通じ，多くのアドバイスを頂きました。心から感謝申し上げます。最後に，蔭ながら支えてくれた母国の家族にも深く感謝の意を捧げたい。

　本書の刊行にあたり，The Korea Foundation（韓国国際交流財団）による財政的サポートを受けました。

　春の日和，名古屋の大学研究室にて

金　相美

索　引

あ　行

IMF　88
　　——経済危機　94, 95
　　——事態　89, 91
厚い信頼　25
圧縮近代　8, 99
一般的信頼　98
薄い信頼　25
埋め込まれた資源（Embedded Resources）　23
ウリ（我々）　84-87, 98
　　——意識　33
エリート　39, 50-52, 54, 55, 58, 59, 61, 62, 100
縁故　47, 75, 78, 83, 105, 110, 112, 113, 190, 191, 139, 141
　　——維持機能　194
　　——家族主義　90
　　——関係　3-7, 9, 29, 30, 39, 40, 67, 68, 73, 74, 84, 87, 109, 116, 139, 152, 190
　　——強化仮説　3, 12, 14, 158, 175, 176, 178, 180, 181, 186, 195, 196
　　——集団　68, 69, 72, 75-77, 98, 117, 125
　　——主義　1-6, 8-12, 14, 15, 39-42, 50, 54, 64, 67, 69, 73-77, 79, 81, 82, 84, 88, 96, 100, 105, 110, 112, 117, 130, 132, 186, 189-192
　　韓国における——　175
　　——的関係　5, 11, 63, 99, 117, 130, 189, 190, 194
　　——的行動　68, 76, 109, 110, 181
　　韓国の——　77
　　——的集団　75, 132
　　——的態度　75
　　——的人間関係　101
　　——に対する態度　77
オフ会　151, 152, 161, 169-171
オンラインコミュニティ　8, 11, 27, 31, 87, 88, 96, 100, 122, 123, 129, 130, 132, 133, 135, 136, 140-142, 144, 149-155, 157, 158, 160, 162, 167-169, 175, 178, 179, 181, 183, 185, 200

か　行

学縁　14, 23, 24, 47-51, 55, 57, 58, 60-63, 71, 72, 90, 105-108, 110, 111, 116, 117, 119, 120, 122-125, 135-141, 149, 157, 158, 165, 168, 178-181, 191-193
　　——関係　139, 157
　　——社会　49
学閥　48, 49
学歴　47, 49, 51, 55, 58, 61, 63, 70, 72, 124, 125, 191
　　——社会　48, 49, 56, 57, 62
過去還元的人間関係　79
家族主義　90-92
葛藤理論　65
間　83
関係重視型オンラインコミュニティ　15, 153, 159, 193
韓国病　84, 99
擬似縁故　113
擬似家族　95, 199
擬似身分制　63
規範　26, 189
金大中　46, 94
金泳三　92, 94
教育熱　63
近代化　4, 31, 39, 41, 42, 44, 63, 64, 72, 92, 99,

121, 129
Granovetter　164, 172
契　70, 71, 97
経営家族主義　90
血縁　45, 47, 48, 63, 96-99, 105-108, 110, 111, 119, 125, 139
血縁・地縁・学縁　9, 11, 39, 40, 85, 87, 95, 106, 107, 109, 113, 116, 164, 165, 175, 190, 197
血縁関係　45, 117
血縁的　81
結束ネットワーク型（社会）関係資本（Bonding）　28-32, 34, 35, 57, 158, 189, 190
高校平準化　60, 61
光州事件　92, 112
公的機関に対する不信感　94
公的領域　96, 97
———への不信　91, 92, 198
合理的行動主義　77
コード　78
コールマン　18
互恵性　26, 33, 113, 190, 199
個人主義　7, 9, 63, 112
コネ　95, 113, 115, 116
コミットメント　26, 158

さ　行

財閥　43, 46, 47, 54
386世代　112
CMC　7, 161
サイワールド（Cyworld）　86, 171
自己開示　85, 86
私的財　30
私的領域　94, 96, 100
市民共同体指数　20
市民団体　11, 98, 119, 151
社会関係資本　7, 14, 17, 19-23, 25, 27, 31, 32, 35, 57, 139, 140, 146, 189, 190, 193
———の要素　24

———論　24, 98
社会集団　98, 119
社会的コンテキストの欠如　161
社会的信頼　20, 89, 97
社会的不確実性　25, 86, 130
社会不安　88, 198
重回帰分析　184
集団主義　8, 101, 113, 115
集団主義　101
集団性　83
出身大学　165
情報縁　3, 11, 12, 30, 161, 162, 164, 177, 178, 182-185, 200
———形成機能　194
情報縁補完仮説　3, 12, 13, 176, 181, 182, 185, 186, 195, 196, 199
情報交換型オンラインコミュニティ　15, 153, 158-160, 163, 164, 168, 170, 194
新家族主義（Neo-Familism）　90, 91
新自由主義　94
人的資本　140, 145, 193
人脈　65
信頼　24-26, 32, 34, 88, 89, 99, 164, 189, 197, 199
———の解き放ち理論　25
水平的分散力　2, 12
成功の帰属要因　105-109, 192
精神的安定　159
制度への信頼度　103
制度への不信感　100
政略結婚　46
ソウル大学　32, 49, 54, 59, 62, 139
ソーシャル・ネットワーク　26, 87, 141, 150, 151, 189

た　行

対人コミュニケーション　87
対人心理　85, 87
地域感情　40

索　引

地域主義　46, 47, 94, 112
地縁　46-48, 63, 70, 71, 90, 98, 106-108, 110, 111, 116, 117, 119-125, 168, 193
　——的縁故関係　47
　——的縁故集団　48
強い絆（紐帯）　199
道具の有効性　178-181, 185
同質性　29, 151
同質的学縁　157
同窓会　51, 52, 60, 69, 71, 72, 76, 81, 97, 118, 121-123, 125, 139, 140, 157, 183
匿名　153, 159, 164
匿名性　156

な 行

内集団　83, 85, 90, 190
２ちゃんねる　153
能力主義　95
ノーブレス・オブリージュ　47, 63
盧泰愚　42, 45

は 行

場　80
バート　18
排他性　35
朴正熙　64, 92, 94, 102

橋渡しネットワーク型（社会）関係資本（Bridging）　27-29, 33-35, 189
パットナム（Putnam）　18, 20, 22, 25, 34, 98, 103
非公式性　81
非公式的　82
平等化心理　61, 62, 191
不信感　93
物理的手がかりの不足　161
ブルデュー（Bourdieu）　18, 19, 22
文化資本　65
閉鎖的集団性　82
朴正熙　42, 44-46
ポジション　22

ま 行

ミクシィ（mixi）　86
名門大学　12, 24, 63, 142, 144, 145, 165-167, 169, 175, 177, 179, 180, 183, 193
　——出身者　52
メリトクラシー（能力主義）　57

や 行

ゆがんだ近代化　100
弱い絆（紐帯）　11, 27, 86, 87, 164, 172
ヨンジュル　115

《著者紹介》
金　相美（Kim, Sangmi）
　名古屋大学大学院国際言語文化研究科メディアプロフェッショナル講座准教授。
　韓国梨花女子大学，UCLA（University of California, Los Angeles），東京大学大学院情報学環博士課程（社会情報学博士）・助教・特任講師を経て，2008年より現職。
　著書に，『インターネット心理学のフロンティア』（共著，三浦麻子・森尾博昭・河浦康至編，誠信書房，2009），「Revisiting the hypothesis of Political Knowledge Gap in Asia's context」Networking Democracy? New Media Innovations in Participatory Politics Symposium, June 25-27, 2010，『ネットワーク社会』（共著，橋元良明・吉井博明編，ミネルヴァ書房，2005）などがある。

Korea Foundation
한국국제교류재단

The Korea Foundation has provided financial assistance for the undertaking of this publication project.

（韓国国際交流財団は本書の出版に経済的支援を行いました。）

韓国における情報化と縁故主義の変容

2011年7月30日　初版第1刷発行　　　　検印廃止

定価はカバーに表示しています

著　者	金　　相　美
発行者	杉　田　啓　三
印刷者	藤　森　英　夫

発行所　株式会社　ミネルヴァ書房
607-8494 京都市山科区日ノ岡堤谷町1
電話代表（075）581-5191番
振替口座　01020-0-8076番

©金　相美, 2011　　　　亜細亜印刷・兼文堂
ISBN978-4-623-06073-3
Printed in Japan

書名	著者	判型・頁・価格
ネットワーク社会	橋元良明・吉井博明 責任編集	A5判 三五〇四頁 本体三五〇〇円
ネットワーク組織論	朴 容寬 著	A5判 三七二頁 本体五五〇〇円
ソーシャル・キャピタル	ナン・リン 著 筒井淳也 他訳	A5判 三九二頁 本体三六〇〇円
ソーシャル・キャピタルのフロンティア	稲葉陽二 他編	A5判 二六二頁 本体三五〇〇円
韓国における「権威主義的」体制の成立	木村 幹 著	A5判 三二〇頁 本体四八〇〇円
朝鮮/韓国ナショナリズムと「小国」意識	木村 幹 著	A5判 三八六頁 本体五〇〇〇円
ポスト韓流のメディア社会学	石田佐恵子・木村 幹・山中千恵 編著	四六版 三二八頁 本体四〇〇〇円

ミネルヴァ書房
http://www.minervashobo.co.jp/